道家政治哲学研究

陈徽 著

上海古籍出版社

图书在版编目（CIP）数据

道家政治哲学研究／陈徽著. -- 上海 ： 上海古籍
出版社，2025. 5. -- ISBN 978 - 7 - 5732 - 1635 - 9

Ⅰ. B223；D092

中国国家版本馆 CIP 数据核字第 2025MQ9574 号

道家政治哲学研究

陈 徽 著

上海古籍出版社出版发行

（上海市闵行区号景路 159 弄 1 - 5 号 A 座 5F　邮政编码 201101）

（1）网址：www. guji. com. cn

（2）E-mail：guji1@guji. com. cn

（3）易文网网址：www. ewen. co

上海商务联西印刷有限公司印刷

开本 890×1240　1/32　印张 9.25　插页 2　字数 224,000

2025 年 5 月第 1 版　2025 年 5 月第 1 次印刷

印数：1—1,300

ISBN 978 - 7 - 5732 - 1635 - 9

B · 1460　定价：58.00 元

如有质量问题，请与承印公司联系

目　录

绪论 ⋯⋯⋯⋯⋯⋯⋯⋯⋯⋯⋯⋯⋯⋯⋯⋯⋯⋯⋯⋯⋯⋯⋯⋯ 1

　一、"道家"概说 ⋯⋯⋯⋯⋯⋯⋯⋯⋯⋯⋯⋯⋯⋯⋯⋯⋯⋯ 1

　二、何为道家政治哲学? ⋯⋯⋯⋯⋯⋯⋯⋯⋯⋯⋯⋯⋯⋯ 8

　三、本书主要内容概述 ⋯⋯⋯⋯⋯⋯⋯⋯⋯⋯⋯⋯⋯⋯⋯ 12

上　编

第一章　先秦道家的虚静思想及其演变 ⋯⋯⋯⋯⋯⋯⋯ 21

　一、老子的虚静思想及其"内圣外王"之道 ⋯⋯⋯⋯⋯ 21

　二、虚无与逍遥、正生与正众生:庄子对于虚静思想的

　　　理论推进 ⋯⋯⋯⋯⋯⋯⋯⋯⋯⋯⋯⋯⋯⋯⋯⋯⋯ 31

　三、从涵养工夫(或境界)到御臣之术:黄老道家论

　　　虚静 ⋯⋯⋯⋯⋯⋯⋯⋯⋯⋯⋯⋯⋯⋯⋯⋯⋯⋯⋯ 39

　四、结语 ⋯⋯⋯⋯⋯⋯⋯⋯⋯⋯⋯⋯⋯⋯⋯⋯⋯⋯⋯ 47

第二章　齐物说及相应治道思想在先秦道家中的展开 ⋯⋯ 48

　一、何谓齐物? ⋯⋯⋯⋯⋯⋯⋯⋯⋯⋯⋯⋯⋯⋯⋯⋯⋯ 48

二、"道法自然"与"万物自化"：老子的齐物观和无为
　　而治思想 ⋯⋯⋯⋯⋯⋯⋯⋯⋯⋯⋯⋯⋯⋯⋯⋯ 50

三、"各正性命"与"藏天下于天下"：庄子的"齐物论"和
　　"天下治"思想 ⋯⋯⋯⋯⋯⋯⋯⋯⋯⋯⋯⋯⋯⋯⋯ 57

四、从"能鄙齐功"到"齐万不同"：齐物观念在黄老道家
　　思想中的演变 ⋯⋯⋯⋯⋯⋯⋯⋯⋯⋯⋯⋯⋯⋯⋯ 67

第三章　从"知常""依理"而为到"任法"而治
　　　　——先秦道家无为思想的理法化演变 ⋯⋯⋯⋯⋯ 75

一、"归根"与"知常"：老子论治的复朴和守静倾向 ⋯⋯ 76

二、"依乎天理"与"因其固然"：庄子治道思想中的顺物
　　精神 ⋯⋯⋯⋯⋯⋯⋯⋯⋯⋯⋯⋯⋯⋯⋯⋯⋯⋯⋯ 82

三、从"执道"到"任法"：黄老道家无为思想的尚法性 ⋯ 89

四、余论 ⋯⋯⋯⋯⋯⋯⋯⋯⋯⋯⋯⋯⋯⋯⋯⋯⋯⋯⋯ 100

第四章　先秦道家的德性论和"玄德"之治思想
　　　　——兼论儒道的文质之辨 ⋯⋯⋯⋯⋯⋯⋯⋯⋯ 103

一、德、性之辨和道家的德性论 ⋯⋯⋯⋯⋯⋯⋯⋯⋯ 103

二、"玄德"之治与"至德之世" ⋯⋯⋯⋯⋯⋯⋯⋯⋯⋯ 112

三、何以为"文"？其"明"何在？ ⋯⋯⋯⋯⋯⋯⋯⋯⋯ 120

第五章　从浑沌之境到礼法世界：先秦道家的秩序论 ⋯⋯ 128

一、浑沌、生生与秩序 ⋯⋯⋯⋯⋯⋯⋯⋯⋯⋯⋯⋯⋯ 129

二、"朴散则为器"：浑沌之裂与秩序之变 ⋯⋯⋯⋯⋯ 136

三、从"悠兮其贵言"到礼法之用 ⋯⋯⋯⋯⋯⋯⋯⋯⋯ 143

第六章　汉初儒、道的天道观分歧及其治术思想之分殊 …… 153

一、天道与君道 ……………………………………… 155

二、阴阳与刑德 ……………………………………… 164

三、自然与名教 ……………………………………… 171

下　编

第七章　名之何谓？正名何为？

　　——先秦时期的正名思想及名学理论之分化 ……… 181

一、名之何谓？谁得命名？ ………………………… 182

二、名实（形）关系与正名问题 …………………… 187

三、从名实关系看先秦名学思想的理论分化 ……… 195

第八章　"悠兮其贵言"

　　——老子的名与名教思想 ………………………… 202

一、道的不可说性与名的有限性 …………………… 204

二、命名的必要性及其意义 ………………………… 212

三、"悠兮其贵言"：命名与名教的二重性及"有名"与

　　"无名"之间的张力性 ………………………… 216

第九章　庄子的名实论及其治道思想 …………………… 223

一、道的存在性与物的流变性 ……………………… 224

二、命名的必要性和庄子的名实思想 ……………… 232

三、"无名"之治与"有名"之为 …………………… 238

四、结语 ……………………………………………… 249

第十章　黄老道家的正名和无为思想 ·············· 250
　　一、何谓无为？儒道法关于无为而治的思想之别 ········ 251
　　二、黄老道家论正名 ····························· 257
　　三、无为与君道 ······························· 268

参考文献 ······································· 277

后记 ··· 287

绪　论

　　本书名曰《道家政治哲学研究》，在考察相关研究主题之前，有必要对诸如"道家""道家政治哲学"等概念进行适当的介绍。进而，也需要对本书的问题意识和主要内容略作阐释。

一、"道家"概说

　　在先秦诸子各家中，其学者构成最为复杂、思想学术最为丰富多样的，应属道家。之所以如此，当与"道家"内涵的特殊性以及后世学者对于相关诸子思想的不同定性有关。由于儒家、墨家、名家等学派思想特点鲜明，战国时"儒者""墨者""辩者"等称谓已广为流行，但并无指称所谓道家的专名。"道家"概念盖首发于司马谈的《论六家要指》。在该文中，司马谈总结了晚周至汉初的思想学术分化之状，提出了"六家"即"阴阳、儒、墨、名、法、道德"之说。其论"道家"曰：

　　　　道家使人精神专一，动合无形，赡足万物。其为术也，因阴阳之大顺，采儒、墨之善，撮名、法之要，与时迁移，应物变化，立俗施事无所不宜，指约而易操，事少而功多。（《史记·

太史公自序》)

司马谈所说的"道德(家)"或"道家",主要指后世所谓的"黄老道家"。从"因阴阳""采儒、墨""撮名、法"云云可知,黄老道家善于吸收融汇各家之长,其思想颇显驳杂性。

若说"道家"一词为司马谈所创,又似与《史记》所述相悖。《史记》载:

> (汉高后八年,魏)勃既将兵,使围相府。召平曰:"嗟乎!道家之言'当断不断,反受其乱',乃是也。"(《齐悼惠王世家》)

> (孝文帝二年,丞相陈平卒。)始陈平曰:"我多阴谋,是道家之所禁。吾世即废,亦已矣,终不能复起,以吾多阴祸也。"……太史公曰:"陈丞相平少时,本好黄帝、老子之术。方其割肉俎上之时,其意固已远矣。"(《陈丞相世家》)

> 孝文即位,有司议欲定仪礼,孝文好道家之学,以为繁礼饰貌,无益于治,躬化谓何耳,故罢去之。(《礼书》)

从时间上看,以上诸说可谓均早于《论六家要指》。其中所谓的"道家"云云,盖为司马迁借用其父"道家"之说以述其事,非谓召平、陈平等已提出"道家"的概念①。召平所引的"道家之言'当断不断,反受其乱'",今马王堆帛书"《老子》乙本卷前古佚书"(学者多谓此即《黄帝四经》)正有此说②;至于陈平所谓"我多阴谋,是道家之所禁",实则也与黄老道家重形名、尚法治的思想主张若合符节。汉

---

① 陈平与召平的"道家""道家之言"云云说甚自然,似乎当时已有了"道家"之称。但《史记》毕竟是转述,原话未必如此。

② 如《十六经·兵容》曰:"圣人不达刑,不襦传,因天时,与之皆断。当断不断,反受其乱。"裘锡圭主编《长沙马王堆汉墓简帛集成(肆)》,北京:中华书局,2014年,第164页。

初之治一本于黄老之术,时人论其学也常以黄帝与老子并言,如《史记》曰:"天下初定……(曹参)闻胶西有盖公,善治黄老言,使人厚币请之……其治要用黄老术,故相齐九年,齐国安集,大称贤相。"(《曹相国世家》)又云:"窦太后好黄帝、老子言,帝(引按:谓景帝)及太子诸窦不得不读《黄帝》《老子》,尊其术。"(《外戚世家》)至司马谈,他以"道家"概括黄老之学,且以"因""采""撮"之说归纳其术,实属自然。

"道德(家)"和"道家"之名应源自汉人关于《老子》文本与思想的理解。在马王堆汉墓帛书《老子》甲、乙二本中,其内容不仅均分为"德篇"与"道篇"两篇(二本的分篇相同),且"德篇"内容与通行本"下篇"(或传世诸本"德经")大体相同、"道篇"内容与通行本"上篇"(或传世诸本"道经")大体相同。因此,司马谈的"道家"自为"道德家"之简称,而其所谓"道德家",当是据汉初学者以"道篇""德篇"理解、命名《老子》思想与文本的结果。

《老子》之文既可归结为"道篇"与"德篇",其学便可称为"道德之学",其思想也便可概为"道德之意"。所以,司马迁为先秦诸子作《传》时,已据"道德"之名将老子与其后学者连缀起来,以表明其间的思想学术关联。如《史记·老子韩非列传》说:

> 老子修道德,其学以自隐无名为务。居周久之,见周之衰,乃遂去。至关,关令尹喜曰:"子将隐矣,强为我著书。"于是老子乃著书上下篇,言道德之意五千余言而去……太史公曰:老子所贵道,虚无,因应变化于无为,故著书辞称微妙难识。庄子散①道德,放论,要亦归之自然。申子卑卑,施之于名实。韩子引绳墨,切事情,明是非,其极惨礉少恩。皆原于道德之意,而老子深远矣。

---

① 此"散"犹"散怀"之"散",抒发、推衍之义。

又如《孟子荀卿列传》："慎到，赵人。田骈、接子，齐人。环渊，楚人。皆学黄老道德之术，因发明序其指意。"在司马迁这里，"道德（家）"或"道家"的内涵已不仅主要指黄老道家如慎到、田骈、接子等，庄子[①]也可包含在内。《老子韩非列传》又曰："申子之学本于黄老而主刑名""韩非……喜刑名法术之学，而其归本于黄老"。申不害与韩非均为先秦法家的代表人物，其学既然"皆原于道德之意"，则司马迁又有将法家思想追溯至老子之意。

其后，以"道家"概括老子及其各种后学也成为汉人的共识。故刘歆《七略·诸子略》记录其所见的"道家"有三十七家，所存文献有九百九十三篇（参见《汉书·艺文志》）。诸如《管子》《文子》《关尹子》《庄子》《列子》《公子牟》《田子》《鹖冠子》《黄帝四经》《捷子》等，皆得列之。然先秦得称道家者远不止此。孟子有云："圣王不作，诸侯放恣，处士横议，杨朱、墨翟之言盈天下，天下之言，不归杨则归墨。杨氏为我，是无君也。"（《孟子·滕文公下》）杨朱之学以"贵己"[②]或"全性保真"[③]为旨归。据孟子之说，杨朱的思想在当时影响很大，然《诸子略》不载其书，可见其学在汉代已极衰。《庄子·应帝王》有"阳子居见老聃"之事，《寓言》篇亦有"阳子居……至于梁而遇老子"之文。后世学者皆谓"阳子居"即杨朱，则杨朱乃亲炙于老子，故梁任公说他"亦老学之嫡传也"[④]。蒙文通非常推崇杨朱之学，尝作《杨朱学派考》[⑤]，认为杨朱一派"有'纵情性''忍情性'之二派，犹之儒分为八，墨离为三"[⑥]，并将瞻何、子华

---

① 因为其学的独特性，庄子在汉初较受冷落，自不在司马谈所谓的"道家"之列。

② 《吕氏春秋·不二》："阳生贵己。"

③ 《淮南子·氾论训》："全性保真，不以物累形，杨子之所立也。"

④ 梁启超：《论中国学术思想变迁之大势》，载《清代学术概论》，北京：中国人民大学出版社，2004年，第28页。

⑤ 参见蒙文通：《佛道散论》，北京：商务印书馆，2011年，第46—68页。

⑥ 蒙文通：《佛道散论》，第50页。

子、它嚣、魏牟、陈仲、史𬤝等均视为杨朱后学①。他还指出,《庄子》的《让王》《盗跖》二篇"以全形保生为义者,非庄子之说也",皆为杨朱之徒所作,且"《骈拇》《马蹄》《胠箧》《在宥》诸篇,于魏牟一派为合……而《天地》《天道》《天运》诸篇,于陈仲一派为近"。蒙氏又说,《吕氏春秋》中的《适音》《本生》《重己》《贵生》等篇"殆皆取之杨朱、子华之说也","至田骈、慎到之流,亦源于杨朱之说,一变而为黄老之术"。最后总结道:"列子先于杨朱,则杨氏之学,源于列御寇,而下开黄老。"②蒙先生之说虽未可尽信,却颇彰先秦诸子思想之间的复杂关系,而所谓道家之学在先秦时的复杂流变亦可据此一窥。

不仅如此,因老子思想博大精深,战国诸子多受其影响,并进而各演其说,推出新论,遂使一些诸子或文本的思想定性问题在后人那里产生了种种分歧。如关于《管子》,《诸子略》列其为道家,《四库全书总目提要》则将其列为法家,蒙文通则说:"《管子》书也是杂家,也是黄老一派。"③又如尹文子,若据《庄子·天下》所论,其学不仅与宋钘相近,且颇有墨家的精神气质④,《荀子·非十二子》即以墨翟与宋钘合论。故蒙文通认为"宋钘、尹文应该即是逃

<hr/>

①　瞻何学主"重生"。《庄子·让王》记其之说曰:"重生则利轻""不能自胜而强不从者,此之谓重伤。重伤之人,无寿类矣。"《吕氏春秋·贵生》:"子华子曰:'全生为上,亏生次之,死次之,迫生为下。'"《荀子·非十二子》:"纵情性,安恣睢,禽兽行,不足以合文通治;然而其持之有故,其言之成理,足以欺惑愚众。是它嚣、魏牟也。"《荀子·非十二子》:"忍情性,綦谿利跂,苟以分异人为高,不足以合大众、明大分;然而其持之有故,其言之成理,足以欺惑愚众。是陈仲、史𬤝也。"

②　以上诸说参见蒙文通:《佛道散论》,第48、50—52、68页。

③　蒙文通:《佛道散论》,第80页。

④　如《庄子·天下》:"宋钘、尹文……接万物以别宥为始。语心之容,命之曰'心之行',以𦗎合欢,以调海内,请欲置之以为主。见侮不辱,救民之斗;禁攻寝兵,救世之战。以此周行天下,上说下教,虽天下不取,强聒而不舍者也……以禁攻寝兵为外,以情欲寡浅为内。"郭庆藩撰,王孝鱼点校:《庄子集释》,北京:中华书局,2004年,第1082—1084页。

归于杨的墨学者",又曰"尹文子亦是黄老一派"①。郭沫若也将宋钘与尹文子合论,认为宋钘为杨朱思想的嫡传②。《艺文志》却将《尹文子》列于名家③,将《宋子》列为小说家(然班固注曰:"孙卿道宋子,其言黄老意。"④);《四库全书总目提要》则将《尹文子》列为杂家,谓"其书本名家者流……其言出入于黄老申韩之间"。然而,对于《天下》将宋钘与尹文子的合一之论,白奚指出:"《天下》所论只能是宋钘的思想,尹文是典型的黄老学者,宋钘则明显是墨家,二人的主张相抵牾者甚多,实在难以容纳到一个学派体系中,因此'宋尹学派'这一概念难以成立。"⑤凡此分歧,皆是学者对于相关诸子或文本的理解有异所致。

经过学者的孜孜考辨,特别是近几十年来新出土文献的佐证,我们今天已能更准确地评断一些诸子或文本的思想性质。如蒙文通认为《吕氏春秋》与《管子》虽皆"是杂家",但属于"黄老一派"⑥;"申、韩也归本于黄老,只是法家的本色依然存在"⑦。可谓有见。又如今本《文子》固然属伪书,学者或证其"抄成于东汉"⑧(潘铭基语),然其内容多记黄老道家之说,则亦无可疑。又如《尹文子》一

---

① 蒙文通:《佛道散论》,第73、75页。

② 如郭氏曰:"宋荣子'举世而誉之而不加劝,举世而非之而不加阻',就是他(引按:谓杨朱)的这种精神的嫡系了。"郭沫若:《十批判书》,北京:人民出版社,2012年,第123—124页。

③ 基于《艺文志》,且据"今《尹文子》又有彭蒙语",章太炎认为《尹文子》乃"道家、名家合流也"。章太炎:《国学十八篇》,北京:中国华侨出版社,2013年,第218页。

④ 班固:《汉书》,上海:上海古籍出版社,2003年,第1203页。

⑤ 白奚:《稷下学研究——中国古代的思想自由与百家争鸣》,北京:生活·读书·新知三联书店,1998年,第213页。

⑥ 按:《吕氏春秋》的《贵因》《正名》《君守》《任数》《知度》《不二》《执一》诸篇,以及《管子》的《心术》《内业》《白心》《枢言》《任法》《水地》《宙合》《正》《势》等篇,均是典型的黄老道家文献。

⑦ 参见蒙文通:《佛道散论》,第80页。

⑧ 参见何志华:《竹简〈文子〉研究之回顾与反思》,北京:中华书局,2019年,第118页。

书，明代已有学者如宋濂疑其伪。近世以来，持伪书之说的学者颇众，如唐钺、罗根泽、钱基博、钱穆、马叙伦、郭沫若等，亦有如梁启超、胡家聪等反对伪书之说。近年来，随着研究的深入，越来越多的学者肯定了该书的文献价值①。陈鼓应也说："现存《尹文子》《鹖冠子》《文子》，固然是典型的黄老著作，而现存《申子》《慎子》的辑本，仍可视为黄老道家之作。"②

由于"道家"概念所涵括的学者或文本极为繁杂，后人也试图将先秦道家进行分类，以彰其流变之状。如梁任公将源于老子思想的先秦道家分为五个学派，即哲理派（谓"此道家言之正宗也。庄、列传之"）、厌世派（谓"游心空理者，必厌离世界。楚狂、沮、溺之徒，皆汲老学之末流也。后世《逸民传》中人，皆属此派"）、权谋派（谓"纵横家言，实出于是；而法家末流，亦利用此术……此派极盛于战国之末也"）、纵乐派（谓"杨朱传之"）、神秘派（谓"谷神玄牝，流沙化胡，盖必有所授焉。后衍为神仙方术家言"）③。这种分类虽不乏启发性，但也有明显的缺点。如以所谓"哲理派"命名庄、列，既未呈现庄、列之学的主要特点，且有致人误解其他流派思想缺乏哲理之弊。这种分类的最大流弊，便是忽略了战国时期思想极其活跃、成果极其丰富、事功性很强且对现实政治影响极大的黄老道家。

因文献不足，今已无法"复原"先秦道家演变分化的具体情状，对于一些著名学者（如杨朱）及其后学的思想面貌，也只能根据一些残存文献略作窥察。从政治哲学的角度看，目前存世文献尚称完整或系统、其思想面貌尚为全面且对相关问题论述较为深入的，

<hr>

① 关于《尹文子》文本真伪问题的考辨，详见李笑岩：《先秦黄老之学渊源与发展研究》，上海：上海古籍出版社，2018年，第217—221页。
② 陈鼓应：《黄帝四经今注今译》，北京：中华书局，2016年，第21页。
③ 参见梁启超：《论中国学术思想变迁之大势》，载《清代学术概论》，第26页。

乃老子、庄子(及其后学)和黄老道家。其中,黄老道家起于战国中期,在汉初仍影响甚大。既然"采""撮"广泛,博取众家之长,黄老道家的思想便很驳杂,理论形式也颇为多样。他们之所以被后人统称为黄老道家,主要原因有二:其一,这些学者皆尊黄(帝)、老(子),并视其学为自己思想之根柢;其二,这些学者皆重实际、崇事功,其论术皆"以虚无为本,以因循为用"(《论六家要指》)。若曰尊黄老、主无为("虚无""因循"),似乎尚未彰显出黄老之学的独特性,因为以"虚无""因循"而论术,乃道家之通例。但黄老道家所言的"无为",已与老、庄之说判然有别:它既蕴含着显著的功利性,也大彰形名、理法之用,展现了道家思想演变的理法化特点(详见本书第三章)。

二、何为道家政治哲学?

人非孤独之物,生于天地之间,不能不与其他人、物打交道,并因而形成各种伦理的、政治的关系。亚里士多德有曰:"人类在本性上,也正是一个政治动物。"[①]当然,亚氏此说是就古希腊城邦政治而言的:"城邦出于自然的演化"[②],"城邦……在本性上则先于个人和家庭"[③],且"凡隔离而自外于城邦的人……他如果不是一只野兽,那就是一位神祇。人类生来就有合群的性情,所以能不期

---

① (古希腊)亚里士多德著,吴寿彭译:《政治学》,北京:商务印书馆,2023年,第5页。

② (古希腊)亚里士多德著,吴寿彭译:《政治学》,第5页。史密斯指出:所谓城邦是"出于自然的",不仅"指的是城邦从较低级的人类联合体中生长起来",它"还有第二层意义,也是更重要的意义。城邦是自然的,因为它使人们能够实现和成全各自的自然目的(telos)"。(美)斯蒂芬·B·史密斯著,贺晴川译:《耶鲁大学公开课:政治哲学》,北京:北京联合出版公司,2015年,第81—82页。

③ (古希腊)亚里士多德著,吴寿彭译:《政治学》,第6—7页。

而共趋于这样高级(政治)的组合"①。在亚氏看来,身为城邦公民,只有积极地参与公共事务,才能成为完全的人。在此过程中,城邦也实现了其至善的目的②。所以,作为政治共同体的城邦与作为政治动物的人是相互成就的。

和亚氏一样,儒家也洞察到人生在世的"政治性",并表现出积极的进取精神。如面对长沮、桀溺的"避世"之论("且而与其从辟人之士也,岂若从辟世之士"),孔子强调人禽之辨,突出"天下之道"所蕴含的人之所以为人性,认为"鸟兽不可与同群,吾非斯人之徒与而谁与? 天下有道,丘不与易也"(《论语·微子》)。至《礼记·中庸》,则曰"天命之谓性,率性之谓道,修道之谓教。道也者,不可须臾离也,可离非道也",为儒家的人道思想提供了天命论的形上依据。其合"成己"与"成物"为一之论以及"赞天地之化育"之说③,也充分彰显了儒家伦理政治思想的仁爱本质和万物一体的精神气象。

在道家,至少在庄子眼里,人的"社会性"或"政治性"存在却反映了人生在世的无可奈何性,甚至充满了种种凶险。对此,庄子有喻曰:

> 叶公子高将使于齐,问于仲尼曰:"王使诸梁也甚重,齐之待使者,盖将甚敬而不急。匹夫犹未可动也,而况诸侯乎! 吾甚慄之……今吾朝受命而夕饮冰,我其内热与! 吾未至乎事

① (古希腊)亚里士多德著,吴寿彭译:《政治学》,第7页。

② 如亚氏说:"既然一切社会团体都以善业为目的,那么我们也可说社会团体中最高而包含最广的一种,它所求的善业也一定是最高而最广的:这种至高而广涵的社会团体就是所谓'城邦'(πόλις),即政治社团(城市社团)。"(古希腊)亚里士多德著,吴寿彭译:《政治学》,第1页。

③ 如《中庸》:"诚者非自成己而已也,所以成物也。成己,仁也;成物,知也。性之德也,合外内之道也,故时措之宜也。""唯天下至诚,为能尽其性;能尽其性,则能尽人之性;能尽人之性,则能尽物之性;能尽物之性,则可以赞天地之化育;可以赞天地之化育,则可以与天地参矣。"

之情,而既有阴阳之患矣!事若不成,必有人道之患。是两也,为人臣者不足以任之,子其有以语我来!"

　　仲尼曰:"天下有大戒二:其一,命也;其一,义也。子之爱亲,命也,不可解于心;臣之事君,义也,无适而非君也,无所逃于天地之间。是之谓大戒。是以夫事其亲者,不择地而安之,孝之至也;夫事其君者,不择事而安之,忠之盛也;自事其心者,哀乐不易施乎前,知其不可奈何而安之若命,德之至也。为人臣、子者,固有所不得已,行事之情而忘其身,何暇至于悦生而恶死!夫子其行可矣!"(《庄子·人间世》)

子高受命使齐,尚未成行却已忧惧不安,认为此行无论成败,结果都将是消极的:事若不成,将有刑罚之责;事若得成,则不免身心劳郁①。若顺子高之说,欲绝此二患,似乎只有逃离人间,决然弃世。然据"孔子"之见,子高之忧实为蔽于人世的本来面目而自寻烦恼。因为,"天下有大戒二",即命与义。"天下"者,涵摄所有人,无有例外;"戒"者,人所当守,不可违逆。命与义是任何人都无法回避的存在境遇,决定了人生在世的基本结构。命、义之展开,即表现为人伦日用所当行的种种"不得已"之事。所以,子高之忧不是其个人的或偶然的,实喻任何人都会遇到的生存之忧。人生在世,各人所忧或有不同,然皆有其必然所遭受之忧,且其忧也往往与他人、他物有关。子高欲释其忧,关键不在于如何消解上述二患(事实上,这也是不可能的),而在于能正视命、义。正视命、义,则自能尽己于种种"不得已"之事:"行事之情而忘其身,何暇至于悦生而恶死!"倘能如此,忧又何来?可见,庄子基于命、义之说,也揭示了人的生存的"政治性"宿命。

―――――――――

　　① 所谓"阴阳之患",陆西星说:"成则思虑烦劳,将使气郁而血不畅,故阴阳之患随之。"陆西星撰,蒋门马点校:《南华真经副墨》,北京:中华书局,2010年,第61页。

古代中、西哲人均曾指出人生在世的政治性本质,但因彼此间的生存实践、理论视野(如天下观的或城邦意识的)以及所处的历史传统等不同,他们的政治思想、理论、主张等便也存在着许多重要区别。统摄这些区别并最能体现这些区别之本质的,是中西政治哲学的差异。

同“哲学(philosophia)”概念一样,历史上中国也没有“政治哲学”一说。既然“哲学”意味着追求智慧之学,古代中国虽无“哲学”之名却有“哲学”之实。同样,如果从字面上可以将“政治哲学”理解为追求政治智慧之实的话,古代中国亦可谓虽无“政治哲学”之名却有“政治哲学”之实。政治智慧指在深刻体悟政治生活的基础上,能够洞悉其本质、揭示其真理并能引导政治实践、实现理想社会之大智。所以,作为追求政治智慧之学的政治哲学关注的是政治生活中最根本和最本质的问题,这个特点也使它与一般的政治思想、政治理论及政治科学等区分开来。斯蒂芬·B·史密斯指出:“政治哲学旨在澄清各种塑造了政治探究的基本问题、基础概念与范畴。在此意义上,与其说它是政治科学的一个分支,不如说它是这门科学的根本与基石。”①这一概括是公允的。

就道家政治哲学来说,其主要问题意识如何?又有哪些基本概念及相关论题构成了它的核心内容?欲答此问,实为难事。这既有见仁见智的原因,也有道家本身构成的驳杂性所导致的思想复杂性的缘故。如果以老子、庄子(及其后学)和黄老道家作为主要考察对象的话,诸如虚静、无为、齐物、玄德等基本概念,以及何谓“执一”?如何通过“执一”以成就“至德之世”等问题意识,可以说始终隐含于三者的治道思想中。这些基本概念和问题意识既展

---

① (美)斯蒂芬·B·史密斯著,贺晴川译:《耶鲁大学公开课:政治哲学》,第1页。

现了道家政治哲学的独特性，也使它与儒、墨等其他学派的政治哲学本质上区分开来。但上述概念及其相关问题在老子、庄子和黄老道家思想里的表现又不是始终如一的，其间既存在内涵的相通性，又各有其理论特点。这一情形，也反映了先秦道家政治哲学的历史演变与理论分化之状。

三、本书主要内容概述

本书分为上、下两编。"上编"通过考察贯穿于道家治道思想中几个基本概念和相关论题之变，以窥从老子、庄子至黄老道家政治哲学思想的大致演变过程；"下编"主要考察了先秦思想中的形名（名实）问题，以及道家政治哲学在这一问题上的思想表现和理论演进等。"上编"包括六章，"下编"包括四章。关于各章的具体内容，兹也稍加介绍。

第一章为"先秦道家的虚静思想及其演变"。该章指出：作为道家思想的核心范畴，虚与静内涵相通，义相互摄。它们既贯通着道体与发用、境界与工夫，也和道家思想的其他重要范畴如自然、无为、柔弱等内涵相通，彼此间存在着互为诠释的关系。从老子、庄子到黄老道家，虚、静的意蕴及其在工夫论和政治哲学上的表现经历了深刻的思想演变。其中，由早期的工夫境界论范畴转而成为一种人君的御臣之术，是虚、静内涵发生的一次重要变化。这种转变不仅反映了先秦道家的流派分化之状，也展现了晚周之际的治术之变。

第二章为"齐物说及相应治道思想在先秦道家中的展开"。该章指出：在晚周流行的齐物诸说中，道家之说最为系统与深刻，在治道上的影响也尤其深远。道家的齐物观发轫于老子的"道法自然"思想，它首先意味着一种以均平、公正之心观物与应物的基本立场。基于此立场,先秦道家皆主张君主无为而治,以万物自化为至治理想。不过,先秦道家关于齐物内涵的理解及其治道之说也存在着耐人寻味的演变:在老子,他本着"齐物"之心充分肯定了万物的自我成就能力;在庄子,他在顺承老子思想的同时,进而将至治之成描述为"藏天下于天下",且谓此"藏"是"公天下"的表现;至黄老道家,尽管他们仍不乏包容万物之心和与众共治的理想,但在列国竞争日益激烈的时势下,学者对于齐物的理解也逐渐趋于功利化和法家化,以至产生了"齐万不同"的专制之论。齐物内涵和相应治道观念的这种演变,既与道家思想自身演绎的逻辑性有关,也是它对天下趋于一统之势回应的结果。

第三章为"从'知常''依理'而为到'任法'而治——先秦道家无为思想的理法化演变"。该章指出:晚周时期,思想演变呈现出理性化的总体趋势。在此过程中,理的思想地位不断得以突出和提升,以至与道无别,二者皆成为抽象的概念。相应于这一趋势,先秦道家的无为思想也发生了内涵与旨趣之变:在老子,无为意味着君上持道虚静,"观复""知常",尽可能不去干预事物的存在,充分尊重它们的自我成就性,其思想颇彰复朴与守静之象;在庄子,无为固亦有持虚守静之义,其"天理""固然"之说却也凸显了尊重、欣赏事物的个性或独特性的特点,至治之成便表现为治者如何使天下万物各正其性的过程;在黄老道家,随着思想的理性化演进,道渐被抽象为理,且理又体现为法,无为之治遂重名法之用,而道家的"执一"之说也由早先的"执道"之义演变为"执法"之论。黄老道家的这种尚法精神是战国中后期思想理性化演变的自然结果,它适应了周秦之际功利化和一统化的时代需求,蕴含着可贵的公共意识和天下情怀,推动了形名法术思想的系统化发展。但尚法精神也隐含着很大的消极性,它不仅易滋"惟法是从"之弊,且其所强调的圣人"生法"之论又有神化君主的消极倾向。

　　第四章为"先秦道家的德性论和'玄德'之治思想——兼论儒道的文质之辨"。该章指出：在先秦诸子那里，"德""性"概念均有万物生而本具的禀赋之义。不过，道家更重"德"所标示的万物生之所以为生（或生之所由来）的原始义，其德性论也有如下特点：作为世界的本根，"道"具有"生养"万物之"德"；同样，作为"道"之所"生"者，万物也各备其"德"，即各有其独特的生命力和存在禀赋；相应的，道家的工夫论也表现出鲜明的"复归性"。道家的德性论还是其治道思想的逻辑起点，其心目中的理想之治也被称为"玄德"之治。在此治下，"侯王"治若无治，一任万物各循其"德"、各展其"性"，宛如万物存在的"看护者"。不过，在黄老道家那里，本于一统天下的功利诉求，他们也强化了治者的"驾驭者"或"主宰者"的形象。道家的德性论决定了其历史观是退化的，且相对于儒家的"文明"观，其尊"德"、尚"质"的生存态度也表现出"反文明"的思想倾向。

　　第五章为"从浑沌之境到礼法世界：先秦道家的秩序论"。该章指出：在先秦道家关于世界秩序的思考中，浑沌概念可谓其逻辑起点。先秦道家将世界分为两种，即浑沌之世和浑沌裂灭之世。浑沌之世（原始浑沌）是浑沌性、生生性与秩序性的自然统一，因而是无治之世，不存在有为或无为的问题。由于治者妄为，浑沌裂灭，万物朴散，世界遂亦失其自然的秩序。为对治此弊，使世界"复返"其浑沌状态，道家认为需要圣人应之而起，行无为之治。不过，关于如何理解无为，先秦道家也是存在思想差异的。在老子，其所谓无为多彰不为之义，圣人治下的浑沌也颇显浑然质朴之象；在庄子及其后学，其所谓无为既多述老子的不为之旨，又有伸张因应有为的一面，其所描述的浑沌①世界展现出万物各得其宜而优游自

_____

　　①　道家传世文献中多用"浑沌"一词，故本书论及此概念时统一写作"浑沌"，详见第五章"从浑沌之境到礼法世界：先秦道家的秩序论"之"一、浑沌、生生与秩序"。

得的存在气象；至于黄老道家，其所谓无为虽尤彰因应之旨，但因其学的功利性特点以及时势所致，他们的至治理想已偏向于强调人君以礼法来统摄、规范万物。所以，尽管皆以"一"来指谓理想之治的一体性，老、庄之"一"尚不失万物存在的浑然性，黄老道家因为强调礼法秩序，其所谓的"一"则表现为天下礼法森严的一统性。

第六章为"汉初儒、道的天道观分歧及其治术思想之分殊"。该章指出：汉初儒、道关于治术的有为与无为之争，本质上源于其天道观的根本分歧。对于天道的不同理解，既是儒、道无为与有为之争的信仰依据，也体现为他们本质有别的天人感应说和工夫论。天道观的分歧也使得儒、道的阴阳刑德思想表现出形似而实别的特点：尽管儒、道皆主张阳尊阴卑并以刑德配阴阳，但二家赋予阴阳刑德说以截然不同的伦理政治意义，提出了迥然有别的治世主张。进而言之，儒、道的有为与无为之争也可归结为文质之辨。如何看待此辨，关乎如何看待人性以及何为文明、文明何用等重要问题。在此，道家尚质抑文的价值取向及其无为之术所可能导致的风俗鄙陋、人心败坏之弊，随着汉初社会经济的发展越发显露出来。所以，武帝以后儒术得尊、经学昌明的思想文化局面的形成，不仅是儒家尚文重教的属性使然，更是历史时势的必然选择。

第七章为"名之何谓？正名何为？——先秦时期的正名思想及名学理论之分化"。该章指出：在古典思想的视野里，名呈现、揭示了事物的"本来面目"。命名之于事物不仅具有去蔽、澄明之功，且通过命名，人类将事物纳入自己的生活世界，并据以实现其至治理想。对于先秦诸子而言，一方面，无名不言治，命名既意味着一种赋予事物之名的正当性权力，故圣与王是内涵相通的；另一方面，正名真正所要辨析和端正的是作为名之所指的诸实及其关系，正名实为正实。尽管皆主正名，诸家论名往往根据现实需要或思想兴趣而各有侧重，深刻展示了晚周之际的治术之变和学派分化之状。

第八章为"'悠兮其贵言'：老子的名与名教思想"。该章指出：作为"古之道术"或"王官学"之流裔，老子之学也具有本末一贯、体用兼备的思想品格。尽管道因其不可命名性而显得"浑沌"与"暗昧"，然治道的展开是不能在"浑沌"与"暗昧"中进行的。同时，"朴散"而为"器"，也是事物不可避免的存在趋势和历史事实。因于这种必然性和现实性，设名立教以化民导俗既是圣人顺应现实的无奈之举，又是其济人成物的必然之责。所以，老子的"无为而治"思想体现在名教问题上便有如下特点：一方面，因于"朴散"之状，"侯王"当顺势而为、因物制宜，设名立教，以济人成物。此为由"无名"而"有名"之不得已。另一方面，名教既立，"侯王"宜谨慎施用，顺物自然，以防其束缚事物的本性乃至扼杀其生命力；且为应对现实的流变之状，亦宜"随时"消解凝滞之名和扞格之教。此为由"有名"而"无名"之所应然。上述特点，鲜明地展现了老子思想中命名与名教的二重性以及"无名"与"有名"之间的张力性。

第九章为"庄子的名实论及其治道思想"。该章指出：在庄子看来，道的存在性、物的流变性以及言说的有限性等皆决定了命名的不可能性以及名教存在的局限性。从理想的层面看，庄子反对立名设教。若立足于现实，命名乃至相应的名教之设又是必需的。以虚怀无执之心应对世事物情，有所命名而又不粘滞于名、便宜于名实之设而又有所超越，是庄子名实思想的主要特点。相应的，庄子认为：无为之治固然当以无名为本，但也应根据世事人情假以有名之用；不可舍本而逐末，亦不可蔽本而彰末。因此，"明王"欲成至治，不仅须通达无为（无名）而有为（有名）的必要性，而且须明了有为（有名）而无为（有名）的反复性。

第十章为"黄老道家的正名和无为思想"。该章指出：先秦时期，治主正名虽是百家之通论，关于正名的伦理政治意蕴及其功用的论述,尤以黄老道家之说为详备。在黄老道家那里,正名是无为之治的主要表现方式。其正名之说立足现实,以功利为导向,既对形名关系和正名的功用进行了深入的辨析,也揭示了正名与"法治"的一体相关性。同时,借助正名之说,黄老道家也张君权、尚权谋,引发了道家无为之旨的重要转变。在关于君道的阐释中,黄老道家还揭示了无为概念的虚静、不为与因应的内涵。三者中,虚静为本,不为和因应为用。唯有人君持守君道,体现无为之治的"名正法备"才能得到真正的落实。

本书所引《老子》皆自王弼撰、楼宇烈校释的《王弼集校释》(北京:中华书局,1980年),并已据长沙马王堆汉墓帛书甲乙本、郭店楚墓竹简本、北京大学藏西汉竹书本进行了订正。本书所引《庄子》为郭庆藩撰、王孝鱼点校的《庄子集释》(北京:中华书局,2004年);所引《文子》为王利器撰写的《文子疏义》(北京:中华书局,2009年);所引《管子》为黎翔凤撰、梁运华整理的《管子校注》(北京:中华书局,2004年);所引《公孙龙子》《尹文子》《邓析子》为陈高傭撰写的《公孙龙子·邓析子·尹文子今解》(北京:商务印书馆,2017年);所引《韩非子》为王先慎撰、锺哲点校的《韩非子集解》(北京:中华书局,2013年);所引《慎子》为许富宏撰写的《慎子集校集注》(北京:中华书局,2013年);所引《吕氏春秋》为许维遹撰、梁运华整理的《吕氏春秋集释》(北京:中华书局,2009年)。未免文繁,以下正文所引各书仅注其所属篇名,引文标点据文义或有改动。

上　编

第一章 先秦道家的虚静思想及其演变

　　虚与静是先秦道家思想的一对核心范畴。二者内涵相通、互为融摄,彼此间为一体之两面的关系。它们既贯通着道体与发用、境界与工夫,也和道家思想的其他重要范畴如自然、无为、柔弱等内涵相通。不过,先秦道家是个涵盖驳杂、流派众多的概念,诸子对于虚静的理解和思想发挥也颇显差异。若统而言之,自老子、庄子以至黄老道家,虚静的内涵及其在政治哲学上的表现经历了一个重要的思想演变,即由早期的"工夫境界论"(此统涵养与治世合言)范畴转而成为一种人君的御臣之术。最终,在"喜刑名法术之学,而其归本于黄老"(《史记·老子韩非列传》)的韩非那里,这种御臣之术又成了人主借以恐吓、掌控臣下的阴谋之术。虚静内涵的这种演变,不仅体现了先秦道家的流派分化之状,也与晚周之际的治术之变有着深刻的思想关联。

一、老子的虚静思想及其"内圣外王"之道

　　关于先秦道家的起源,《汉书·艺文志》曰"盖出于史官"。若此,则道家自有其王官学之渊源。今人论及道家及其思想,常归宗

于老子。章太炎尝曰："数道家当以老子为首。《汉书·艺文志》'道家'首举伊尹、太公。然其书真伪不可知，或出后人依托。"①又曰："诸子之起，孰先孰后，史公、刘、班都未论及。《淮南》所叙，先后倒置，亦不足以考时代。今但以战国诸家为次，则儒家宗师仲尼，道家传于老子，此为最先。"②说堪平实。

　　然关于老子其人及其与《老子》之间的关系，司马迁作《老子列传》时已不得其详。民国学者好疑古，就老子和《老子》一书多有辨析③，并割裂二者间的关系。老子其人暂且不论，对于作为历代学者理解先秦道家早期思想主要依据的《老子》，学者常常定其出于战国中期以后。如钱穆继踵汪中、梁启超之说，认为"《老子》书犹当出庄子惠施公孙龙之后"④，且谓庄子才是"道家的鼻祖"和"中国道家思想之开山大宗师"⑤。蒙文通亦曰："《道德经》则非老聃之作，其成书宜在《庄子》之后，故每取《庄》文以入其书也。"⑥郭沫若甚至说："《道德经》晚出是不成问题的，在我认为就是环渊所著的《上下篇》"，而"环渊音变而为关尹"⑦。上述看法嫌于激进或武断，故多致非议。待郭店楚墓竹简本《老子》问世（1993年），所谓《老子》战国晚出之说更是不辩自谬。诚如郭齐勇所言："今天，考古发掘已证明，《老子》至少已流传于战国中期。《老子》成书当然

---

　　① 章太炎：《国学十八篇》，第243页。
　　② 章太炎：《国学十八篇》，第221页。
　　③ 对此，钱穆考辨甚详。参见氏著：《先秦诸子系年》，石家庄：河北教育出版社，2002年，第234—260页；亦可参见氏著：《庄老通辨》，北京：生活·读书·新知三联书店，2002年。
　　④ 钱穆：《庄老通辨·自序》，第3页。
　　⑤ 钱穆：《庄老通辨》，第3页。
　　⑥ 蒙文通：《佛道散论》，第64页。
　　⑦ 郭沫若：《十批判书》，北京：人民出版社，2012年，第122页。王利器亦有关尹作《道德》五千言"之论，曰："……在黄老之学崛起和发展过程中，出现有两个老子，一为关尹著《道德》五千言之老子，一则为黄老学者所依托之老子。"王利器撰：《文子疏义·序》，北京：中华书局，2009年，第5页。

会更早。"①尽管在一些具体问题上目前仍存在不少谜团,如何时成书,以及是单人所著还是包含后人增益等,但《老子》作为道家思想的首部经典应为定论;进而言之,尽管对于老子其人尚有诸多不解,但既然先秦诸典籍或记老聃之言,或论老子之说,或于老子和老聃之说不加分别、混而述之,且上述称引、论说之旨并不相悖,则谓老子即为老聃亦无不可。

其实,若深探道家诸子之说,其间有着思想演变的相应"痕迹"。这些"痕迹"既反映了诸子思想的内在关系,也暗示着它们逻辑上的先后之序。这种"逻辑性",往往也意味着诸子思想在生成上的"时间性"关系。本章就以虚静范畴为例,以彰先秦道家从老子、庄子以至黄老道家的相应思想的演变。

《庄子·天下》纵论周季的思想学术分化时,其言关、老之学②曰:

> 建之以常无有,主之以太一,以濡弱谦下为表,以空虚不毁万物为实。关尹曰:"在己无居,形物自著。其动若水,其静若镜,其应若响。芴乎若亡,寂乎若清,同焉者和,得焉者失。未尝先人而常随人。"老聃曰:"知其雄,守其雌,为天下溪;知其白,守其辱,为天下谷。"人皆取先,己独取后,曰"受天下之

---

① 参见钱穆:《先秦诸子系年·前言》,第 12 页。

② 《天下》云:"以本为精,以物为粗,以有积为不足,澹然独与神明居。古之道术有在于是者,关尹、老聃闻其风而悦之。"又曰:"关尹、老聃乎! 古之博大真人哉!"据此,关尹似早于老子,传统所谓关尹为老子弟子之说似有不确。钟泰亦曰:"此文先关尹而后老聃,尹之年辈又长于聃可知。"(钟泰:《庄子发微》,上海:上海古籍出版社,2002年,第 785 页)然因史料有阙,关于关尹与老子的实际关系,已不可考。又,《艺文志》载汉时所存道家文献时,曰"《关尹子》九篇",是关尹亦有其著。惜乎其书已佚,今人难详其说。然汉人曰"黄老"而非言"黄关",则关尹思想在当时的影响远不及老子。同时,汉人注道家言,亦主要针对《老子》,如《艺文志》载:"《老子邻氏经传》四篇,《老子傅氏经说》三十七篇,《老子徐氏经说》六篇,刘向《说老子》四篇。"(班固:《汉书·艺文志》,第1729 页)另外,今存河上公《老子注》、严遵《老子指归》以及《老子想尔注》,亦皆是汉人解《老》之作。老子被后世奉为道家之祖,自有其理。本文论道家,仍从此例。

垢"。人皆取实,己独取虚,"无藏也故有余",岿然而有余。其
行身也,徐而不费,无为也而笑巧。人皆求福,己独曲全,曰
"苟免于咎"。以深为根,以约为纪,曰"坚则毁矣,锐则挫矣"。
常宽容于物,不削于人。

则关于关、老之学的主要精神,可以一言以蔽之,曰:虚或无也。
唯有心臻于虚(无)之境,方能静定不扰、知雄守雌、含垢容物等,从
而得致"其应若响""岿然而有余""徐而不费""不毁万物"之功。
《天下》篇此论,可谓深得老子思想之旨。

　　然虚者何义?它与老子思想中的其他重要范畴如自然、无为、
柔弱等究竟又是何种关系?据《说文解字》,虚本谓"大丘"。段玉
裁释云:

　　　　按虚者,今之墟字……虚本谓大丘,大则空旷,故引伸之
　　为空虚。如鲁少皞之虚、卫颛顼之虚、陈大皞之虚、郑祝融之
　　虚,皆本帝都,故谓之虚,又引伸为不实之称。[1]

故虚之所指本来是"实的":无论其本义之大丘,还是其引申义之
帝都,皆实有其物,是"有的",而非"没有(无)"。虚之演变成无,成
为虚无,往往是"丧失"的结果。《说文解字》:"无,亡也。"亡谓逃跑
或丧失。段玉裁论"无"说:"凡所失者、所未有者,皆如逃亡然
也……《玉篇》曰:'无,虚无也。'"[2]又,作为"不实"之虚(空虚),不
仅指古之帝都今已荒废,空旷萧疏,也意味着人临此地油然而生的
空寥与失落之感。所以,虚既为有,亦为无:曰其为有,因其本来
是"有的",如大丘或帝都;曰其为无或虚无,乃丧有之所致。在生
存领域,这种丧有之虚或虚无,表现为一种由有至无、由实至虚的

---

　　① 许慎撰,段玉裁注:《说文解字注》,上海:上海古籍出版社,1988 年,第
386 页。
　　② 许慎撰,段玉裁注:《说文解字注》,第 634 页。

涵养工夫。待此工夫达乎其极,"心地"虚无,其境界亦可谓之虚或虚无。

虚、无之说在老子思想中具有重要的理论地位。首先,在存在论①上,虚与自然是一而二、二而一的关系。道家所谓的自然,意为自己如此或自己这样,即事物之所以如此存在,既非因为外力之迫使,亦非由于己意之所为②,而是其本来如此,或曰无为而然。因此,自然可谓本然之呈现。故曰自然,即已涵摄虚或无之义;反之,曰虚或无,亦已涵摄了自然义。对于虚与自然之间的这种互相蕴含的关系,老子以天地之道为例说:"天长地久。天地所以能长且久者,以其不自生,故能长生。"(《七章》)"不自生",即谓天地存在自然而然,对于"长久"或"长生"无意无执(即虚)。又,《五章》曰:

> 天地不仁,以万物为刍狗;圣人不仁,以百姓为刍狗。天地之间,其犹橐籥乎? 虚而不屈,动而愈出。

"橐""籥"皆为中空之物③,正因其中空(虚),才分别成为气、声的不竭之源。天地运化,其虚亦然:天地无所谓"仁"或"不仁",故视万物犹如平淡无奇的草狗;且正因为这种虚无或自然,天地才成为万物生生的不竭之源。在此,老子指出了天地运化的虚无之功:天地之运虚而自然,亦自然而虚,故能无为无造、任物自成。河上公以"虚用"命名本章④,得其旨也。不仅如此,老子所言之虚,尚

---

① 老子之后,在考察作为天地万物产生的本根时,道家也尝用"虚""静"来描述本根的浑沌未开之状。如上海博物馆战国藏楚竹书《恒先》曰:"未有天地,未有作、行、出、生。虚静为一,若寂寂梦梦,静同而未或明,未或滋生。"标点据曹峰之说,参见曹峰:《上博楚简思想研究》,台北:万卷楼图书股份有限公司,2006年,第114页。

② 此是就有意欲能力或精神生活的存在者而言。

③ 王弼:"橐,排橐也。籥,乐籥也。"王弼撰、楼宇烈校释:《王弼集校释》,第14页。

④ 王卡点校:《老子道德经河上公章句》,北京:中华书局,1993年,第18页。

有和义。《四章》曰："道冲而用之又不盈,渊兮似万物之宗。"段玉裁说:"凡用'冲''虚'字者,皆'盅'之假借。《老子》'道盅而用之',今本作'冲'是也。《尚书》'冲人',亦空虚无所知之意。"①此"冲(盅)"不仅谓虚,亦有和义。范应元曰:"冲,虚也,和也。"②严遵亦曰:"道以至虚,故动能至冲;德以至无,故动而至和。万物得之莫有不通冲和者。"③"冲和"之说,老子亦有言,《四十二章》曰:"万物负阴而抱阳,冲气以为和。"故虚非谓绝对的空无,它与和也义相互涵。或者说:唯和方能虚(反之亦然唯虚方能和),方能浑然不可测("渊"),为万物之"宗"(和,则万物生生不已)。事物冲和至虚,则显"柔弱"之象。然此种"柔弱"非为真弱,而是充满生命力的和柔。《五十五章》曰:"含德之厚者,比于赤子:蜂虿虺蛇不螫,猛兽攫鸟不搏,骨弱筋柔而握固;未知牝牡之合而全作,精之至也;终日号而不嗄,和之至也。"所以,在老子那里,虚与自然、无为、和、柔弱等范畴本皆相通,其间存在着内涵互蕴的关系。

　　其次,就心性而言,心本虚无,原无所谓是非、美丑、善恶等观念或标准。倘其逐物于外,囿于见闻,则将析物为知、离散大道。在此过程中,心便由虚至实、由无至有,丧失其空乏无执的本然状态,从而有是非、美丑、善恶等别。故《二章》曰:"天下皆知美之为美,恶已;皆知善之为善,斯不善已。故有无相生,难易相成,长短相形,高下相倾,音声相和,先后相随。"由是,便须"复归"。"复归"即在心上做虚无的工夫,以化解、消弭各种欲求或执着之心,自有返无、自实返虚,返回其空无所知亦空无所执的虚无状态。对于这种虚无之境,老子亦拟之以"赤子(婴儿)"之状,《十章》曰:"专气致

---

① 许慎撰,段玉裁注:《说文解字注》,第547页。
② 范应元撰,黄曙辉点校:《老子道德经古本集注》,上海:华东师范大学出版社,2010年,第9页。
③ 严遵撰,王德有点校:《老子指归》,北京:中华书局,1994年,第126页。

柔,能婴儿乎!"唯有如此,心才能包容众物,任其自然。

复次,在应物方式上,虚无之道便表现为如其所是地面对、容纳万物,尊重、顺应其性,不将一己的欲念、好恶、标准等强加于其上。如此才既"不毁万物"(《天下》),又能尽彰其性,使其自成自化。也正因为虚无之道于物无伤,人才同样不为物所伤。"夫两不相伤","故德交归焉"(《六十章》)。其后,庄子也说:"圣人处物不伤物。不伤物者,物亦不能伤也。唯无所伤者,为能与人相将迎。"(《知北游》)这种虚无的应物方式表现在治道上,便是无为而治。诚如天道无为,虚无自然而万物化成,治者治事理物也应效法天道,虚无己心,"处无为之事,行不言之教"(《二章》),以实现"无不治"(《三章》)之功。在此方面,老子颇多强调,如其曰:"道常无为而无不为(帛书《甲》《乙》本、郭店本均无"而无不为"四字,当误)侯王若能守之,万物将自化……不欲以静,天下将自定。"(三十七章)"太上,下知有之……悠兮其贵言,功成事遂,而百姓谓我自然。"(《十七章》)

因此,在老子的思想里,虚或无既意味着事物自然而言的存在状态,也意味着随性自然、无所执着的生存境界。同时,虚、无也有工夫论的意味,以及指向顺其自然的应物方式和治世之道。

虚或无之义尚不仅于此,其与静亦相通。"静"本谓色彩分布适宜,段玉裁说:

> 采色详审得其宜,谓之"静"……分布五色,疏密有章,则虽绚烂之极而无渿沵不鲜,是曰"静"。人心审度得宜,一言一事必求理义之必然,则虽鞿劳之极而无纷乱,亦曰"静",引伸假借之义也。[①]

---

① 许慎撰,段玉裁注:《说文解字注》,第 215 页。

适宜(即《论语·先进》所谓无"过"与"不及"之弊)则和,故静本自含有和义。在心性论上,静并非指静止不动,而谓心之中正平和、静定不扰之态。心若能静,笃定不扰,则已中正平和,虚而能容;反之,唯心能和、无有偏执,则亦能静定不扰、容受万物(虚)。所以,虚与静义相互摄,二者乃一体之两面的关系,故老子并言之,且据以彰显自己的"内圣外王"之说。如《十六章》曰:

> 致虚极,守静笃。
>
> 万物并作,吾以观其复。天物芸芸,各复归其根。归根曰静,是谓复命。复命常也,知常明也。不知常,妄作,凶。
>
> 知常容,容乃公,公乃王,王乃天,天乃道,道乃久,没身不殆。

"致"有三义:一曰"送诣也"(《说文解字》),引申有前往、求取等义;一曰到达,即通作"至";一曰归还或返还,如"致仕"之"致"。"极"者,极致、尽头。基于"致"之三训,"致虚极"亦有三义:其一,若"致"谓求取、获得,"致虚极"指修道工夫,此工夫以"虚极"为目标;其二,若"致"训为"至",即到达或达到,"致虚极"指工夫的完成,此时工夫与本体(境界)一体呈现,无容分别;其三,若"致"取返回义,则"致虚极"意味着所谓修道工夫的完成,不过是"复归"其天机未丧的生命状态而已。上述三种内涵彼此联系、不可分割,充分展现了老子"本体工夫之辨"(此借用宋明理学言语)的丰富意蕴。同样,"守静笃"既可曰工夫(即基于持守以达心之静定专一。"笃"在此谓专一),亦可曰境界(即持守心之静定专一而不失)。对于老子的"致""守"之说,范应元释曰:

> 吾心之初,本来虚静,出乎自然,初不待"致"之、"守"之。逮乎感物而动,则"致""守"之功不容一息间断矣,是以老子教人"致虚""守静"……虽然,"致虚""守静",非谓绝物

离人也,万物无足以挠吾本心者,此真所谓"虚极""静笃"也。苏(引按:谓苏辙)曰:"致虚不极,则有未忘也;守静不笃,则动未忘也。丘山虽去,而微尘未净,未为'极'与'笃'也。"[①]

范氏之解甚善,且颇得"致"之求取、至极与复归三义。因此,在本章中,老子的"内圣外王"之说是从三个方面展开的。首先,首段"致虚极,守静笃"是言"内圣"工夫及其境界。其次,次段言万物的存在态势与"内圣"之功。老子指出:天下万物虽纷然杂陈、生机勃勃,然皆有复归其本根之"静"的宿命。这意味着:静定不扰也是万物本来(按:"根"之所喻)的存在状态。而且,万物的"复命"具有恒常性("常"),非为偶然的。唯有洞察此"常",方得真正的智慧("知常曰明")。欲得此"知常"之"明"或"观复"之"明",须以"致虚""守静"的工夫为前提。唯有心至虚静之境,方得其上述之"明",通达于物变。老子的"虚静生明"之说对晚周诸子影响很大:它不仅成为道家的基本观点,如《庄子》曰"虚室生白"(《人间世》。按:"白"即"明"义)、《管子》曰"虚静"则"明"且"明则神矣"(参见《心术上》),亦为儒家论工夫所汲取,如《大学》曰"静而后能安,安而后能虑,虑而后能得"、《荀子》以"虚壹而静"为"知道之方"(《解蔽》)等。最后,末段言"外王"的表现及其功用。"知常容"等说表明:唯有心地虚静,方能包容万物、无所偏倚("公"),从而"以百姓之心为心"(《四十九章》),任其自化,实现天下大治,成就恒久功业。"公乃王"既指出了公正无私的后果,也点明了王之为王的本质,即王之所以为王,在于"天下所归往也"(《说文解字》训"王"

---

①　引按:"未忘"之"忘",当作"亡"。后"忘"同。(参见苏辙撰:《道德真经注》,《道藏》第十二册,北京:文物出版社、上海:上海书店、天津:天津古籍出版社,1988年,第297页)范应元撰、黄曙辉点校:《老子道德经古本集注》,第26页。按:引文标点有改动。本书后文类此,不复言。

语）。天下之所以归往于王,乃在于王的公正无私性。故河上公曰:"公正无私,则可以为天下王。"①老子的"公乃王"之说,可谓直达王之本性。

上述论说虽大体呈现了老子虚静思想的主要内容,然并未穷尽其蕴。又如,老子在展开其有、无思想时,亦多是从实与虚的角度发论,即有(实)作为对于事物及其存在的概称,包含甚广,既可指器物制度、名言政教,亦可谓观念思想、态度方法等;相应的,无(虚)则是对诸有(实)的虚化或消解。就此而言,无有(实)则无无(虚),是曰"有生无"或"实生虚"。在有(实)之持存中,常会滋生凝滞之弊。凝滞之所以滋生,或者源于事物本身的"老化"(如体制、方法的陈旧),或者源于事物发生的"异化"(如政教、观念的变异),或者源于人们对于事物的某种执着。凝滞若滋,桎梏便生,以致反制事物、伤及生生。欲破此弊,须虚无此有或实。虚无至乎其极,凝解滞化,则物遂其性,生生流行。就此而言,又可谓"有生于无"或"实生于虚"。故《二章》曰:

> 是以圣人处无为之事,行不言之教。万物作焉而不始,为而不恃,成功而弗居。夫唯弗居,是以不去。②

虚静或虚无并非意味着虚无主义。无论是作为工夫、方法或途径,抑或作为境界、目的或结果,虚静(虚无)皆随着"反动"之道(《四十章》:"反者道之动。")的展开而展开,发挥其积极意义。

---

① 王卡点校:《老子道德经河上公章句》,第 64 页。
② 引按:"无为"是对"有为"的虚无;"不言"是对"有言"的虚无;"不始"是对"为始"的虚无;"不恃"是对"恃"的虚无;"弗居"是对"居"的虚无;"弗居""不去"作为所得,亦属有或实,故尾句实曰"有生于无"。

二、虚无与逍遥、正生与正众生：庄子对于虚静思想的理论推进

在庄子那里，先秦道家的虚静思想又有了新的演进。其中尤著者有二：一为逍遥思想的引入，一为工夫论的深化。

（一）关于逍遥思想的引入。同老子一样，庄子论"内圣外王"也是从虚静之道入手的。《天道》①曰：

> 天道运而无所积，故万物成；帝道运而无所积，故天下归；圣道运而无所积，故海内服。明于天，通于圣，六通四辟于帝王之德者，其自为也，昧然无不静者矣！圣人之静也，非曰静也善，故静也。万物无足以铙心者，故静也。水静则明烛须眉，平中准，大匠取法焉。水静犹明，而况精神！圣人之心静乎！天地之鉴也，万物之镜也。夫虚静恬淡寂漠无为者，天地之平而道德之至，故帝王圣人休焉。休则虚，虚则实，实则备矣。虚则静，静则动，动则得矣。静则无为，无为也则任事者责矣……夫虚静恬淡寂漠无为者，万物之本也。明此以南乡，

---

①　关于此篇的定性，学者之间有所分歧。王夫之认为："此篇之说，有与庄子之旨迥不相侔者；特因老子守静之言而演之，亦未尽合于老子；盖秦汉间学黄老之术，以干人主者之所作也。"（王夫之撰，王孝鱼点校：《庄子解》，北京：中华书局，1964年，第114页）钟泰则谓："此下《天地》《天道》《天运》三篇，盖自为一类……为庄子自作无疑。"（钟泰：《庄子发微》，第244页）如果说，船山与钟泰意见之异尚属儒者之争的话，南宋道士褚伯秀、明代道士陆西星则皆盛赞此篇义理之精，自然不疑其出自庄子。如褚氏曰："世谓南华立言多尚无为而略治具，观是篇所陈礼乐政教，究极精微，有非诸子所可及者，要皆出于天理之自然，假人以行之耳。"（褚伯秀撰，方勇点校：《南华真经义海纂微》，北京：中华书局，2018年，第610—611页）陆西星亦云："此篇言帝王之道，以天地为宗，以道德为主，以自然为用，以虚静恬淡寂寞无为为道之本，皆极醇无疵之语。尝谓《庄子·天道篇》，辞理俱到，有蔚然之文、浩然之气、苍然之光。学者更当熟读。"（陆西星撰，蒋门马点校：《南华真经副墨》，第193页）细审其文，此篇与《天地》义理深邃，与内篇相通，可视为代表了庄子思想之作。

　　　　尧之为君也；明此以北面，舜之为臣也。以此处上，帝王天子
　　　　之德也；以此处下，玄圣素王之道也。以此退居而闲游江海，
　　　　山林之士服；以此进为而抚世，则功大名显而天下一也。静而
　　　　圣，动而王，无为也而尊，朴素而天下莫能与之争美。①

此段文字本于虚静而论"内圣外王"之道，可谓理明、义精、旨远
矣。此文也充分展现了虚静之境所具有的进退、出处的优裕之
功："以此处上"，则"帝王天子之德"备；以此处下，则"玄圣素王
之道"行；"以此退居而闲游江海"，则"山林之士服"；"以此进为
而抚世，则功大名显而天下一"。故虚静非与有为对言，更非谓枯
寂静坐，其中自有运化与事功在。林希逸曰："此段主意却在静字
上，至静之中运而无积，何尝是枯木死灰！但读者不察耳……'圣
人之静也，非曰静也善，故静也'，此一句最精神，言圣人非以静为
好事，故欲如此静。万物不足以扰动其心，故不求静而自静也。"②
陈碧虚亦云："圣人之静也，应物而不荡，非圆寂之静也；随物撄宁
而后成，非曰静也善，物无足以桡心者，故静也。"③钟泰说："吾前
言庄子不薄有为，观于《天道篇》，当益信。"④皆是善读庄子。不
过，此处论"外王"，毕竟是从境界上说，对于"进为而抚世"何以
能"天下一"，以及在"天下一"的伦理政治情境下的万物生存之
状，尚需明之。

　　在庄子那里，作为"外王"之功，"天下一"展现为天下万物"各
正性命"的状态。《德充符》曰："人莫鉴于流水而鉴于止水，唯止能

　　　① "无所积"者，虚也。唯"虚"，天道方运转无滞。下文"帝道""圣道"同。"实则
备矣"，钟泰云："'备'各本作'伦'，陈碧虚《阙误》引江南古藏本作'备'。'备'与下'得'
'责'字协韵，而与'实'字义亦相承。'伦(倫)''备(備)'形近易讹，'伦'自是'备'之误。"
谓"伦"为"备"之形讹（钟泰：《庄子发微》，第286页）。其说是，兹据正。
　　　② 周启成校注：《庄子鬳斋口义校注》，北京：中华书局，1997年，第209页。
　　　③ 褚伯秀撰，方勇点校：《南华真经义海纂微》，第566页。
　　　④ 钟泰：《庄子发微》，第283页。

止众止。受命于地，唯松柏独也在冬夏青青；受命于天，唯舜独也正，幸能正生，以正众生。"林希逸释道："流水、止水，皆以喻心。流者，不能止者也，能止其心，所以独贤于人。众人以欲止之心就其求止焉，惟斯人则能之，故曰'惟止能止众止'……（舜）故能正其所生，以正众人之所生，此'生'字只是'性'字。"①陆西星亦曰："正，如'各正性命'之'正'，正生即正性也，正性即守宗也，守宗即保始也。"②"正性"之说固是。若视"生"为本字，也未尝不可："正生"者，谓端正生命，表现为端正生生诸事，亦即尽己于种种"不得已"之事。事若得尽，既是成己，亦属成物。又，《人间世》尚有"致命"之论。彼所谓"致命"通于"正命"，具体表现则为"正生"，因命之"展开"，便表现为种种"不得已"之事③。实际上，"生"乃"性"之本字，且"正性"与"正生"义本贯通：倘性得其正，则所当行之生生诸事自也端正；同样，若所当行之生生诸事中正不偏，则其性已然为正。舜之所以异于常人，就在于他能"致命"，亦即能"正生"或"正性"，力行其"不得已"之事。如其躬耕畎亩，则竭力于稼穑；其作为瞽之子与象之兄，则尽力于孝悌；待其为天子，则唯以救民之于水火为务。天下万物若皆能如舜之"正生"，即各尽其性、各致其职、各得其所，如此则化育流行，是为天下治。然而，万物虽皆受命于天地，其所禀却各有参差，并非皆能"正生"，故需圣人以治之。所谓的圣人之治，本质上不过是以己心之止④以止"众止"、以己生之正以正"众生"而已。

显然，圣人治人先须治己，其"自治"（即能止、能正）与否，关系

---

① 周启成校注：《庄子鬳斋口义校注》，第85—86页。

② 按：此所引"各正性命"为《易传·象传》释乾卦之德之言。陆西星撰，蒋门马点校：《南华真经副墨》，第77页。

③ 关于"致命"与"正生"的关系，参见陈徽：《庄子的"不得已"之说及其思想的人世性》，《复旦学报（社科版）》2019年第3期。

④ 此"止"，犹《大学》"知止而后有定"之"止"。

着天下能否实现大治。至于如何治己，《人间世》曰："夫道不欲杂，杂则多，多则扰，扰则忧，忧而不救。古之至人，先存诸己而后存诸人。""道不欲杂"云云，仍是说治身当以虚静为本。以虚静之法（即无为）推致天下，万物皆得各遂其性或各正其"生"。所以，《天道》说："言以虚静推于天地，通于万物，此之谓天乐。天乐者，圣人之心以畜天下也。"《天地》亦云："古之畜天下者，无欲而天下足，无为而万物化，渊静而百姓定。"可见，尽管庄子论治较老子多有发明，就其归本于虚静之道而言，实与老子的思想并无本质的不同。

《天道》的"天乐"之说又表明：在虚静无为而天下治的同时，圣人自有其乐。此"乐"既系属于"天"，便非一般的生存之乐，实乃逍遥之乐。陆西星说："天乐、人乐，只是个无为自然。""知天乐者……其生死动静，莫不随造化以卷舒。又此和乐之中，潇潇洒洒，一尘不挂，无怨无非，无累无责……"①对于这一乐境，钟泰也结合"游"字指出："惟游故乐，亦惟乐天而后能游。""夫'游'者，自由自在之谓。"又曰："惟消摇而后能游，故曰'消摇游'也……'游'者，出入自在而无所沾滞义。"②所以，圣人治世无碍于其生命的逍遥。庄子论"游"时常常言及治世。如《应帝王》曰："汝游心于淡，合气于漠（引按："淡漠"即虚无或虚静），顺物自然而无容私焉，而天下治矣。"又曰："明王之治：功盖天下而似不自己，化贷万物而民弗恃；有莫举名，使物自喜；立乎不测，而游于无有（引按："无有"即虚无或无为）者也。"则圣人的逍遥不仅不漠然于世事，与天下之治还是一体相关的。因此，庄子之所谓逍遥绝非如小乘佛教"自了汉"式的自我解脱，而是关涉乎天下之事、深切于万物之化。对于圣人逍遥与天下物化之间的这种一体性关系，《逍遥游》以"藐姑射

---

① 陆西星撰：《南华真经副墨》，蒋门马点校，第 196 页。
② 钟泰：《庄子发微》，第 287、163、3 页。

神人"之境为喻道:"藐姑射之山,有神人居焉。肌肤若冰雪,淖约若处子;不食五谷,吸风饮露;乘云气,御飞龙,而游乎四海之外。其神凝,使物不疵疠而年谷熟。"钟泰说:

> "凝"如《易·鼎卦象》曰"正位凝命"之"凝",葆固而不散也。"物不疵疠",物各遂其生也。"疵""疠"皆病,而疠甚于疵。疫之属也。"年谷熟",无旱涝之灾也。此即《中庸》"致中和,天地位焉,万物育焉"之义也。①

陆西星亦曰:"其神凝,则中致而和亦致矣,故天地自位,万物自育;和气薰蒸,物无疵疠,而年谷熟。"②可以说,倘天下未治,圣人亦不得逍遥。正因为圣人的逍遥深切于天下之治,庄子又曰:"之人也,之德也,将旁礴万物以为一,世蕲乎乱,孰弊弊焉以天下为事!"(《逍遥游》)"将旁礴万物以为一",谓神人(圣人)与万物一体而在;"孰弊弊焉以天下为事",非曰神人不顾天下,而谓治天下不当干预万物的存在,以其"自治"为本。

又,当治臻于"天下一"之境,何止圣人有"天乐"? 生民皆有此乐也。在此治下,天下万物皆得"各正性命"或各遂其生,无凝滞困厄之病,是亦皆得其乐。此乐作为自在无碍的生命呈现,也未尝不可谓之逍遥。因此,圣人的逍遥与生民的逍遥(或曰天下的逍遥)本系一体。诚如上引《应帝王》所云,王者倘能"功盖天下""化贷万物"而又"立乎不测""游于无有"者,非逍遥而何? 生民倘能"各正性命"而又无所恃("民弗恃""有莫举名")、若己自为("物自喜"),亦非逍遥而何? 至于生民在此治下的逍遥生存之状,庄子也尝有论说。《天地》曰:

---

① 成《疏》:"凝,静也。"(郭庆藩撰,王孝鱼点校:《庄子集释》,第 30 页)则"神凝"即谓神静,说亦通,且与"葆固不散"义相互补。钟泰:《庄子发微》,第 18 页。
② 陆西星撰:《南华真经副墨》,蒋门马点校,第 8 页。

天下均治之为愿，而何计以有虞氏为！有虞氏之药疡也，秃而施髢，病而求医。孝子操药以修慈父，其色燋然，圣人羞之。至德之世，不尚贤，不使能；上如标枝，民如野鹿；端正而不知以为义，相爱而不知以为仁，实而不知以为忠，当而不知以为信，蠢动而相使，不以为赐。是故行而无迹，事而无传。

在此，庄子将圣人的无为之治称之为"均治"之治。不同于有虞氏（舜）的治之于已乱（"药疡"之所喻），"均治"之治乃治于世之未乱。在此治下，生民皆得遂性自然，他们"虽如野鹿"，不知贤能，却并非蒙昧愚钝，自有诸如"端正""相爱""实""当"等种种"美行"。这些"美行"皆是其生命触感而发，因事而应，本非依据所谓"仁""义""忠""信"等标准做出的。倘非其生命自足，无所滞碍，自然不能有上述之行。

（二）关于工夫论的深化。庄子论涵养工夫，亦承老子"致虚""守静"之法，然又有所深化或老子所未言处。就工夫论的立论基础来说，庄子更强调了运化之气之于万物的本根性。如《知北游》以人的生死为例说："人之生，气之聚也；聚则为生，散则为死。若死生为徒，吾又何患！故万物一也，是其所美者为神奇，其所恶者为臭腐；臭腐复化为神奇，神奇复化为臭腐。"因此，"通天下一气耳"。对于此运化之气，庄子有时又称为"造物者"，并据以论逍遥之境。如《大宗师》曰："彼方且与造物者为人，而游乎天地之一气。"相应的，庄子论修道，也常是基于养气而发。如他论"心斋"说：

回曰："敢问心斋。"仲尼曰："若一志，无听之以耳而听之以心，无听之以心而听之以气！听止于耳，心止于符。气也者，虚而待物者也。唯道集虚。虚者，心斋也……瞻彼阒者，虚室生白，吉祥止止。夫且不止，是之谓坐驰。夫徇耳目内通而外于心知，鬼神将来舍，而况人乎！是万物之化也，禹、舜之

所纽也,伏戏、几蘧之所行终,而况散焉者乎!"(《人间世》)

王夫之曰:"心斋之要无他,虚而已矣。"①陆西星亦云:"夫子告回只一'虚'字,便是普物无心、顺事无情。千古圣学之根宗,无出乎此。"②皆是善言。对于此工夫,林希逸论道:

> 祭祀之斋在外,心斋在内。一志者,一其心而不杂也。听之以耳,则听犹在外;听之以心,则听犹在我;听之以气,则无物矣。听以耳则止于耳,而不入于心;听以心,则外物必有与我相符合者,便是物我对立也③。气者,顺自然而待物以虚,虚即为道矣,虚者道之所在,故曰唯道集虚。即此虚字,便是心斋。④

老子曰:"为学日益,为道日损,损之又损,以至于无为。"(《四十八章》)庄子的"心斋"之法,可谓老子"为道者日损"之说在工夫论上的运用。所以,作为虚无的工夫,"心斋"丧失着有,遗忘着有,清理着内心,以致"空空如也"(虚无或虚静)。究其本质,这一境界实指心、气冥一的状态,或曰:虚无或虚静之境乃发于"气根"之自然。钟泰说:

> "唯道集虚",应上"道不欲杂"语。虚者气,而结云"虚者,心斋也"者,心与气,析之则有二名,合之则仍只一物也……夫待端而虚,则未能全虚也;待勉而一,则未能真一也。此所谓

---

① 王夫之撰,王孝鱼点校:《庄子解》,第38页。

② 陆西星撰,蒋门马点校:《南华真经副墨》,第59页。

③ 对于"听止于耳,心止于符"之义,学者之解多同于林说。然钟泰认为:"'听止于耳'者,耳之止其所也。'符',征也……心耳皆各止于其所,而后气得以致其虚,故继之曰'气也者,虚而待物者也。'此二'止'字,皆《周易》'艮止'之'止',下文'吉祥止止',正与此相应。《易·艮卦》曰:'艮其背,不获其身。行其庭,不见其人。'不获其身,无我也;不见其人,无物也。无我无物,所谓虚也。……以此知解谓听之用止于耳、心之用止限于符,不如气之虚为能尽应物之用,将极紧要字以无意义语换之,误之甚也。"(钟泰:《庄子发微》,第84—85页)说亦可参。

④ 周启成校注:《庄子鬳斋口义校注》,第62—63页。

有而为之者也。若夫子所云"一"、所云"虚",则一空依傍,全出自然。此天人之分,未可同日而语也。①

对于这种虚无(或虚静)境界,庄子又称之为"坐忘"。《大宗师》云:

> 颜回曰:"回益矣。"仲尼曰:"何谓也?"曰:"回忘仁义矣。"曰:"可矣,犹未也。"他日复见,曰:"回益矣。"曰:"何谓也?"曰:"回忘礼乐矣。"曰:"可矣,犹未也。"他日复见,曰:"回益矣!"曰:"何谓也?"曰:"回坐忘矣。"仲尼蹴然曰:"何谓坐忘?"颜回曰:"堕肢体,黜聪明,离形去知,同于大通,此谓坐忘。"仲尼曰:"同则无好也,化则无常也。"

随着颜回"忘"的工夫的不断精进,他由"忘仁义"而至"忘礼乐",直至"坐忘"。这里所谓的"礼乐",不是从普通意义上说的,而是指作为现实生活中仁义礼乐之源的天地之序与天地之和。工夫达乎"忘礼乐",显已至深。然在庄子看来,此犹有未尽。唯有"坐忘",方达工夫之极境。此时所"忘"者,实为"肢体""聪明"等所"凝聚"之"我",故此"忘"实亦即"丧",如"堕""黜""离""去"云云。《齐物论》曰:"吾丧我。""丧我"与"坐忘",义正相通。"我"若未"丧",尚滋"成心"②;唯"我"得"丧",方"同于大通"。"大通"之"通",即上引"通天下一气耳"之"通"。"同于大通",自然"听之以气"。

同老子一样,庄子所谓的虚无(或虚静)之境也指心的中正平和状态。前引《天道》"万物无足以铙心者,故静也"之说,已彰此义。《人间世》论"正身",亦以"形莫若就,心莫若和"为鹄的。不仅如此,心和则能平、正应物,发而自然。《德充符》云:"平者,水停之盛也。其可以为法也,内保之而外不荡也。德者,成和之修也。德

---

① 钟泰:《庄子发微》,第85页。
② "成心"之说出于《齐物论》,义犹成见或执着之心。

不形者,物不能离也。"保者,持、守也;荡者,摇、动也。"德不形"谓内有持守而外无所动,亦即心有所止。其所止者,气之谓也,亦即虚也。心不能止,则将如《齐物论》所云"与物相刃相靡,其行尽如驰"。心若能止,自然和而不流,"内保之而外不荡"。故心之和与心之止,本来为一:能和方能止,能止亦方能和。心之止而不荡,则能正、能静,虚以应物;心之和而不偏,则能平、能顺,发而自然。虚以应物,发而自然,则有为(发)亦即无为(自然),无为而无不为,是曰"不得已"之动。故《庚桑楚》云:"此四、六者不荡,胸中则正,正则静,静则明,明则虚,虚则无为而无不为也……动以不得已之谓德,动无非我之谓治,名相反而实相顺也。"①又曰:"欲静则平气,欲神则顺心,有为也。欲当则缘于不得已。不得已之类,圣人之道。"因此,所谓"唯道集虚",不仅是说唯虚方能得道,实亦曰"惟虚而后能用夫道也"(钟泰语)②。

三、从涵养工夫(或境界)到御臣之术:黄老道家论虚静

在黄老道家的思想里,虚静之说又有了新的表现。一方面,虚静仍有工夫论和境界论的意蕴,这是对老子所开辟的虚静涵养之道的自觉继承;另一方面,为应对现实需要,虚静(或无为)也渐次演变为一种人君的御臣之术,乃至成为君主专制的重要手段。

就工夫境界论而言,黄老道家与老、庄之间并没有什么本质不同,即仍以虚静或虚无作为修道之法和所成境界的描述。如《文子》曰:

> 故静漠者,神明之宅;虚无者,道之所居。(《九守》)

---

① 庄子所谓"四、六"者,指影响、阻碍人们达道的各种主、客观因素,如情欲知能、富贵名利等。

② 钟泰:《庄子发微》,第85页。

　　　　静漠恬惔，所以养生也。和愉虚无，所以据德也。外不乱
　　内，即性得其宜。静不动和，即德安其位。养生以经世，抱德
　　以终年，可谓能体道矣。(《九守·守静》)

《管子》亦曰：

　　　　虚其欲，神将入舍。扫除不洁，神乃留处。人皆欲智，而
　　莫索其所以智乎？智乎智乎，投之海外无自夺，求之者不得处
　　之者。夫正人无求之也，故能虚无。(《心术上》)

　　　　能正能静，然后能定。定心在中，耳目聪明，四枝坚固，可
　　以为精舍。精也者，气之精者也。气，道乃生，生乃思，思乃
　　知，知乃止矣。(《内业》)

　　当然，就《管子》来说，其言涵养工夫与老、庄也有所不同，即其
喜结合"精气"发论(按：《文子》亦有"精气说"，如《九守》曰："精气
为人，粗气为虫。"然其论涵养似不如《管子》喜言"精气")。在治己
与治人的关系上，黄老道家也以治己为先，视治己为治人之本。上
引《文子·九守》"养生以经世[1]"，即已明此。《九守》又云："夫鉴
明者，则尘垢不污也。神清者，嗜欲不误也。故心有所至，则神慨
然在之，反之于虚，则消躁藏息矣。此圣人之游也。故治天下者必
达性命之情而后可也。"(《守清》)《管子》同样认为："心安，是国安
也。心治，是国治。治也者，心也。安也者，心也。治心在中，治
言出于口，治事加于民。故功作而民从，则百姓治矣。"(《心术下》)
　　黄老道家之所以如此重视虚静之道，除了在工夫论和应物方
式上自觉地继承了老子之说外，还在于特以此而彰其因应万物的
治世之法。在他们看来，治者唯有心地虚无，静定不扰，方能真正

――――――――――

　　[1]　引按：王利器曰："《庄子·齐物论篇》：'《春秋》经世，先王之志，圣人议而不
辩。'……'经世'犹言经天下也。"(王利器撰：《文子疏义》，第149页)其说是。

如其所是地面对、容受万物(如《文子·九守·守法》:"虚无不受,静无不持。"),顺其性,循其理,因应而治之。因此,相对于当时的其他诸子,黄老道家皆喜言"因"字。如慎子说:"天道,因则大,化则细。因也者,因人之情也。"(《因循》)《文子》也说:"以道治天下,非易人性也,因其所有而条畅之。故因即大,作即小。古之渎水者,因水之流也;生稼者,因地之宜也;征伐者,因民之欲也。能因,则无敌于天下矣。"(《自然》)《管子》则进一步提出了"静因之道":"因也者,舍己而以物为法者也。""是故有道之君,其处也若无知,其应物也若偶之,静因之道也。"(《心术上》)所以,司马谈以"其术以虚无为本,以因循为用"概括其学,诚为得之。进而言之,治者唯有虚静容受,因应万物,才能平等地对待事物之间的各种差异,取其所能,尽其所长,充分发挥其各自功用,以成就"太上之治"。慎子说:

> 民杂处而各有所能,所能者不同,此民之情也。大君者,太上也,兼畜下者也。下之所能不同,而皆上之用也。是以大君因民之能为资,尽包而畜之,无能去取焉。是故不设一方以求于人,故所求者无不足也。大君不择其下,故足;不择其下,则易为下矣。易为下,则莫不容。莫不容,故多下。多下之谓太上。(《民杂》)

慎子论"因"颇有包容之象,从中可见黄老道家治道思想的优裕气度和宽厚精神。

既然民各有其所能,皆有其存在价值,黄老道家又提出了尽彰物用的"齐物"论。《吕氏春秋》曰:"故一则治,异则乱;一则安,异则危;夫能齐万不同,愚智工拙皆尽力竭能,如出乎一穴者,其唯圣人矣乎!"(《不二》)《文子》也说:"故圣人之牧民也,使各便其性,安其居,为其所能,周其所适,施其所宜,如此,即万物一齐,无由相过。"(《自然》)相对于庄子的"齐物论",黄老道家这种"齐万不同"(或"万物一齐")的"齐物"论显得颇为功利。不过,这种功利性的"齐物"论非以为私,而是为公的。此公的一个重要表现,便是尹文子所谓"能鄙齐功""贤愚等虑"的"共治"思想。其《大道上》曰:

> 为善使人不能得从,此独善也;为巧使人不能得从,此独巧也;未尽善巧之理。为善与众行之,为巧与众能之,此善之善者、巧之巧者也。故所贵圣人之治,不贵其独治,贵其能与众共治……使贤愚不相弃,能鄙不相遗。能鄙不相遗则能鄙齐功,贤愚不相弃则贤愚等虑。此至治之术也。

"共治"之说颇具思想张力,展现了黄老道家在政治哲学上的开明性甚至激进态度:天下万物不仅皆有其存在价值,其本性不仅皆应得到尊重,且对于天下之治,万物皆应担其责,彰其功。只有天下万物各展其性,各逞其能,至治之境方可成就,而万物自然也皆各遂其生。所以,天下是公共的,非天子之私产。天子的存在意义唯在于代天理民而已。慎子说:"古者,立天子而贵之者,非以利一人也。曰:天下无一贵,则理无由通,通理以为天下也。故立天子以为天下,非立天下以为天子也。"(《威德》)《吕氏春秋》更是直言道:"凡主之立也,生于公……天下,非一人之天下也,天下之天下也。"(《贵公》)其后,汉代经学家也指出:"臣闻天生蒸民不能相治,为立王者以统理之,方制海内非为天子,列土封疆非为诸侯,皆以为民也。垂三统,列三正,去无道,开有德,不私一姓,明天下乃天下之天下,非一人之天下也。"(《汉书·谷永传》)①其说可谓渊源有自。

然而,天下之乱久矣。相较于"弑君三十六,亡国五十二,诸侯奔走不得保其社稷者不可胜数"(《史记·太史公自序》)的春秋之

---

① 班固著,颜师古注:《汉书》,第3466—3467页。

世,战国时期的君臣关系已变得更加紧张和混乱。面对此状,无论
是以时人的思想视野,还是基于现实的需要,通过强化君权的方式
来规范君臣关系,并进而聚合一国的人力物力以救亡图存乃至一
统天下,成为诸子之学共同的价值取向和理论选择。故彼时法家
振起,诸家思想庶几都表现出一定的法家化倾向(如道家之黄老道
家、儒家之荀子等),良有因也。与此相应的是,在黄老道家那里,
虚静就不仅仅指涵养工夫和相应的治世之道,同时也意味着一种
人主御臣之术。如《管子·心术上》论"静因之道"时,既视其为基
本的应物之法,亦据以论人主如何驾驭臣下。如对于后者,其以
"心术"为例论曰:

> 心之在体,君之位也。九窍之有职,官之分也。耳目者,
> 视听之官也。心而无与于视听之事,则官得守其分矣……上
> 离其道,下失其事。故曰:心术者,无为而制窍者也,故曰
> 君……毋先物动者,摇者不定,躁者不静,言动之不可以观也。
> 位者,谓其所立也。人主者立于阴,阴者静,故曰动则失位。
> 阴则能制阳矣,静则能制动矣。故曰"静乃自得"。

以"阴制阳""静制动"而论人主如何御臣,显已将"阴""静"之术阴
谋化了。故房玄龄怀疑自此段以下非《管子》之文,认为:"今究寻
文理,观其体势,一韩非之论,而韩有《解老》之篇,疑此'解老'之类
也。"①房氏之疑虽未可信,却也不乏一定道理。因为,若据《文
子》,人主御臣犹造父之调驷马,当以其道,不应用阴术。对此,《上
义》篇说:

> 治人之道,其犹造父之御驷马也,齐辑之乎辔衔,正度之
> 乎胸膺,内得于中心,外合乎马志,故能取道致远,气力有余,

---

① 黎翔凤、梁运华整理:《管子校注》,第 766 页。

> 进退还曲,莫不如意,诚得其术也。今夫权势者,人主之车舆也,大臣者,人主之驷马也,身不可离车舆之安,手不可失驷马之心。故驷马不调,造父不能以取道;君臣不和,圣人不能以为治。执道以御之,中才可尽;明分以示之,奸邪可止。物至而观其变,事来而应其化,近者不乱,即远者治矣。

此段论"治人之道",可谓中正磊落矣:治人不过以君臣相和、"中才可尽"、"奸邪可止"为目的,其术皆本于道,而非以阴谋为能事。且此术因本于道而发,亦自有虚静之用运乎其中,故曰"物至而观其变,事来而应其化"。所以,论及御臣之术,黄老道家应当经历了一个法家化的转变过程。

之所以如此说,是因为以阴术制臣本为法家的传统。如《邓析子》[①]说:"君者,藏形匿影,群下无私;掩目塞耳,万民恐震。"(《无厚篇》)又曰:

> 夫任臣之法……不以人用人,故谓之神。怒出于不怒,为出于不为。视于无有,则得其所见;听于无声,则得其所闻。故无形者有形之本,无声者有声之母。(《转辞篇》)

邓析乃春秋末期人,稍早于孔子。今本《邓析子》可能掺有后人伪作。无论若何,上文所论乃典型的法家御臣之术。此种阴术在黄老道家那里渐成普遍之论。如除上引《管子·心术上》之说外,《尹文子》亦曰:

> 术者,人君之所密用,群下不可妄窥;势者,制法之利器,群下不可妄为。人君有术而使群下得窥,非术之奥者;有势而使群下得为,非势之重者。大要在乎先正名分,使不相侵杂。

---

① 按:关于邓析,《汉书·艺文志》列其为名家,《四库全书总目提要》列其为法家。二说皆通,因名、法二家的界限本就模糊。

然后术可秘,势可专。(《大道上》)

关于法家论治,向来有商鞅尚法、申不害尚术、慎到尚势,至韩非则法术势并重之说。此处尹文子已尚其二,可见当时论治之术的演变大略。又,如上所论,申、慎二子也常被视为黄老道家,则战国诸子思想来源之驳杂及其身份之多变,据此亦可窥一斑。然而,尹文子毕竟不是正统法家,他之所以论治尚术、势二柄,亦有其不得已处。他又说:"道不足以治则用法,法不足以治则用术,术不足以治则用权,权不足以治则用势。势用则反权,权用则反术,术用则反法,法用则反道,道用则无为而自治。"(《大道上》)诸句之"反",义皆"返回"或"复归"。故治之展开,当以道为本。若不得已而以势、权、术、法行治,最终皆当以"反道"为鹄的,因"道用"方能"无为而自治"。所以,尹文子又说:

> 大道治者,则名、法、儒、墨自废;以名、法、儒、墨治者,则不得离道。老子曰:"道者万物之奥,善人之宝,不善人之所宝。"是道治者,谓之善人;藉名、法、儒、墨者,谓之不善人。(《大道上》)

此段文字表明:尽管尹文子亦举法、术、势等论治,盖时势使然,其思想之根柢仍为老子之学;且倘若大道得行,名、法、儒、墨之治术自可俱废。如此,上引其崇尚术、势等说显然皆为权宜之论。

作为御臣之法的虚静之术最终被彻底阴谋化以至恐怖化,是在法家思想集大成者韩非那里实现的。据《史记·老子韩非列传》,韩非"喜刑名法术之学,而其归本于黄老",则其学与黄老道家之间关系密切。然与后者"共治天下"的主张不同,韩非崇尚君权,以富国强兵为论治之要,又以人性自私而不可信,故对于人主如何制臣,便特别强调术的作用和意义。韩非认为,人主欲御臣自如应持二术:一为"循名责实"之术;一为以阴制阳、以静制动的阴谋之术,即虚静无为之术。关于前者,《韩非子·定法》说:"术者,因任而授官,循名而责实,操杀生之柄,课群臣之能者也。此人主之所执也。"对于后者,《主道》篇也曰:"道在不可见,用在不可知;虚静无事,以暗见疵。见而不见,闻而不闻,知而不知……函掩其迹,匿其端,下不能原;去其智,绝其能,下不能意。"并指出:

> 道者,万物之始,是非之纪也。是以明君守始以知万物之源,治纪以知善败之端。故虚静以待,令名自命也,令事自定也。虚则知实之情,静则为动之正……君无见其所欲,君见其所欲,臣将自雕琢;君无见其意,君见其意,臣将自表异。故曰:去好去恶,臣乃见素;去旧去智,臣乃自备……故曰:寂乎其无位而处,漻乎莫得其所。明君无为于上,群臣竦惧乎下。①

韩非将虚静之术归本于道,显然是直接借用了老子之说。但他将此术视作一种掌控臣下的手段,并试图实现"明君无为于上,君臣竦惧乎下"的目标,则虚静已沦为人君借以施行专制独裁和恐怖暴政的方式。对于此术之弊及其危害,今已无需赘言。章太炎曾说:"《老子》云:'鱼不可脱于渊,国之利器不可以示人。'此二语是法家之根本。唯韩非子能解老、喻老,故成其为法家矣。"又云:"然则法家者,道家之别子耳。"②太炎先生此说,并非孤论。历来学者不乏将老子视作阴术之祖者,因而深辟其说。这种看法或有其未当之处。然此状也表明:任何思想的传承与演进都不是一个简单授

---

① "虚静以待"原作"虚静以待令",据文义及松皋圆之说(参见《韩非子》校注组编写、周勋初修订:《韩非子校注》,南京:凤凰出版社,2009 年,第 32 页),"令"当为衍文。"静则为动之正"原作:"静则知动者正。""为",据俞樾说正;"之",据张榜本改(参见王先慎撰,钟哲点校:《韩非子集解》,第 28 页)。"将自"原作"自将"。此据卢文弨说正。参见王先慎撰,钟哲点校:《韩非子集解》,第 28 页。

② 章太炎:《国学十八篇》,第 218、244 页。

受、自我封闭的过程，其间总会由于某些原因发生相应的变异。

四、结语

至此，先秦道家虚静思想的主要内涵、表现及其大体演变堪已昭然。首先，虚与静内涵相通，义相互摄，它们贯通着道体与发用、境界与工夫，并和道家思想的其他重要范畴如自然、无为、柔弱等内涵相通，彼此间存在着互为诠释的关系。其次，在老、庄那里，虚静思想的工夫论意蕴与王道事功之间也是一体不分的，这一"内圣外王"的理论特点可谓是对"古之道术""恶乎不在"品格（参见《庄子·天下》）的自觉继承。复次，随着诸子思想的彼此激荡、列国竞争的加剧以及功利观念的大张，黄老道家虽也积极吸收了早期道家虚静思想的工夫论内涵，但在其法家化的演变中，一些学者也将虚静演绎为一种人君控御臣下的阴谋之术。最终，此术在法家之集大成者韩非的思想里得到了极致的发扬。统观先秦道家虚静思想的演变过程，可以发现，这一过程与晚周时期学派分化、社会震荡以及治术之变等均有着深刻的关联。

第二章 齐物说及相应治道思想在先秦道家中的展开

一、何谓齐物？

　　齐物是先秦道家的基本立场之一。这一立场发轫于老子的"道法自然"思想，至庄子而被演绎成著名的"齐物论"；黄老道家也喜言"齐物"，且主要是基于治道而发，其较于庄子的思想视野虽有所窄化，却提出了君民"共治"天下的积极主张。战国晚期，随着天下趋于一统，原先富有宽厚、包容精神的齐物之说渐也沦为人君宰制臣下和独断万事的理论背书。先秦道家齐物观的这种变化，既反映了晚周思想法家化的总体演变趋势，也体现了当时治道观念越来越流于现实化和功利化的特点。

　　战国时期，齐物的观念颇为流行。除了道家，墨、农、儒（以孟子为代表）、名等家皆有相应之说。然较之于其他诸家，道家的齐物说更为系统与深刻，在治道上的影响也尤其深远。个中原因，即在于如何界定"齐"之内涵以及如何通达此"齐"。《说文解字》："齐，禾麦吐穗上平也，象形。"从训诂的角度看，"齐（齊）"本谓禾麦穗头平整之状。由平义，"齐"又"引伸为凡齐等之义"

（段玉裁语）①。"齐等"有消弭事物差别的意味，循于此意，齐物便谓齐同或等同事物。以此内涵理解齐物的，有墨家、农家与儒家等。如墨子主张"视人之国若视其国，视人之家若视其家，视人之身若视其身"（《墨子·兼爱中》），以消解人们伦常关系的亲疏远近之别，即通过"兼相爱"以实现"交相利"的治世目标。又如农家许行，他以能与民"并耕而食，饔飧而治"的人主为贤君，否认君、民各有其分。许行的弟子陈相也主张："（市中）布帛长短同，则贾相若；麻缕丝絮轻重同，则贾相若；五谷多寡同，则贾相若；屦大小同，则贾相若。"（《孟子·滕文公上》）对于墨、农二家意图泯灭事物的差异之说，孟子皆进行了严厉的驳斥：一方面，孟子认为"墨氏兼爱，是无父也"，此说与本质上属于"无君"的杨朱"为我"之论，皆会引人入于禽兽之道（《孟子·滕文公下》："无父无君，是禽兽也。"）；另一方面，孟子又辟许行之说曰："夫物之不齐，物之情也……子比而同之，是乱天下也。"（《孟子·滕文公上》）在此，孟子尽管反对农家之说，但他仍然是从齐同或等同的角度理解齐物之"齐"的。所以，钟泰论及庄子《齐物论》之旨时说："齐之为言，非如《孟子》'比而同之'之云也。"②另外，关于齐物，惠施还提出了一种"毕同"之说。《庄子·天下》记其言曰："大同而与小同异，此之谓小同异；万物毕同毕异，此之谓大同异。"此处所说之"同"，是指从逻辑上推寻事物之间的共相。所谓"小同"与"大（毕）同"之别，仅在于抽象的程度之异。

上述诸种齐物之说，皆非道家所论。欲明道家之说，仍先需寻绎"齐"字之义。据《说文解字》之训，"齐"本含有平、均之义。由此义，"齐"又有公、正、和等内涵。《诗》曰"昊天不平"（《小雅·节南

① 许慎撰，段玉裁注：《说文解字注》，第317页。
② 钟泰：《庄子发微》，第26页。

山》)、"既和且平"(《商颂·那》),《论语》曰"不患寡而患不均"(《季氏》),《商君书》曰"法平则吏无奸"(《靳令》),《易传》曰"云行雨施,天下平也"(《乾文言》)。其中的"平""均",皆可以"齐""公"释之,且亦与"正""和"相通。齐物之"齐"为动词,意味着一种观物和应物的基本立场。考道家诸子所论,其所谓齐物实曰以均平、公正之心观照和应接万物,这一观念贯穿了先秦道家思想的整个演变过程。齐物并非意味着抹杀万物之性、否认物与物之别,而是主张如其所是地面对万物,以平正无倚之心"应答"万物,使之各是其所是、各行其所可。这一立场表现在治道上,便强调治者应尊重事物的本性,充分发挥其各自所长,以实现"万物自化"和与民"共治"天下的至治理想。当然,上述界定具有一定的笼统性,体现了先秦道家在齐物思想上的共同特点。至于具体的思想家,他们的齐物观也各有其独特表现。其中,庄子的齐物思想以及后人对它的理解显得尤为复杂。

二、"道法自然"与"万物自化":老子的齐物观和无为而治思想

在《老子》五千言中,并无所谓"齐物"之说。然若从上文释义的角度反观之,《老子》实则蕴含着丰富的齐物思想和相应的治道观念。欲明老子的齐物思想,似乎不可不从其"道法自然"之说谈起。然"自然"何义? 且"自"又谓谁?

《说文解字》曰:"自,鼻也,象鼻形。"是"自"本指鼻子,引申有"己""从"等义①。"然"为"燃"的本字,因音转可通作"尔"。《说文

---

① 段注:"此以'鼻'训'自',而又曰'象鼻形'……许(慎)谓'自'与'鼻'义同音同……今义'从'也、'己'也、'自然'也,皆引伸之义。"(许慎撰,段玉裁注:《说文解字注》,第136页)

解字》训"尔"曰"词之必然也"(即表肯定),义为"如此"或"此"①。
"自然"之"自",当取"己"义,而"自然"亦可有二义:一为"自燃";
一为通作"自尔",义为"自己如此"。老子和整个道家所说的"自
然",显指后者。又,"尔"既有"必然"之义,则"自然(尔)"所意谓的
"自己如此"是有其必然性的,这种必然性当来自"自(己)"之所指
之"物"的本性②。所以,道家之所谓"自然",本是通作"自尔",其
义为:"物"之所以如此存在,既非源于外力之所迫,亦非出于己意
之所为(此对有精神生活或意志能力者而言),而是由其本性使然。
故"物"之"自然",是以其"本然"(本性如此)为前提的。

在老子那里,作为"自(己)"之所指之"物"究竟为谁?结合其
说,此"物"主要有三种含义。首先,谓天地。如《七章》曰:"天长地
久。天地之所以能长且久者,以其不自生,故能长生。""不自生",
义为天地对于"生"无意无为,即说天地的存在是自然而然的。唯
其自然而然,不执着于"生",所以才能恒久地存在。其次,谓百姓
或众民。《十七章》曰:"悠兮其贵言,功成事遂,而百姓谓我自然。"
"悠兮其贵言",形容治者(即本章首句所说的"太上"之君)发布政
令时的犹疑不决之状,喻无为;"功成事遂",谓百姓事功之成;"而
百姓谓我自然",指对于上述事功,百姓认为皆是他们自己所成就
的③。本章表明:百姓之所以能"自然",是以君王的无为之治为前

---

① 许慎撰,段玉裁注:《说文解字注》,第48页。在此,段玉裁指出了"尔"与"爾"
之别(即二者本为两字,不是字体的简繁关系):"'尔'之言'如此'也,后世多以'爾'(《说
文解字》:'爾,丽尔。')为之。凡曰'果尔''不尔''云尔''菀尔''铿尔''卓尔''鼎鼎尔'
'犹犹尔''聊复尔耳''故人心尚尔',皆训'如此'。亦有单训'此'者,如《公羊》'焉尔'之
为于此'、《孟子》'然而无乎爾''则亦有乎爾'是也。语助有用'耳'者,与'爾'绝殊。"
② 关于道家"自然"的"自尔"之本义,郭象在《庄子注》中有过反复申说。
③ 此处之"自然"义犹自化、自成。吴澄说:"盖圣人不言无为,俾民阴受其赐,得
以各安其生。及其功既成、事既遂,而百姓皆谓我自如此,不知其为君上之赐也。"(黄曙
辉点校:《道德真经吴澄注》,第22页)朱谦之也指出:"《论衡》引《击壤歌》:'日出而作,
日入而息,凿井而饮,耕田而食。帝力何有于我哉!'此即自然之谓也,而老子宗之。"朱
谦之撰:《老子校释》,北京:中华书局,1984年,第71页。

提的。复次,谓万物。《六十四章》曰:"是以圣人欲不欲,不贵难得之货;学不学,复众人之所过。以辅万物之自然,而不敢为。"本章的"自然",明确系属于"万物"。与《十七章》一样,万物之所以能成其自然,是以"圣人"的无为为前提的。又,《五十一章》也说:"道生之,德畜之,物形之,势成之。是以万物尊道而贵德。道之尊、德之贵,夫莫之命而常自然。"本章的"自然",亦是属于"万物"。"夫莫之命而常自然",谓"道德非有爵,而万物常自然尊贵之"(范应元语)①。

综合以上诸说,老子的"自然"之"自(己)",乃指所有实存之物,或曰天地万物②。此"物"也包含"事",且"事"也可指涵养工夫或心理活动等。如《十章》曰:"载营魄抱一,能无离乎? 专气致柔,能婴儿乎? 修除玄鉴,能无疵乎? 爱民治国,能无以智乎? 天门开阖,能为雌乎? 明白四达,能无以知乎?"本章言涵养工夫("载营魄抱一""专气致柔""修除玄鉴")、爱民治国等,皆属于"物",故其展开皆当循其"自然"。正因为"自然"之"自(己)"遍及所有之"物",《二十五章》曰:"人法地,地法天,天法道,道法自然。"表面上,"人""地""天""道""自然"之间似乎构成了一个具有等级的、由低到高的存在系列,"自然"似乎也成了一个存在者,甚至还是超越于"道"的最高存在者。其实,老子的这种"极端之说"只是为了突出"自然"的至上性,并非说"自然"是比"道"更高一级的存在者。正如吴

_____

① 范应元撰,黄曙辉点校:《老子道德经古本集注》,第 90 页。吴澄亦曰:"人之尊贵必或命之:天子之尊,以上帝命之而后尊;诸侯之贵,天子命之而后贵。道尊德贵则非有命之者,而万物常自如此尊贵之也。"(黄曙辉点校:《道德真经吴澄注》,第 72—73 页)范、吴二氏皆谓本章"自然"指万物"尊贵""道德"之事,合于经旨。今学者或谓"自然"义为:道、德不干涉万物而"任其自化自成"或"顺任自然"或"任万物之本能"等(参见蒋锡昌:《老子校诂》,上海:商务印书馆,1937 年,第 317 页;陈鼓应注译:《老子今注今译》,北京:商务印书馆,2006 年,第 262 页;高明撰:《帛书老子校注》,北京:中华书局,1996 年,第 71 页),均是误读了经文。

② 上引七章"天地",既有上"天"下"地"之狭义的内涵,也可统言天地万物。

澄所言:"道之所以大,以其自然,故曰'法自然',非道之外别有自然也。"①

　　进而言之,老子所说之"道"是统合天地万物及其存在而言的。"道"固然有天地万物的最初来源之义(如《二十五章》又曰:"有物混成,先天地生……可以为天下母……字之曰道。"),但万物化生以后,"道"当被视为对生生之体的概括②。就此关系来说,"道"既是万物的来源或存在根据,又以万物的存在作为自己的"现身"方式。作为对生生之体的概括,"道"便具有了形上的属性,且被赋予了价值、意义和信仰的意味。所以,"道法自然"本谓"道"所意指的天地万物的存在皆是"自然"的。范应元说:"人虽止言法地,而地法天、天法道、道法自然,溯而上之,皆循自然。岂可妄为哉?"③又,王弼曰:

　　　道不违自然,乃得其性,法自然也。法自然者,在方而法方,在圆而法圆,于自然无所违也。自然者,无称之言,穷极之辞也。④

王弼的"道不违自然,乃得其性"之说颇有意味:它表面是言"道"只有"法自然"方得其本性,实则曰天地万物唯有因循自然,才能各得其性;而本性正意味着物之所以如此存在("自然"),是因其本来如此的("本然")。可见,在老子的"自然"之说里,隐含着对于物的本性的基本肯定和充分尊重。这种肯定和尊重具体表现为:以同等态度视物,而无高下卑贱之别;至于万物之性,皆当分别视之,而不囿于抽象的原则或主观的标准。前一点体现了对待万物的均平之心,后一点体现了对待万物的公正之意。合而言之,是为老子的

①　黄曙辉点校:《道德真经吴澄注》,第35页。
②　参见第八章之"一、道的不可说性与名的有限性"。
③　范应元撰,黄曙辉点校:《老子道德经古本集注》,第47页。
④　王弼撰,楼宇烈校释:《王弼集校释》,第65页。

齐物观。这一观念，已初步触及了现代政治哲学关于事物的权利及其关系的正当性等问题。

就物之本身来说，其自然存在非谓无乎不可或任意恣肆，而是受其本性节制的，故万物之自然皆为循性之自然。事物的循性之自然，亦可谓"无为"之存在；且唯其如此存在，事物才具有真正的生命力，因为唯有如此，事物方"得其性"。对此，《五十章》以"生生"之害喻之曰："出生入死。生之徒十有三；死之徒十有三；而民生生，动皆之死地之十有三。夫何故也？以其生生也。"本章"生生"，义犹《七章》"天地之所以能长且久者，以其不自生"之"自生"，皆指以长生为目的的"养生"行为。"养生"本是为了存身延年，何以会致民有"动皆死地之十有三"的后果？严遵说：

> 而民皆有其生而益之不止，皆有其身而爱之不已，动归有为，智虑常起，故去虚就实，绝无依有，出清入浊，背静治扰，变微为显，化寡为众，离柔反刚，废弱兴强，损卑归高，弃损取盈，纵时造过，释和作泰，将以有为，除啬施费。夫何故哉？大有其身而忘生之道也。①

严氏将民之"生生"归之以"有为"，洵为善解。"生生"之所以属于"有为"，既因为"生生"之意，也因为在此意欲的驱使下为求长生而采取的种种"养生"之为。此意此为皆易流于执着，从而违逆性情，损身伤生，虽"大有其身"而实"忘生之道也"。《五十五章》说："益生曰祥"（"曰"，则；"祥"，不祥也），亦是此义。

所以，"无为"不仅意味着事物自然的存在状态，也意味着一种应物方式。作为应物方式的"无为"表现在治道上，即谓无为而治。《五章》曰："天地不仁，以万物为刍狗……天地之间，其犹橐籥乎？

---

① 严遵撰，王德有点校：《老子指归》，第43页。

虚而不屈,动而愈出。"所谓"不仁",义为无所谓仁或不仁,喻"自然"或"无为"①;"橐""籥"喻"虚(无)",其与"自然"与"无为"义通,彼此间存在着互为诠释的关系②。天地运行,自然而然,无所谓仁或不仁。这种"无为"或"自然"成就了无穷无尽的化育之功③。同样,圣人治世,亦当效法天道,以"无为"为宗,故《五章》又云:"圣人不仁,以百姓为刍狗。"

观老子之论,无为之治至少具有以下四方面的内涵:其一,此治的主体为"圣人"(老子又称之为"侯王",是至德与至位的统一),其所成就的理想社会也不是一个万物散乱无极、无所归依的无君状态。《二十五章》曰:"道大,天大,地大,王亦大。域中有四大,而王居一焉。""王"者,"天下所归往也"(《说文解字》)。

其二,"圣人"无为既是"万物自化"的前提条件,也是他为万物所归往的前提条件。老子充分肯定了万物的自我成就能力,认为其能力的充分发挥与治者的妄加干预之间构成一种紧张关系。《五十七章》曰:

> 夫天下多忌讳而民弥贫,民多利器而国家滋昏,人多智而奇物滋起,法令滋彰而盗贼多有。是以圣人之言云:我无为而民自化,我好静而民自正,我无事而民自富,我欲不欲而民自朴。

有为之弊与无为之利,于此而见。又,《三十七章》曰:"道常无为。侯王若能守之,万物将自化。化而欲作,吾将镇之以无名之朴。无

---

① 王弼:"天地任自然,无为无造,万物自相治理,故不仁也。仁者必造立施化,有恩有为。造立施化,则物失其真;有恩有为,则物不具存。物不具存,则不足以备载矣。"(王弼撰,楼宇烈校释:《王弼集校释》,第13页)

② 详见第一章"先秦道家的虚静思想及其演变"。

③ 如王弼说:"橐籥之中空洞,无情无为,故虚而不得穷屈,动而不可竭尽也。天地之中,荡然任自然,故不可得而穷,犹若橐籥也。"(王弼撰,楼宇烈校释:《王弼集校释》,第14页)

名之朴,夫亦将不欲。不欲以静,天下将自定。"因此,"天下"不定、万物不化,皆为"人君"失于有为之所致。正因为"侯王"能恪守无为之道,从而为万物所归往,成其为"王"。故《三十二章》曰:"道常无名。朴虽小,天下弗敢臣也。侯王若能守之,万物将自宾。""无名"及"朴",皆与"无为"义通;"万物将自宾",谓"殊方异域自来宾伏而归化也"[1]。

其三,无为非谓"圣人"绝对地无所作为,亦表现为因循事物本性的有所为。《十七章》曰:"太上,下知有之……悠兮其贵言,功成事遂,而百姓谓我自然。""言"者,"号令教诏"也(林希逸语)[2]。"太上"之君出号发令虽慎重犹疑,毕竟非为纯粹"不言"。《二章》也说:"是以圣人处无为之事,行不言之教。万物作焉而不始,为而不持,成功而弗居。""无为之事""不言之教",皆是"圣人"无为而治的表现。然"无为之事"亦属事,"不言之教"也是教。"圣人"治世虽宗无为,并非意味着他在名教法令、风俗更化等方面绝对无所作为。只因其所为顺应了物性民心,"百姓日用而不知"而已[3]。

其四,"圣人"之所以能治以无为,乃其境界的自然呈现。尊重、顺应万物之性,以无为行治,非常人所能为,而必为"圣人"之事。圣人本谓通达之人,其所通达者,为天地万物之情[4]。因此,《老子》论说诸理,屡屡提及"圣人",全篇不啻数十次。除了生而为圣者,常人欲达圣人之境,自然应做涵养工夫。《老子》在此亦多有论说,如《十章》"载营魄抱一""专气致柔"云云、《十六章》"致虚极,

---

①　顾欢:《道德真经注疏》,《道藏》第十三册,第306页。
②　林希逸撰,黄曙辉点校:《老子鬳斋口义》,第19页。
③　关于老子的"无名""有名"之辨及其名教思想,详见第八章"'悠兮其贵言':老子的名与名教思想"。
④　《说文解字》:"圣(聖),通也。从耳、呈声。"段注:"圣(聖)从耳者,谓其耳顺。《风俗通》曰:'圣者,声也,言闻声知情。'按:声、圣字古相假借。"许慎撰,段玉裁注:《说文解字注》,第592页。

守静笃"云云、《四十八章》"为学者日益,为道者日损。损之又损,以至于无为"等。凡此种种,皆表明"自然""无为"亦可谓一种得道境界,其与一般意义上的事物"自然"状态是迥然有别的。在伦理政治领域,治者唯有成就自己的"自然"境界,方能真正顺应、呵护事物的"自然"状态。《六十四章》又曰:"是以圣人欲不欲,不贵难得之货;学不学,复众人之所过。以辅万物之自然,而不敢为。"说的就是这两种"自然"的关系。

总之,老子的"自然"或"道法自然"思想中蕴含着深刻的齐物观念。这一观念对于深入理解何谓无为而治,何谓"万物自化"以及何谓治道中的"公平""正义"等,皆具有积极的启示意义。

三、"各正性命"与"藏天下于天下":庄子的"齐物论"和"天下治"思想

齐物思想演进至庄子,遂有著名的"齐物论"。《齐物论》是我们理解庄子"齐物论"思想所依凭的最重要的文本。如何释读该篇之名?自古以来,学者之间颇有分歧。大体而言,北宋以前,学者多主《"齐物"论》;南宋以后,学者则更取《齐"物论"》。其间,亦有学者(如明代释德清)虽主《齐"物论"》之说,又谓欲齐"物论",先须做"齐物之功夫"[①]。近代以来,学者大多认为《齐物论》兼言"齐物"与"齐论",且二者间又有着内在的逻辑关系。正如钟泰所说:"'齐物论'者,齐物之不齐、齐论之不齐也。言论先及物者,论之有是非、然否,生于物之有美恶、贵贱也。"[②]钟泰此言,诚为至论。上述二说不仅皆可在《齐物论》中寻得根据,且皆是启人了悟庄子的

---

① 参见释德清撰,黄曙辉点校:《庄子内篇注》,华东师范大学出版社,2009年,第19页。

② 钟泰:《庄子发微》,第26页。

道论及其逍遥思想之管钥。

鉴于本章主题,这里不对庄子的"物论"和"齐论"等思想进行考察。即便如此,如何理解其齐物之说仍是一个棘手的问题。魏晋以来,释庄者众多,他们就庄子齐物的释义之争从未止息。据李凯的归纳,历来关于庄子齐物思想的理解大体有四类:"第一,万物在现实上确有差别,但是,倘若它们都能够充分地实现各自的天性,那么,万物在'逍遥'上或价值上便是平等的。"这一理解"由向秀、郭象肇其端"。"第二,万物其实是平等的、无差别的,差别只是主观的假相。"这一理解"至少可以追溯到支遁",乃"以佛家的般若性空之理解'齐物'"。"第三,万物彼此间既有相同的方面,也有不同的方面,从相同的方面看万物,则万物齐一。这种观点主要流行于当今学界。""第四,物与物间的一切差别都会随着事物的运动、变化而消失。"①

以上四解似乎皆有其理,且似乎皆可在庄子之说中寻得依据。然而,倘若承认庄子有治道之说,且从治道的角度视其"齐物"论,此四解皆有其可商之处。其中,第一种理解似乎更合庄子之意。也因此之故,此解产生甚早,可追溯至庄子后学。然此解显得过于偏激,从而在治道上演变出贬斥一切文明教化、崇尚纯粹循于本能的极端主张。

首先需要肯定的是,庄子是有其王道理想的。《应帝王》曰:"明王之治,功盖天下而似不自己;化贷万物而民弗恃;有莫举名,使物自喜;立乎不测,而游于无有者也。"此是从境界上论至治之状。至于如何实现此境,《应帝王》亦曰:"汝游心于淡,合气于漠,顺物自然而无容私焉,而天下治矣。"则庄子论治仍是归本于无为。

---

①　详见李凯:《庄子齐物思想研究》,北京:中国社会科学出版社,2017年,第8—12页。

又，《大宗师》言"真人"之德曰："古之真人，其寝不梦，其觉无忧……不知说生，不知恶死；其出不欣，其入不距；翛然而往，翛然而来而已矣。"又由其德而论其功曰："若然者，其心志，其容寂，其颡頯；凄然似秋，煖然似春，喜怒通四时，与物有宜而莫知其极。故圣人之用兵也，亡国而不失人心；利泽施乎万世，不为爱人。"则以功名视"真人"，又可称其为"圣人"①。不仅如此，《大宗师》又说：

> 古之真人……以刑为体，以礼为翼，以知为时，以德为循。以刑为体者，绰乎其杀也；以礼为翼者，所以行于世也；以知为时者，不得已于事也；以德为循者，言其与有足者至于丘也；而人真以为勤行者也。

是以"真人"不仅负有治世之责，而且其治亦需凭借"刑""礼""知""德"之用。故庄子所谓的"无为而治"，并非意味着在礼法制度、教化风俗上绝对地无所作为②。由《大宗师》关于"真人"功德的论述可知，"明王之治"非常人所能为，而是以治者是否具备"真人"之德为前提的，即有其德则有其治，无其德则无其治。于是，庄子又提出了耐人寻味的"神人""神凝"之说。《逍遥游》曰："藐姑射之山，有神人居焉……其神凝，使物不疵疠而年谷熟。"褚伯秀释云："'其神凝，使物不疵疠而年谷熟'，则养神之极者，非唯自全而已，又足以赞天地之化育、辅万物之自然。此言推己以及物之效，所以合神不测、契道无方也欤！"③正因为无为而治的真正展开须以治者的"神凝"之境为前提，《逍遥游》又说："之人也，之德也，将旁礴万物以为一，世蕲乎乱，孰弊弊焉以天下为事……是其尘垢粃糠，将犹

---

①　此与《逍遥游》"圣人无名"之说并非矛盾。

②　关于庄子的无为与有为、无名与有名等思想，详见第九章"庄子的名实论及其治道思想"。

③　褚伯秀撰，方勇点校：《南华真经义海纂微》，第26页。

陶铸尧舜者也,孰肯以物为事!""孰弊弊焉以天下为事""孰肯以物为事"者,非谓"神人"处世唯求自全、漠然于世,仍是强调治人先须治己之义。故《人间世》曰:"夫道不欲杂,杂则多,多则扰,扰则忧,忧而不救。古之至人,先存诸己而后存诸人。""道不欲杂"云云,乃言涵养工夫;"先存诸己而后存诸人",则谓治人本于治己。基于以上的治道观念,庄子便提出了圣人"正生以正众生"的思想,而至治之成也表现为天下万物"各正性命"的状态①。

　　既然圣人之治实则为"正(己之)生(性)"以"正众生(性)",其视物自然秉持均平、公正之心,如其所是,尊重、顺应其性,而无纤毫好恶取舍之私意。庄子所谓的"齐物",即可作如是观。然若此,在对待物的态度上,庄子岂非与老子没有区别?实际上,庄子似乎比老子"走得更远",其思想表现出明确地反对、消解人类中心主义的特点。如《齐物论》说:

　　　　民湿寝则腰疾偏死,鰌然乎哉?木处则惴栗恂惧,猨猴然乎哉?三者孰知正处?民食刍豢,麋鹿食荐,蝍蛆甘带,鸱鸦耆鼠,四者孰知正味?猿猵狙以为雌,麋与鹿交,鰌与鱼游。毛嫱丽姬,人之所美也;鱼见之深入,鸟见之高飞,麋鹿见之决骤。四者孰知天下之正色哉?

上述观物的视角,显是非人的,而是属道的。故《秋水》云:"以道观之,物无贵贱;以物观之,自贵而相贱。"又曰:"以道观之,何贵何贱?是谓反衍……万物一齐,孰短孰长?道无终始,物有死生,不恃其成。"不过,"物有死生,不恃其成"也意味着:事物始终处于流变之中,没有什么是凝固不迁的。《齐物论》又曰:

　　　　物固有所然,物固有所可。无物不然,无物不可。故为是

> 举莛与楹，厉与西施，恢诡谲怪，道通为一。其分也，成也；其
> 成也，毁也。凡物无成与毁，复通为一。唯达者知通为一。

如是，所谓物性之说岂非妄言？"齐物"所谓的尊重、顺应物性之说
又从何谈起？欲释此疑，当从两个层面来看：其一，基于道的视
角，任何事物皆处于流变之中，因而没有什么固定之物，更无什么
恒定的物性。庄子虽以道作为天地万物的本源（如《大宗师》"夫
道……自本自根，未有天地，自古以固存；神鬼神帝，生天生地"云
云），但在具体论说物之生灭变化时，常据一气流变而言之：万物
皆为一气流变的不同表现，它们皆源自气之凝聚，又亡于气之消
散。此即《知北游》所谓"通天下一气耳"。其二，就物本身而言，在
其存续的过程中，虽时时流变不已，但使一物之所以成其为物而与
他物相别者，自然可暂名之曰"性"。否则，万物皆浑沌无别，不仅
物不成其为物，世界也不成其为世界。正如《德充符》所言："受命
于地，唯松柏独也在冬夏青青。""独也在冬夏青青"，正是松柏之性
异于他木之处。又如《人间世》曰："山木，自寇也；膏火，自煎也。
桂可食，故伐之；漆可用，故割之。"山木、膏、桂及漆诸物，虽皆各因
其性而遭受其害，然诸物之性毕竟不同。又，据《齐物论》，庄子确
实有否定任何恒定之物及其本性之意，如其曰："夫言非吹也，言者
有言。其所言者特未定也。"庄子之所以作此说，本欲明辨存在与
言说、有名与无名的究竟关系，从而以齐"物论"，破"成心"之蔽。
它与本章所论，实属两个不同的问题领域。

　　由上述"齐物"观，庄子又将"天下治"称之为"藏天下于天下"。
"天下治"表现为万物"各正性命"，其中固然包括圣人的"性命"之
正。但既曰"圣人"，其"性命"自然已正。因此，从圣人的角度论治
世，所谓"各正性命"往往是对万物而言的。陆西星释《应帝王》"汝
游心于淡，合气于漠，顺物自然而无容私焉，而天下治矣"曰："……

故不见其有作为之迹，但顺物之自然而已，一无容私焉，则天下自治矣。"①陆氏以"天下自治"释"天下治"，善解也。"天下自治"，即谓天下万物自生自化。庄子此说，固是直承于老子思想，如《老子·三十七章》："道常无为。侯王若能守之，万物将自化。"至于天下何以能自治，《应帝王》亦举例说："且鸟高飞以避矰弋之害，鼷鼠深穴乎神丘之下以避熏凿之患，而曾二虫之无知？"这意味着：万物因其性皆有其所"知"；顺己之性、循己之"知"，万物自能遂其生生。不仅如此，既曰"顺物自然而无容私焉"，庄子便也将公、私的观念引入其无为、有为之说中，即前者为公，而后者属私。郭注："任性自生，公也；心欲益之，私也。容私果不足以生生，而顺公乃全也。"②郭象此训，既合乎经义，亦彰《老子·十六章》"容乃公，公乃王，王乃天，天乃道，道乃久，没身不殆"之旨。基于这种公而无私的思想视野，庄子又称无为之治为"藏天下于天下"。《大宗师》曰：

> 夫藏舟于壑，藏山于泽，谓之固矣。然而夜半有力者负之而走，昧者不知也。藏小大有宜，犹有所遁。若夫藏天下于天下而不得所遁，是恒物之大情也……故圣人将游于物之所不得遁而皆存。

"藏"即隐匿。隐匿某物而不欲人见，据为己有，正是私的表现。为达此私意，则必计密谋深，用心良苦。然"人算"再细密也胜不过"天算"，即便是"藏小大有宜"，面对造化之变，所藏之物仍会失去。藏物尚且如此，天下之大又如何可藏？且藏之于何处？欲使所藏之物真正不失，必须破除对它们的执着、计较之心，而付之自然。对于天下而言，付之自然即为"藏天下于天下"。林希逸曰："藏天

---

① 陆西星撰，蒋门马点校：《南华真经副墨》，第115页。
② 郭庆藩撰，王孝鱼点校：《庄子集释》，第295页。

下于天下,付之自然也。凡在天之下者,皆付之于天,则无所遁矣。"①此虽曰"藏",实则无所藏,"唯其无所藏,故物不得遁而皆存"(褚伯秀语)②。既曰"无所藏""付之自然",则此"藏"而非藏,实为公矣。所以,唯有公天下,方不会失去天下。

由是,在上引关于庄子齐物思想的四种理解中,其各自之弊可概述如下:首先,第二种以佛家般若性空的观点理解齐物,即认为万物的差别"只是主观的假相",既不符合华夏先民的基本世界观(对于天地万物的真实存在,先民从来都是深信不疑的),也不符合上文对于庄子物性之说的考察。其次,第三种所谓"从相同的方面看万物,则万物齐一"的理解,实则有类于惠施的"毕同"之说。庄子的确也有相似之论,《齐物论》说:"以指喻指之非指,不若以非指喻指之非指;以马喻马之非马,不若以非马喻马之非马也。天地一指也,万物一马也。"庄子此言,主要是为了强调能指(命名、言说)与所指(道、物等)之间的张力关系,以及执名、拘论之弊,并非如惠施欲申"毕同"之说。又,《德充符》曰:"自其异者视之,肝胆楚越也;自其同者视之,万物皆一也。"所谓"皆一"之"一",非曰"齐一",而是"一体"之义③。庄子欲以此说破除常人对于生与死、物与物之别的执着之心,亦非以论"毕同"之说。所以,这种理解以"抽取"所谓事物共相的方式来等同于庄子"齐物"的做法,是值得商榷的。复次,第四种以"物与物间的一切差别都会随着事物的运动、变化而消失"的观点理解"齐物",也非庄子之原意。《齐物论》固然有"物无非彼,物无非是"以及"方生方死,方死方生;方可方不可,方不可方可"等说,但这是为了破除世人对于物的执着之心,而

---

① 周启成校注:《庄子鬳斋口义校注》,第108页。
② 褚伯秀撰,方勇点校:《南华真经义海纂微》,第254页。
③ 参见陆西星撰,蒋门马点校:《南华真经副墨》,第77页;钟泰:《庄子发微》,第109页。

非以论"齐物",故后文曰"道枢",曰"莫若以明"。从治道的角度看,若拘于此说,则治有何益? 亦须何为? 前引庄子的"真人""圣人""神人"之说又有何意义? 这一理解与第二种理解(即万物的差别"只是主观的假相"之说)本质上是相通的,它们皆否定了现实事物的存在意义。最后,第一种理解(即虽谓万物有别,若从它们各尽其性的角度看,"万物在'逍遥'上或价值上便是平等的")的问题在于:此解混淆了境界("逍遥")与本能之别。通常而言,物尽其性,往往不过是循其本能而已。但本能之发,非为"逍遥"。

以各尽其性为"齐物"、混淆本能与境界之别的看法起源很早,庄子后学已开其端。如《骈拇》曰:"彼至正者,不失其性命之情。故合者不为骈,而枝者不为跂;长者不为有余,短者不为不足。是故凫胫虽短,续之则忧;鹤胫虽长,断之则悲。故性长非所断,性短非所续,无所去忧也。"[①]因于此说,便有了《马蹄》以绝对的无所作为理解无为而治的观点:

> 吾意善治天下者不然。彼民有常性,织而衣,耕而食,是谓同德。一而不党,命曰天放。故至德之世,其行填填,其视颠颠。当是时也,山无蹊隧,泽无舟梁;万物群生,连属其乡;禽兽成群,草木遂长。是故禽兽可系羁而游,鸟鹊之巢可攀援而窥。
>
> 夫至德之世,同与禽兽居,族与万物并,恶乎知君子小人哉! 同乎无知,其德不离;同乎无欲,是谓素朴;素朴而民性得矣。

"至德之世"即至治之成之世。据《马蹄》,至治之民亦可谓"天放"

---

① "至正",传本多作"正正"。俞樾云:"上'正'字乃'至'字之误。"(王先谦撰,沈啸寰点校:《庄子集解》,北京:中华书局,1987年,第78页)钟泰亦曰:"然以文论,承上'至正'而言,'正正'自是'至正'之误。'正'与'至'形极相近,传写而讹,固在情理之中。"(钟泰:《庄子发微》,第188页)此说是,兹据改。

之民，其公而无私（"一而不党"），得保"常性"。然而，这种公而无私和"民性"之保完全无涉于涵养与境界，故其所谓的"无知""无欲"是纯粹的无知、无欲（此有别于老、庄所言的作为工夫和境界的无知、无欲）。相应的，《马蹄》便提出了否定一切交往（"山无蹊隧"之所喻）和文明生活（"泽无舟梁"之所喻）的极端之说。《马蹄》与《骈拇》《胠箧》等皆属《庄子》外篇，其说多嫌于偏激。王夫之说：

> 外篇非庄子之书，盖为庄子之学者欲引伸之，而见之弗逮；求肖而不能也……内篇虽极意形容，而自说自扫，无所粘滞；外篇则固执粗说，能死而不能活。内篇虽轻尧舜、抑孔子，而格外相求，不党邪以丑正；外篇则恣戾诋诽，徒为轻薄以快其喙鸣。内篇虽与老子相近，而别为一宗，以脱卸其矫激权诈之失；外篇则但为老子作训诂，而不能探化理于玄微。①

若就以上几篇文字看《庄子》外篇，船山此论庶几为不刊矣（唯其曰老子思想有"矫激权诈之失"，则嫌于急遽），而上引《马蹄》之说，亦可谓主要是为《老子·八十章》"作训诂"。但细审二文，其间的义旨实有着本质区别，不容混淆。《八十章》曰：

> 小国寡民。使有什佰人之器而不用，使民重死而远徙。有舟车无所乘之，有甲兵无所陈之，使民复结绳而用之。甘其食，美其服，乐其俗，安其居。邻国相望，鸡犬之声相闻，民至老死不相往来。

本章所论，乃老子有感于文明"发展"之弊而提出的救治之方。《二十八章》曰："朴散则为器。"和其他事物一样，人类社会在演进中也会发生疏离与分化。在此过程中，民智日开，思想日富，制度日繁，技艺日巧，器物日盛。本章所谓"什佰人之器""舟车""甲兵"云云，

即有喻此之意。然而,疏离与分化也有其负面性,如道德"坠落",人心相背,巧诈渐起,豪夺愈滋,制度异化,社会离析等。若放任这种"朴"散,则其利愈大,其弊亦愈深,社会、人心等种种弃本逐末之行也将往而不返。有鉴于此,老子在论无为而治时,便重在从虚静、去知和无欲等方面立说,主张治者尽可能不去触动或刺激民心,以全其浑然素朴之状。当然,本章"不用""无所乘之""复结绳"等说,确有排斥制度器用、否定文明发展的倾向;而"民至老死不相往来"云云,亦有反对人伦往来和思想文化交流之弊。《老子》的这种"偏激"之论也是出于不得已。释德清说:"老子所言,疾当时之弊皆有为用智、刚强好争、尚利自私、奉己而不恤于民,故国乱民贫而愈难治,所以治推上古、道合无为。全篇所论,不出乎此,盖立言之本旨也。"①因此,对于老子之说,不可拘泥而论。

与之相对的是,《马蹄》完全摒弃、否定了制度器用的价值和文明交往的意义。在《老子》,尚曰"有什佰人之器""有舟车""有甲兵";在《马蹄》,则唯曰"山无蹊隧""泽无舟梁"。曰"有",尚重器物制度及其通利之便;所可警戒者,乃制度与技艺的异化及其对人心的腐蚀。曰"无",则已放弃任何作为了。据此,《马蹄》可谓消解了人君存在的必要性,故其所谓的"善治天下者"仅徒具其名而已。庄子的无为而治思想源于老子,其说亦多通于后者。如《天地》②亦有警惕"机械""机事"之论:"有机械者必有机事,有机事者必有机心。机心存于胸中,则纯白不备;纯白不备,则神生不定;神生不定者,道之所不载也。"同样,庄子对于世俗的道德观念和典章制度(常常以儒家之说为代表)持有激烈的批判态度,认为它们既会束

---

① 释德清撰,黄曙辉点校:《道德经解》,第 148 页。
② 船山对于外篇虽多否定之言,但其充分肯定《天地》的价值,认为:"此篇畅言无为之旨,有与《应帝王》篇相发明者。于外篇中,斯为邃矣。"(王夫之撰,王孝鱼点校:《庄子解》,第 101 页)故亦可据此篇论庄子之说。

缚人们的天性,也是治者借以奴役民众、攫取其私利的工具。但庄子并未因此否定人君存在的必要性,也不认为无为而治即意味着人君绝对无所作为。否则,天地万物将涣散无极,无所归依,天下不仅不成其为天下,人与禽兽也将无以别矣。所以,《应帝王》曰"明王之治",《德充符》曰"唯舜……幸能正生,以正众生",《大宗师》论"真人"的"刑""礼""知""德"之用等,皆非空言无实之说。其于人君,亦有所寄寓也。又,《天地》曰:"大圣之治天下也,摇荡民心,使之成教易俗,举灭其贼心,而皆进其独志,若性之自为,而民不知其所由然。""摇荡民心,使之成教易俗"者,非"大圣"之有为而何?"若性之自为,而民不知其所由然"者,亦非老子"功成事遂,而百姓谓我自然"(《十七章》)之义欤?且"若性之自为"者,乃曰"若"焉,非为"性之自为"也。因为,其间已有"众性(生)"之"正"矣。

四、从"能鄙齐功"到"齐万不同":齐物观念在黄老道家思想中的演变

战国中期以后,黄老道家兴起。司马谈《论六家要指》论其学曰:"道家……其为术也,因阴阳之大顺,采儒、墨之善,撮名、法之要。"其实,自觉地借鉴、融摄异己之学,是当时百家之学共同的学术风尚。一方面,激烈的思想竞争使得百家之学不能故步自封,需要汲取他说之长;另一方面,当时天下乱甚,如何强己弱敌以至统合天下,也是百家面对的亟须解决的现实问题。因此,整体而言,战国中期以后,百家之学的演进越来越趋向于现实性和功利性。最终,以商鞅、韩非为代表的法家之学为秦所用,不仅结束了持久的思想纷争,也促成了最大的功利效果:天下一统于秦。

上述特点自然也体现在黄老道家关于齐物的理解上。不同于老、庄,黄老道家所谓的"齐物"表现出鲜明的目的性和事功性,并

以"齐万不同"之说将它引向为君主专制做理论背书。齐物内涵的这种变化是耐人寻味的,既蕴含着世道人心之易,也反映了当时治道观念渐趋于法家化的演变特点。关于黄老道家的齐物说及其治道思想,可从以下几个方面来看。

首先,黄老道家认为,人君唯具虚无、公正之心,方能兼怀天下、并包万物,以致成就天下之治。这是其齐物思想的立论归趣。《管子·心术上》据天道之"虚无"论其"遍流万物"之功曰:"天之道,虚其无形。虚则不屈,无形则无所位牾。无所位牾,故遍流万物而不变。"人君欲功济天下,亦当尚虚无、摒自用。故《心术上》又说:"(人君)过在自用,罪在变化。自用则不虚,不虚则仵于物矣。"又如《庄子·天下》论田骈、慎到、彭蒙之学曰:

> 公而不当(党),易而无私,决然无主,趣物而不两,不顾于虑,不谋于知,于物无择,与之俱往,古之道术有在于是者。彭蒙、田骈、慎到闻其风而悦之,齐万物以为首,曰:"天能覆之而不能载之,地能载之而不能覆之,大道能包之而不能辩之,知万物皆有所可,有所不可,故曰选则不遍,教则不至,道则无遗者矣。"

"公而不党,易而无私",谓公正不偏;"决然无主,去物而不两,不顾于虑"云云,谓虚而无执。因于"古之道术"的这一特征,田骈、慎到等便特彰"齐万物"之说,"齐万物以为首"。"以为首"者,谓以"齐万物"为其学之首要。既然其学本于虚无、公正之"道",此"齐"固然有并包兼蓄之义,而更指万物皆当为人君之所用。因为崇尚虚无,黄老道家对于事物和学术也多有包容之心。如《心术上》论治时,其于儒、法及形名家之说等皆有所吸收,以广己说。故曰:

> 义者,谓各处其宜也。礼者,因人之情,缘义之理,而为之节文者也……故礼出乎义,义出乎理,理因乎宜者也。法者,

所以同出、不得不然者也。故杀僇禁诛以一之也……物固有
形,形固有名。此言不得过实,实不得延名。姑形以形,以形
务名,督言正名,故曰圣人。

在此方面,偏于杂家的尸子显得更有进取性,曰:"墨子贵兼,孔子
贵公,皇子贵衷,田子贵均,列子贵虚,料子贵别囿。其学之向非也
数世矣而已,皆掩于私也……若使兼、公、虚、均、衷、平易、别囿一
实也,则无相非也。"(《尸子·广泽》)①借助于训诂之法,尸子消弭
了上述诸子思想的差异,自然可以对诸说广采并蓄。因为尚虚无、
崇公正,黄老道家也多有兼济天下之论。如《天下》谓"宋钘、尹文"
之学、行曰:

接万物以别宥为始……以脯合欢,以调海内……见侮不
辱,救民之斗;禁攻寝兵,救世之战。以此周行天下,上说下
教,虽天下不取,强聒而不舍者也。故曰:上下见厌而强见
也。虽然,其为人太多,其自为太少……先生恐不得饱,弟子
虽饥,不忘天下,日夜不休。②

又如《尸子·广泽》:"是故夫论贵贱、辨是非者,必且自公心言之、
自公心听之,而后可知也。匹夫爱其宅,不爱其邻;诸侯爱其国,不
爱其敌;天子兼天下而爱之,大也。"③慎到也说:

古者,立天子而贵之者,非以利一人也。曰:天下无一
贵,则理无由通,通理以为天下也。故立天子以为天下,非立
天下以为天子也;立国君以为国,非立国以为君也;立官长以

---

① 皇子无考;田子即田骈;料子当为"钘子"(即宋钘)之讹(罗焌说)。汪继培辑、
魏代富疏证:《尸子疏证》,南京:凤凰出版社,2018 年,第 64—65 页。
② "见侮不辱,救民之斗;禁攻寝兵,救世之战",《尹文子·大道上》有相似之言。
且据《大道上》,这部分文字乃是论君德("此人君之德,可以为主矣")。
③ 汪继培辑,魏代富疏证:《尸子疏证》,第 62 页。

为官,非立官以为长也。(《慎子·威德》)

顺此思路,遂有了《吕氏春秋·贵公》"天下乃天下人之天下"的思想胸襟:"凡主之立也,生于公……天下,非一人之天下也,天下之天下也。"

其次,基于虚无公正和兼济天下的思想立场,黄老道家提出了"与众共治"和兼用众功的"齐物"新说。司马谈谓黄老道家"其术以虚无为本,以因循为用",说甚精辟。此处的"本""用",犹后世之"体""用"。就治道而言,作为"本"(虚无)之"用","因循"诸物之性或客观条件诚为重要,如何充分地利用民力、发挥民众才智则更为关键。因为,在人君所面对的各种治道要素(如时、势、物等)中,唯有民众具有自觉性和创造性。所谓"万物皆有所可,有所不可"(《天下》),民众之间在资质、才能等方面存在着种种差异。无论万民的资质与才能如何,人君皆应个个"因循"而用之,不当有厚此薄彼之别。《文子·自然》曰:"故圣人举事,未尝不因其资而用之也。有一功者处一位,有一能者服一事。力胜其任,即举者不重也;能称其事,即为者不难也。"《慎子·民杂》也说:

> 民杂处而各有所能,所能者不同,此民之情也。大君者,太上也,兼畜下者也。下之所能不同,而皆上之用也。是以大君因民之能为资,尽包而畜之,无能去取焉。是故不设一方以求于人,故所求者无不足也。大君不择其下,故足;不择其下,则易为下矣。易为下,则莫不容。莫不容,故多下。多下之谓太上。

所谓"(圣人)未尝不因其资而用之也"(《自然》)以及"大君因民之能为资,尽包而畜之,无能去取焉"(《民杂》),皆展现了黄老道家对于民众的资质、才能等"一视同仁"之心。此说意味着:对于"民之所能",人君实负兼蓄并用之责;同时,在成就至治的过程中,万民均有其存在的价值和生命的意义。对此,《尹文子·大道上》从"与众共治"和"能鄙齐功""贤愚等虑"的角度进行了更加深入的论述,其曰:

> 为善使人不能得从,此独善也;为巧使人不能得从,此独巧也;未尽善巧之理。为善与众行之,为巧与众能之,此善之善者、巧之巧者也。所贵圣人之治,不贵其独治,贵其能与众共治;贵工倕之巧,不贵其独巧,贵其能与众共巧也……是以圣人任道以通其险,立法以理其差,使贤愚不相弃、能鄙不相遗。能鄙不相遗则能鄙齐功,贤愚不相弃则贤愚等虑。此至治之术也。

"能鄙齐功"与"贤愚等虑"显然也是一种"齐物"方式:它从事功的角度否定了世俗关于民众才智高下、优劣之判的合理性,突出了人君治世兼用众功的必要性,是"与众共治"之术的具体表现。相对于庄子之说,黄老道家的"齐物"观具有如下特点:其一,庄子所说的"齐物"尚可对芸芸众生而言,即"齐物"除了可指人君的治世之术,同样也可指人们观物、应物的生存态度和基本方法;黄老道家之所谓"齐物",则主要是就人君的治世方式而言,其主体是人君。其二,与上一点相应的是,庄子(以及老子)的"齐物"之"齐",主要指以均平之心如其所是地观照、应对万物,不将自己的主观标准或一己之见强加于其上,体现了遂顺万物之心;黄老道家的"齐物"之"齐",既有等同、齐等之义,也有齐聚、兼用的内涵,故"齐物"乃谓人君充分利用万物的材性与事功,以实现"与众共治"的至治理想。战国中后期,贵族养士蔚然成风,且不拘其才。此风之起,盖亦有自焉。

再次,由于主要从人君治世的角度理解"齐物",且为彰显君权、更有效地集聚物力事功,黄老道家还提出了"齐万不同"的鼓吹君主专制的"齐物"说。战国中后期,天下愈乱,列国兼并愈烈。《韩非子·五蠹》说:"上古竞于道德,中世逐于智谋,当今争于气力。"不论其"上古""中世"之论是否属实,所谓"当今争于气力"则是实情。如何迅速、有效地整合各种力量,在激烈的竞争中脱颖而出,是理论和现实皆亟待解决的问题。当时功利之说大张,良有以也。欲成事功,须使政令畅通、凝聚物力民心,而这又以稳定的君臣关系和政治秩序为前提。为此,黄老道家遂也推崇君权,并高扬"正名"①和"执一"(或"用一")之说。前者主要是为了端正君臣之分,使上下不相侵夺;后者主要是为了强化人君的执事、专决之权,以张君威、固君势。无论是哪一种,其行使的主体皆是人君。如关于"正名",帛书②《经法·道法》曰:"形名立,则黑白之分已……是故天下有事,无不自为形名、声号矣。形名已立、声号已建,则无所逃迹匿正矣。"③《尹文子·大道上》则直言"正名"的目的:"君不可与臣业,臣不可侵君事。上下不相侵与,谓之名正,名正而法顺也。"以至《管子·枢言》指出:"有名则治,无名则乱,治者以其名。"至于"正名"的主体,《管子·白心》曰:"是以圣人之治也,静身以待之,物至而名自治之。正名自治,奇名自废。名正法备,则圣人无事。"④此所谓"圣人",实为现实中的君主。所以,《吕氏春秋》以"正名"作为人主驱使群臣之辔⑤,便也是很自然的了。又如关于"执一",其说本于老子(《二十二章》):"是以圣人执一以为天下

---

① "正名"之说为诸家所共举,但黄老道家尤重于此。

② 关于马王堆汉墓帛书《老子》乙本卷前四篇古佚书,学者或称之曰《黄帝四经》,或称之曰《黄老帛书》或《黄帝书》或"《经法》等四篇"等,迄今未得统一。为简便故,本书姑取《黄老帛书》之说。

③ 裘锡圭主编:《长沙马王堆汉墓简帛集成(肆)》,第127页。

④ "正名自治,奇名自废",原作"正名自治之,奇身名废"。此据王念孙说正。黎翔凤撰,梁运华整理:《管子校注》,第792—793页。

⑤ 《审分览》:"有道之主,其所以使群臣者亦有辔。其辔何如? 正名审分,是治之辔已……故至治之务,在于正名。"

牧。"），且此"一"义近于道。其后，"执一"之"一"固仍有精神专一的工夫论意味（如《管子·心术下》："执一而不失，能君万物。"房注："一，谓精专也。"①）但黄老道家主要还是从"一而不二"（即专一、统一等）的角度进行阐释。如《吕氏春秋·执一》曰：

> 王者执一，而为万物正。军必有将，所以一之也；国必有君，所以一之也；天下必有天子，所以一之也；天子必执一，所以抟之也。一则治，两则乱。今御骊马者，使四人人操一策，则不可以出于门闾者，不一也。

《尸子·分》更是合"正名""执一"于一体以论"明王之治"，曰：

> 明王之治民也，事少而功立，身逸而国治，言寡而令行。事少而功多，守要也；身逸而国治，用贤也；言寡而令行，正名也。君人者，苟能正名，愚智尽情，执一以静，令名自正，令事自定，赏罚随名，民莫不敬。②

《韩非子·杨权》亦有相似之言："用一之道，以名为首。名正物定，名倚物徙。故圣人执一以静，使名自命，令事自定。"关于黄老道家与法家之间的密切关系，在此可得一窥。本于"正名""执一"之论，《吕氏春秋·不二》便提出了"齐万不同"之说：

> 有金鼓，所以一耳；必同法令，所以一心也；智者不得巧，愚者不得拙，所以一众也；勇者不得先，惧者不得后，所以一力也。故一则治，异则乱；一则安，异则危；夫能齐万不同，愚智工拙皆尽力竭能，如出乎一穴者，其唯圣人矣乎！③

---

① 黎翔凤撰，梁运华整理：《管子校注》，第780页。
② 汪继培辑，魏代富疏证：《尸子疏证》，第36页。
③ 陶鸿庆认为"一众"疑当为"一智"。其说可参。又说："'能'（引按：即"能齐"之"能"）上当有'一'字。《君守篇》云：'夫一能应万方而出之务者，（案此句疑有讹脱）唯有道者能之。'文义与此同。"许维遹撰，梁运华整理：《吕氏春秋集释》，第468页。

所谓"齐万不同"也是一种"齐物"。但此"齐物"既非如老、庄之所论,也非指上文所言的"能鄙齐功""贤愚等虑"之义,它展现和推崇的完全是人主号令齐一、上下一体的权威性和专断性。这种观点在法家那里多得演进,可谓为秦汉以后的君主独裁和思想专制做了初步的观念准备。

对于黄老道家而言,这两种"齐物"说(即"齐万不同"与"能鄙齐功""贤愚等虑")并非不可兼容,或许正如《不二》所言,"齐万不同"正是实现"能鄙齐功""贤愚等虑"的基本前提。

第三章　从"知常""依理"而为
到"任法"而治

——先秦道家无为思想的理法化演变

　　论及道家的政治哲学,无为而治可以说是其最典型的思想标志。这一思想的首要且核心之义是指君王无为,这是天下至治的基本前提。对于至治的表现,先秦道家常以万物"自化"或"自正"言之。故《老子·三十七章》曰:"道常无为。侯王若能守之,万物将自化。"《庄子·应帝王》也说:"汝游心于淡,合气于漠,顺物自然而无容私焉,而天下治矣。"至于黄老道家,亦如帛书《经法·道法》所言:"故唯执[道]者……密察于万物之所终始而弗为主。故能至素至精,浩弥无形,然后可以为天下正。"①

　　不过,道家涵摄复杂、流派众多,不同学者所谓的"无为"之间是存在思想差异的。虽然,结合其义旨和论治的特点,大体上仍可将先秦道家的"无为"之说归为三种,即老子的、庄子的及黄老道家的。这三说既在内涵上有所关联,又各有其独特的理论意蕴及存在诉求。总体上看,老子言无为,多显复朴与守静之象;庄子说无为,颇彰洞达与顺物的精神;黄老道家论无为,则重名法之用,展现

---

①　裘锡圭主编:《长沙马王堆汉墓简帛集成(肆)》,第127页。

出显著的事功性。这种思想之变既有着深刻的现实因素，也是先秦思想理性化演进的结果。

一、"归根"与"知常"：老子论治的复朴和守静倾向

老子的无为而治思想之所以表现出显著的复朴与守静倾向，是和他的体道与观物之悟密不可分的。在老子那里，体道与观物非为二事，实为一体之两面。因为，道虽具有天地万物的最初来源之义，然万物产生以后，道当被视为对于天地万物生生之总体的概括。就此而言，道既是万物的存在根据，又以万物的存在作为自己的"现身"方式[①]。进而言之，道与万物的这种一体性关系亦可谓道家通论，故庄子有"道在屎溺"之妙喻（参见《庄子·知北游》），而黄老道家亦有著名的"精气说"[②]。

正因为体道与观物本为一事，老子论道之运行与论物之存在时义皆相通，其说也彼此呼应。如《四十章》论道之运行曰："反者道之动。"对于此"反"，学者或释为"反对"[③]，或释为"旋，循环之义"[④]。说皆不确。"反"本谓翻转或颠倒（《说文解字》："反，覆也。"），段注："《又部》'反'下曰：'覆也。'反覆者，倒易其上下……'覆'与'复'义相通。'复'者，往来也。"[⑤]"往来"之"反"（即"复"），

---

①　参见第八章之"一、道的不可说性与名的有限性"。

②　如《管子·内业》云："凡物之精，此则为生；下生五谷，上为列星；流于天地之间，谓之鬼神；藏于胸中，谓之圣人；是故民气，杲乎如登于天，杳乎如入于渊，淖乎如在于海，卒乎如在于己。是故此气也，不可止以力，而可安以德。不可呼以声，而可迎以音……凡道，无根无茎，无叶无荣，万物以生，万物以成，命之曰道。"其以精气视道甚明。

③　参见刘笑敢：《老子古今——五种对勘与析评引论》，北京：中国社会科学出版社，2006 年，第 421 页。

④　高亨：《老子正诂》，《高亨著作集林》（第五卷），北京：清华大学出版社，2004 年，第 130 页。

⑤　许慎撰，段玉裁注：《说文解字注》，第 357 页。

后写作"返",而"返""复""归""还"等字义均相通①。老子此"反",即取"返"义。所谓"反者道之动",是指道之运行表现出"复归"的态势。此句与《二十五章》"有物混成……周行而不殆……吾不知其名,字之曰道,强为之名曰大。大曰逝,逝曰远,远曰反"之说相通,可谓对后者思想的概括。相应的,《十六章》论物之存在曰:

> 万物并作,吾以观其复。天物芸芸,各复归其根。归根曰静,是谓复命。

"作"本谓起身,在此指万物生长繁盛之状②,其与下文"芸芸"义相呼应。"天物芸芸,各复归其根",谓天下万物虽生机勃勃、纷然杂陈、各有其状,最终皆"复归"其本根。万物的这种"复归",即道之"复归"的具体表现。"归根"既曰"复命",对于万物来说,"返回"或"复归"其本根还是它们不得不然的。可以说,这是由道之运化的"复归性"决定的。因此,从体用的角度看,作为体的道之"复归"③决定并体现于万物的"复归",而作为用的万物的"复归"正是道之"复归"的显现。

又,河上公释《十六章》"天物芸芸,各复归其根"曰:"言万物无不枯落,各复反其根而更生也。"④"根"(或曰"本")为草木茎叶的发端处,与"始"相通。王弼训"根"即取"始"义,其释"各复归其根"曰:"各返其所始也。"⑤"复反其根"或"返其所始"是事物"更生"(即新生或开新)的基本前提。所以,"复归"非谓"循环",毋宁说

---

① 对于以上诸字,古字书往往转训之。如《说文解字》:"返,还也。""还,复也。"《尔雅·释言》:"还、复,返也。"又如《广雅》曰:"还、返,归也"(《释诂》)、"归,返也"(《释言》)。

② 王弼注曰:"动作生长。"参见王弼撰,楼宇烈校释:《王弼集校释》,第35页。

③ 陈鼓应虽训《四十一章》之"反"为"返",但其译"反"实取高亨的"循环"之说(参见陈鼓应:《老子今注今译》,第226、228页)。亦不确。观注家之训,朱谦之可谓真正地结合了《二十五章》及《十六章》的"复归"之说以论此"反",且颇彰其义。参见朱谦之:《老子校释》,第165页。

④ 王卡点校:《老子道德经河上公章句》,第62页。

⑤ 王弼撰,楼宇烈校释:《王弼集校释》,第36页。

"循环"只是"复归"的表象：万物唯因其反复地"复归"于自己的本根，方才给人一种"生死循环"的印象。不仅如此，在老子看来，万物在初始阶段固然显得弱小，但也正因此才蕴含着真正强大的生命力。相反，"物壮则老"（《三十章》），事物越是生长壮大越意味着趋于衰败枯死。《七十六章》曰：

> 人之生也柔弱，其死也筋胭坚强。万物草木之生也柔脆，其死也枯槁。故坚强者死之徒，柔弱者生之徒。是以兵强则不胜，木强则互①。强大处下，柔弱处上。

所谓"强大处下，柔弱处上"，在价值取向上直接点明了老子思想崇尚柔弱的特点。故继"道者反之动"之文后，《四十章》又曰"弱者道之用"。此"用"亦是从体上（相对于事物之用）言，乃谓道以柔弱为其（化生万物的）基本功用。在现实中，事物欲"长生久视"（《五十九章》），便须抱本持弱，毋以恃强。为彰此理，老子论说常以"婴儿"或"赤子"为喻，因为他们被视为柔弱之至的象征②。

柔弱非谓一味地、无条件地"软弱"，而是指"和柔"："含德之厚"的"赤子"之所以"终日号而不嗄"，乃在于其生命之气"和之至也"（《五十五章》）。在老子的思想里，柔弱与虚静、无为、自然、素朴等范畴义皆相通，本质上是互为诠释的关系③。因此，"归根"既是说事物返本（柔弱之始），也是指复朴（《二十八章》"复归于朴。"），同时又意味着归于虚静。《十六章》以"复命"言此"归根"，足见这一"复归"在老子思想中的重要地位。

---

① "互"，世传本或作"兵"（王弼本），或作"共"（河上公本、严遵本等），或作"拱"（遂州本）等。皆误。据诸简、帛本，此字当作"互"，义为终了。详见陈徽：《老子新校释译——以新近出土诸简、帛本为基础》，上海：上海古籍出版社，2017年，第404—406页。

② 如十章："专气致柔，能婴儿乎？"《二十八章》："知其雄，守其雌，为天下豁。为天下豁，常德不离，复归于婴儿。"《五十五章》："含德之厚者，比于赤子。"

③ 参见第一章之"一、老子的虚静思想及其'内圣外王'之道"。

因于上述逻辑,老子论治也多显复朴、守静之象,并突出了万物存在的自成性。如《十九章》曰:"绝圣弃智,民利百倍;绝仁弃义,民复孝慈;绝巧弃利,盗贼无有。此三言以为文未足,故令之有所属。见素抱朴,少私寡欲。"本章所说的种种"绝""弃"之为,皆是君王无为之术的具体表现。君王无为,万物遂得自化,《五十七章》曰:"我无为而民自化,我好静而民自正,我无事而民自富,我欲不欲而民自朴。"又,"见(现)素抱朴,少私寡欲",也展现了君王的素朴、虚静之德。在无为之治下,不仅君王若此,其民亦然。故《五十八章》曰:"其政闷闷,其民淳淳;其政察察,其民缺缺。""闷闷"[①]之政,则致"淳淳"之民;而"察察"之政,亦必生"缺缺"之民。相应于上述无为,理想之治便表现为"小国寡民"式的生存场景。《八十章》曰:

> 小国寡民。使有什佰人之器而不用,使民重死而远徙。虽有舟车无所乘之,有甲兵无所陈之,使民复结绳而用之。甘其食,美其服,安其居,乐其俗,安其居。邻国相望,鸡犬之声相闻,民至老死不相往来。

这种场景显然是质朴、静谧的,与当时"郁郁乎文哉"(《论语·八佾》)的周代礼乐之治形成了鲜明的对比。老子此说,当是有感于周文繁盛之弊而发,欲以质救文[②],似不应被视为反文明之论。但高扬复朴与守静也使老子的思想受到了很多误解,其中最为典型

---

① 河上公释"闷闷"曰:"闷闷昧昧,似若不明也。"王卡点校:《老子道德经河上公章句》,第225页。

② 如吕惠卿曰:"三代以来,至于周衰,其文弊甚矣。民失其性命之情,故老子之言救之以质,以反太古之治。'小国寡民,使有什伯之器而不用……'此救之以质而反乎太古之道也……夫道与世之交相丧久矣,非大道不足使人反性命之情,言道而不及其事,不足以知大道之已试,此其所以必反太古之治也。"张钰翰点校:《老子吕惠卿注》,上海:华东师范大学出版社,2015年,第90页。

者有二：一曰老子愚民①，二曰老子尚权谋②。这两种看法似乎皆可在经文中找到依据③。限于篇幅与问题所及，本书在此无法进行详论，仅稍作说明。首先，老子所谓的"愚民"之说实是告诫世人（主要是治者）：文明教化、物质开发等会导致世道败坏、人心沦丧等消极后果，故治世应尽可能地不去触动或刺激民心，以全其浑然素朴之状。其次，所谓《三十六章》"将欲……，必固……"云云，亦不可作为老子尚权谋的依据。欲明其义，当结合其具体语境而论。对此，注家多有申辩④。不过，老子的虚静思想后来确实被黄老道家和法家进行了阴谋化的解读，并演绎出作为御臣之法的"虚静"之术⑤。

_____

①　如高亨释《四十九章》"百姓皆注其耳目，圣人皆孩之"时曰："即谓闭塞百姓耳目之聪明，使无闻无见也。此老子之愚民政策耳。"高亨：《老子正诂》，《高亨著作集林》（第五卷），第 145 页。

②　如钱穆说："而老子则务实际，多期求，其内心实充满了功利与权术……而老子之所用则尽属人谋也。"钱穆：《庄老通辨》，第 121 页。

③　如所谓论"愚民"，《三章》曰："是以圣人之治：虚其心，实其腹，弱其志，强其骨，常使民无知无欲。"《六十五章》曰："古之为道者，非以明民，将以愚之。民之难治，以其智也。故以智治国，国之贼；以不智治国，国之德。"又如所谓张"权谋"，《三十六章》曰："将欲歙之，必固张之；将欲弱之，必固强之；将欲废之，必固举之；将欲夺之，必固与之。是谓微明。柔弱胜强。鱼不可脱于渊，国之利器不可以示人。"

④　如王弼曰："将欲除强梁、去暴乱，当以此四者。因物之性，令其自戮，不假刑为大，以除将物也。故曰'微明'也……利器，利国之器也。唯因物之性，不假刑以理物。器不可睹，而物各得其所，则国之利器也。示人者，任刑也。刑以利国则失国。鱼脱于渊，则必见失矣。利国之器而立刑以示人，亦必失也。"（王弼撰，楼宇烈校释：《王弼集校释》，第 89—90 页）此是从因物性、反刑杀的角度论此章之旨（即如何除暴和治世）。又如范应元曰："天下之理，有张必有翕，有强必有弱，有兴必有废，有与必有取，此春生夏长、秋敛冬藏，造化消息盈虚之运固然也。然则张之、强之、兴之、与之之时，已有翕之、弱之、废之、取之之几伏在其中矣……或者以此数句为权谋之术，非也。圣人见造化消息盈虚之运如此，乃知常胜之道是柔弱也，盖物至于壮则老矣。""利器，兵器也……河上公以权道为利器，韩非以势为渊、以赏罚为利器，子由以柔弱为利器，王雱以刚强为利器，遂使后人疑此章为权谋之术，皆不得老氏之义也。盖老氏谓兵事好还，不得已而以禁暴除乱，不可以兵取强；谓强梁者不得其死，不如柔弱；谓圣智、仁义、巧利本欲以利民，而其末至于有害，以为不若相忘于道德。此知几也，故切切明夫人不可离于道，譬之鱼不可脱于渊也。"（范应元撰，黄曙辉点校：《老子道德经古本集注》，第 63—64 页）其本于老子思想的尚柔之旨以解此章，说亦可参。

⑤　详见第一章之"三、从涵养工夫（或境界）到御臣之术：黄老道家论虚静"。

　　《十六章》之义尚不止于此。继"归根曰静,是谓复命"后,经文又说:"复命曰常,知常明也。不知常,妄作,凶。知常容,容乃公,公乃王,王乃天,天乃道,道乃久,没身不殆。""常"即古"裳"字,本谓下裙,后借为"长",谓恒长(恒常)或长久(常久)①。"复命常也"之"常"与"知常明也"之常,义相关联而词性不同:前"常"为"恒常不变的"义,后"常"指恒常性②。故此二句可译为:复命,是事物恒常不变的存在态势;知晓了这种恒常性,即为洞明。显然,老子所说之"常"已基本具备了今人所谓的"法则"或"规律"之义③。古人言此"常",更喜用"理"字。从形下层面看,万物皆有其存在之理,是为"物理"④;从形上层面看,道之运行亦有其理,是为"道理"。"道理"与"物理"之间亦可以体用关系视之:"道理"具有抽象性,是对众物之理的概括,并体现于众物之理中。又,就道与理而言,理(或"常"、法则、规律等)不等同于道,而是以道的存在为前提,无道则无其理。此理乃为道的自然运行而成,并不神秘或抽象(其后,

---

　　① 章太炎:"常,下裙也。常久之'常',乃'长'之借。"章太炎讲授,朱希祖、钱玄同、周树人记录:《章太炎说文解字授课笔记》,北京:中华书局,2010年,第325页。
　　② 关于此二"常",注家或不作区别,如王弼释"常"为"性命之常"(王弼撰,楼宇烈校释:《王弼集校释》,第36页),河上公解为"道之所常行"(王卡点校:《老子道德经河上公章句》,第63页),吴澄训曰为"久而不变之谓"(黄曙辉点校:《道德真经吴澄注》,第21页);或有所分别,如林希逸释前"常"为"常久而不易"、后"常"为"常久不可易之道"(林希逸撰,黄曙辉点校:《老子鬳斋口义》,第18页),范应元则释前"常"为常久、后"常"为"常久通生之妙用实根于虚静者"(范应元撰,黄曙辉点校:《老子道德经古本集注》,第27、28页)。细审经义及上下文,林希逸之说为善。不过,其后说"常久不可易之道"之"道",当作"理"言。故其若曰"常久不可易之理",说尤善。
　　③ 今人训十六章之"常",即或曰"常则"(黄克剑:《老子疏解》,北京:中华书局,2017年,第185页),或曰"万物运动变化中的永恒规律"(陈鼓应:《老子今注今译》,第138页)。又,徐梵澄曰:"此所谓'复命,常也',其义犹有大过之者。即于万事万物之中,求其至当不易之规律,得其常轨。非轨辙不足以言道,非规律不足以言常。往者如是,今者如是,来者亦如是,此所谓常也。则知常之知,其境界浩大。得其规律而纲纪之,利用之,即凡诸科学之事,而近代文明之所依也。"(徐梵澄:《老子臆解》,武汉:崇文书局,2018年,第45—46页)
　　④ 此"物"亦涵"事"言。在现实生活中,"物理"也包含"伦理",而"常"所蕴含的恒常性或必然性也常表现为应当性。

《荀子·天论》亦以"常"论天地运行之理曰："天行有常，不为尧存，不为桀亡。"），故作为"道理"之"常"又有"寻常"之义。"寻常"，则易为人所轻视（《四十一章》："下士闻道，大笑之，不笑不足以为道"）。然"寻常的"才是"自然的"，也才是"正常的"。唯因"自然"而"正常"，道之运化才恒久不易。既然"知常明也"，"不知常"便会有所不明，不明则易妄动失理，招致凶恶之灾。"知常"则不然：治者既通达万物之"常"，自然能顺理而为（此时行为的自然性与应当性合而为一），包容万物，言行公正，从而成就恒久之王业。本章由观物始，至王天下终，其喻意不可谓不深也。

由于推崇复朴与守静，老子的无为而治思想似乎颇显消极性；其对于"反复"和"归根"的强调，似也嫌于绝对化。但老子似乎也是不得已而为之：值衰周之世，人心奔竞于功利，礼乐流为虚饰，世主皆欲积极有为以张其力，老子盖亦欲假崇柔尚静之说以矫世人之习。尤其值得注意的是：老子的论"常"之说蕴含着对于"物理"和"道理"的深刻洞见，其虽未言及"理"字，却开后世学者论理、重理的思想先河。

二、"依乎天理"与"因其固然"：庄子治道思想中的顺物精神

老子所论之"常"虽已初具"理"义，"常"与"理"毕竟又内涵有别：前者重在言事物存在的某种恒常性或必然性，后者重在言事物存在的某种条理性或法则性。因此，老子以后，诸子论学常据其思想需要而兼言"常""理"。然总体而言，晚周思想呈现出"重理而轻常"的演变趋势[①]。这一趋势反映了晚周思想演变的"理性化"

[①] 对此，只要稍加检索"常""理"二字分别在典籍（特别是战国中晚期的）中出现的频率即可有所概观。如《管子》言"常"逾130次，言"理"逾160次；《荀子》言"常"逾60次，言"理"逾100次；又如《吕氏春秋》言"常"逾40次，言"理"逾70次。尽管上述"常""理"并非都指恒常（或必然）或条理（或法则）之义，然"理"字的大量出现并非是偶然的，而是有着深刻的思想与时代背景。

倾向。"理性化"固然有许多优点,如可以促进概念的明晰化、思想的条理化和学说的体系化等,但也会一定程度上伤害思想的灵动性与活泼性,强化其独断性,并对现实产生消极的影响。

上述演变趋势在《庄子》内、外、杂三篇中也有着耐人寻味的表现:内篇(七文)言"理"仅1次(即《养生主》曰"依乎天理")、言"常"18次(其中,《德充符》中作为人名的"常季"之"常"有4次;余者多谓恒常,个别谓寻常);外篇(十五文)言"理"17次(或作名词,谓条理或理则;或作动词,谓治理或调理),言"常"24次(庶几皆谓恒常);杂篇(十一文)言"理"20次(除了有上述理则或治理等义外,此篇之"理"还可指义理,如《天下》"其理不穷"之"理"),言"常"字11次①(其中,作为人名的"伯常骞"之"常"有2次,余者庶几皆谓恒常)。与上述二字出现频率的此消彼长相对应的是:内篇七文既思想精深、含蕴丰富,彼此又文气相通、义理相贯,向来被学界主流观点视为庄子自作;外、杂二篇虽亦有不少精微之文,却已驳杂不纯。又,就所论之"理"的内涵看,内篇与外、杂二篇也存在很大的差别。如同样是"天理"(或"天之理"),内篇《养生主》"依乎天理"之说指向和强调的是事物自身的存在条理,而外、杂诸文所言的"天理"则已颇显抽象性②。以上情状,或许又可为内篇乃庄子自作之说添一佐证。当然,外、杂篇言"理"之文未必就没有义之精深者。但总的来说,此二篇文字时显偏执或激切,无疑混入了不少庄子后学之言。

尽管"理"字在内篇中仅出现过一次,却标志着庄子的无为而治思想有了新的内涵和特点。为明其说,不妨仍据此"理"所在的文本稍作考察。《养生主》曰:

---

①　这一数字不包含《盗跖》和《说剑》中的"田成子常"(即田恒)、"常山"(山名)之"常"。此二"常"原皆作"恒",今本之"常"乃汉人为避汉文帝刘恒名讳所改。

②　如外篇《天运》"夫至乐者,先应之以人事,顺之以天理,行之以五德,应之以自然"、《刻意》"去知与故,遁天之理"以及杂篇《盗跖》"无为君子,从天之理"、《渔父》"同类相从,同声相应,固天之理也"之"天理"或"天之理"。

庖丁为文惠君解牛,手之所触,肩之所倚,足之所履,膝之所踦,砉然响然,奏刀騞然,莫不中音,合于桑林之舞,乃中经首之会。文惠君曰:"嘻,善哉! 技盖至此乎?"庖丁释刀对曰:"臣之所好者道也,进乎技矣。始臣之解牛之时,所见无非〔全〕牛者。三年之后,未尝见全牛也。方今之时,臣以神遇而不以目视,官知止而神欲行。依乎天理,批大郤,导大窾,因其固然。技经肯綮之未尝,而况大軱乎! 良庖岁更刀,割也;族庖月更刀,折也。今臣之刀十九年矣,所解数千牛矣,而刀刃若新发于硎。彼节者有间而刀刃者无厚;以无厚入有间,恢恢乎其于游刃必有余地矣,是以十九年而刀刃若新发于硎。虽然,每至于族,吾见其难为,怵然为戒,视为止,行为迟。动刀甚微,謋然已解,如土委地。提刀而立,为之四顾,为之踌躇。满志①,善刀而藏之。"文惠君曰:"善哉! 吾闻庖丁之言,得养生焉。"

这就是著名的"庖丁解牛"寓言。对于此寓言,历来学者多谓庄子借其以论"养生"之道。至于何为"养生",学者之间却存有分歧:或曰"盖全理尽年而已矣"(郭象说②),或曰即"养性(命)"或"养神"(林疑独说③),或曰即"养其所以主吾生者"(即《齐物论》所谓"真君"。陆西星说④),等等。尽管如此,以"养生之道"理解这一寓言自无问题,若此文之前的"可以保身,可以全生"云云、本篇"养生主"之名及文末的文惠君之叹,以及此文之后的"右师之介"和"泽雉啄饮"之喻等,均可为据。不过,此段文字蕴藉丰富、义旨深

---

　　① 注家常将"满志"与前文"为之踌躇"连读,曰"为之踌躇满志"。此处句读从钟泰之说(参见钟泰:《庄子发微》,第70页)。
　　② 郭庆藩撰,王孝鱼点校:《庄子集释》,第117页。
　　③ 褚伯秀撰,方勇点校:《南华真经义海纂微》,第118、123页。
　　④ 此即《齐物论》所谓"真君"。陆西星撰,蒋门马点校:《南华真经副墨》,第46页。

远,实可作多角度的解读。若据之以观庄子的治道思想,其无为之说又别具一番意味。

首先,"解牛"可喻治事理物,并最终指向如何治理天下。牛本为家畜之一,然《说文解字》训曰:"牛,事也,理也。"段注:"事也者,谓能事其事也,牛任耕;理也者,谓其文理可分析也。庖丁解牛,'依乎天理,批大郤,道大窾'。"①其说直指牛与事、理之间的密切关系,并引庖丁解牛之例予以佐证。章太炎亦曰:"牛,理也;理,治事也。牛善治事。"②如此,仅从训诂的角度看,"解牛"便可喻为治事理物。以此义释经,注家不乏其人,而尤以释德清之说为明通。其曰:

> 此《养生主》一篇立义,只一庖丁解牛之事,则尽养生主之妙,以此乃一大譬喻耳。若一一合之,乃见其妙。庖丁喻圣人,牛喻世间之事,大而天下国家,小而日用常行,皆目前之事也。解牛之技,乃治天下国家用世之术智也。③

庖丁解牛神与物遇、心与手一,其技显已臻于化境,堪称道体之朗现(对于庖丁来说,其技与道是一体相通的)。若以此技喻圣人的"治天下国家用世之术智",则此"术智"的展开必也如庖丁之技,既运而无形、游刃有余,又全其事功,且如同庖丁解牛已毕"善刀而藏之"、掩技匿功④一样,圣王不彰其行、不居其功,虽有若无。故《应

---

① 按:今本《说文解字》释"牛"以二义,曰:"大牲也。牛,件也;件,事理也。"段玉裁认为此解为"浅人"所改,指出:"牛、事、理三字同在古音第一部。此与'羊,祥也''马,怒也,武也'一例。自浅人不知此义,乃改之云:'大牲也。牛,件也;件,事理也。'"许慎撰,段玉裁注:《说文解字注》,第50页。

② 章太炎讲授,朱希祖、钱玄同、周树人记录:《章太炎说文解字授课笔记》,第59页。

③ 释德清撰,黄曙辉点校:《庄子内篇注》,第65页。

④ 钟泰说:"及其'满志',然后'善刀而藏之',用复于无用,不敢有所恃而妄发也。"(钟泰:《庄子发微》,第70页)"不敢有所恃而妄发也"虽是就技而言,实则也通于"不居功"之义。

帝王》曰:"明王之治,功盖天下而似不自己,化贷万物而民弗恃。有莫举名,使物自喜;立乎不测,而游于无有者也。"庄子此言,显是化用老子之说(如二章:"万物作焉而不始,为而不恃,成功而弗居。夫唯弗居,是以不去。"),然而"游于无有"一"游"字(《养生主》的"游刃"之说亦与此暗通)又使庄子的无为思想洋溢着灵动、飘逸的精神气质,与老子无为思想的复朴、守静之象迥然有别。

其次,庖丁解牛须"依乎天理""因其固然",圣人治世亦当顺应物理,因其所是。庖丁解牛虽运刀自如,既昭道境之妙,又彰自在(逍遥)之美,然其技的展开不是任意妄为、无所依归的,而是"依乎天理""因其固然"的过程。在此寓言中,"天理"之"理"与"固然"之"然"各有所指:前者谓牛的皮肉等纹理(即所谓"膝理"),后者谓牛的骨肉、筋络等相连之隙。唯有顺应此"理"、因循此"然",庖丁运刀才能"游刃有余"。其实,"依乎天理"和"因其固然"二说是内在相通的。一方面,牛的膝理是天生如此的("天然"),乃"天然之膝理"(成玄英语[1]),故就膝理的来源而言,可谓之"天理";对于牛来说,其骨肉等相连之隙虽说是本来如此("固然"),实则也是天生如此的("天然")。所以,无论是牛的膝理还是骨肉等相连之隙,若就其来源看皆可曰"天然",若就其为牛体所本具而言又皆可曰"固然"。另一方面,牛之"固然"(本来如此)亦可曰其"自然"(自己如此),故对于文中的"天理",王夫之又称之为"自然之理"[2]。庖丁"以神遇而不以目视"的,正是牛的种种"固然"或"自然",这些"固然"或"自然"合而成之为牛之所是(即牛之所以为牛)。庖丁"依乎天理"和"因其固然"的技艺运作,归根到底就是一个"顺应(牛之)自然"或曰因循牛之所是的过程。

---

① 郭庆藩撰,王孝鱼点校:《庄子集释》,第120页。
② 王夫之撰,王孝鱼点校:《庄子解》,第31页。

"顺应自然"蕴含着遵循必然性之义。牛因有其"天理"和"固然",庖丁运刀时便须依从它、因循它,不得违逆,否则不仅不是顺其"自然",也必不能达到"謋然已解,如土委地"的功效。故"顺应自然"非谓"率性而为",亦非谓"消极随顺"。关于庄子"自然"概念中的必然性内涵,郭象曾有所强调(如《〈知北游〉注》:"言此皆不得不然而自然耳,非道能使然也。"[①]),然多为历代注家所忽视。至近人蒋锡昌,其方大彰"自然"和"必然"之间的深刻关联。其曰:

> 必然者,即古书所谓"自然"。"自然"二字多为后人误解,故今用此二字代之。古书关于"自然"一词,约有二义:一为"自成",此为常语……一为"自是",此非常语……庄子所谓"自然",另有其特殊之义,乃谓万物自被天道所成,而非谓自己成功也。故"自然"一名,即被成或必成之意。被成与必成皆不成词,故曰"必然"也。《齐物论》:"物固有所然……无物不然。"此乃"必然"二字最好之解。盖庄子以为造物者,乃天道;被造物者,为万物。万物之成也,其形体之如何、禀性之如何、命运之如何,早已为天道偶然的盲目的配定,而决不能由自己增减分毫、改造若干也。故万物既无主张,亦无目的。其所有行动、发展,均各有其不得不然之势。换言之,均有其必然性也。[②]

蒋说甚明,且亦可得《养生主》"天理"之说之证:此所谓"天"字,正表明作为"自然之理"的牛的腠理"自被天道所成,而非谓自己成功也",且"决不能由自己增减分毫、改造若干也"。故庖丁解牛之技虽神乎其神,也不得不"依乎天理""因其固然"。从治世的角度看,这种"顺应"也颇具启示性。其一,庖丁解牛之喻是有其普遍性意

---

① 郭庆藩撰,王孝鱼点校:《庄子集释》,第 743 页。
② 蒋锡昌:《庄子哲学》,上海:上海书店,1992 年,第 12—13 页。

义的。所谓的"顺应自然"何止于解牛！小者人伦日用，大者治国理天下，皆当如此。其二，"天理""固然"皆指向着牛之所以为牛者，本富有象征意义。此"理"不仅仅指牛（事物）本身的腠理或纹理，亦可指它（事物）的存在之理（条理或道理）。后一种"理"（条理或道理）既可就事物存在的单纯的自然性而言，更意味着它所在世间的人伦之理（"伦理"）或意义之理（"义理"）。由是，在治世上如何"顺应自然"，便也是耐人寻味和发人深省的了。其三，"顺应自然"也不仅仅指顺应事物本身的腠理之如何、其存在之理如何等，还指顺应它所处的时遇或运命①。不可悖逆时运，执意妄为。

所以，庄子的无为而治思想具有以下几个重要特点：（一）和老子一样，庄子极为重视事物存在的必然性或恒常性。因欲成事功，唯有顺应事物存在的各种必然性。此即"依乎天理"和"因其固然"之所喻。（二）与老子将事物存在的必然性主要归为"归根"或"反复"不同，庄子并未突出这种"归根性"或"反复性"，反而认为事物之间存在着相互生化（即《齐物论》所谓"物化"）的偶然性，如《大宗师》："伟哉造化！又将奚以汝为？将奚以汝适？以汝为鼠肝乎？以汝为虫臂乎？"顺此理路，杂篇《寓言》遂有"万物皆种"之说："万物皆种也，以不同形相禅，始卒若环，莫得其伦，是谓天均。"在庄子那里，必然性（依托于"常""理""命"等概念）往往被他用来描述事物存在的独特性或特殊境遇。（三）借助于"天理"之说，庄子既以"理"字展现了事物存在的必然性，从而涵摄了"常"的相应内涵，也因为突出了"理"的内涵的具体性（牛之腠理及其存在）而使其思想避免了抽象化的演绎。相应于此"理"，庄子特别尊重、欣赏事物的个性或独特性（如《齐物论》对于所谓"正处"

---

① 如《大宗师》曰："死生，命也；其有夜旦之常，天也。人之有所不得与，皆物之情也。"又曰："且夫得者，时也；失者，顺也。安时而处顺，哀乐不能入也。"

"正味""正色"等的消解①），强调应如其所是地认识它、应对它，即"照之于天"②或"用心若镜"③。这种观念表现在治世上，自然反对以抽象的方式处理问题。（四）庄子"自然"概念的必然性内涵固然不乏命定论的色彩，但能否"顺应自然"而高扬一己生命的活力与价值，恰也反映了个体之间的觉悟之别与境界高低④。就治世来说，《应帝王》所谓"顺物自然而无容私焉"的天下之治，本质上就是治者如何使天下万物各正其性的过程。

三、从"执道"到"任法"：黄老道家无为思想的尚法性

战国时期，思想学术的演变呈现出功利性的总体趋势。当时，天下分崩，列国争竞。无论是强己弱敌，还是统合天下，富国强兵之术皆为人主所急求。在此情境下，思想学术便趋于务实，玄远之谈、仁义高论则受冷落。对于这一现象，可从孟子遭受的"见以为迂远而阔于事情"之讥⑤而得一观。以时人之见，欲富国强兵或统合天下，舍名法之用则不得成。故儒家自孟子以后，荀子固然亦尊

---

① 《齐物论》："民湿寝则腰疾偏死，鰍然乎哉？木处则惴栗恂惧，猨猴然乎哉？三者孰知正处？民食刍豢，麋鹿食荐，蝍蛆甘带，鸱鸦耆鼠，四者孰知正味？猨猵狙以为雌，麋与鹿交，鰍与鱼游。毛嫱、丽姬，人之所美也。鱼见之深入，鸟见之高飞，麋鹿见之决骤。四者孰知天下之正色哉？"

② 《齐物论》曰："物无非彼，物无非是。自彼则不见，自知则知之。故曰彼出于是，是亦因彼。彼是方生之说也。虽然，方生方死，方死方生；方可方不可，方不可方可；因是因非，因非因是。是以圣人不由而照之于天，亦因是也。"

③ 《应帝王》曰："至人之用心若镜，不将不逆，应而不藏，故能胜物而不伤。"

④ 如对于何谓"安时而处顺"，《大宗师》借"子舆"之口说道："浸假而化予之左臂以为鸡，予因以求时夜；浸假而化予之右臂以为弹，予因以求鸮炙；浸假而化予之尻以为轮，以神为马，予因以乘之，岂更驾哉！"

⑤ 对于孟子思想的尴尬处境以及战国中期以后的时势，《史记·孟子荀子列传》载："孟轲……道既通，游事齐宣王，宣王不能用。适梁，梁惠王不果所言，则见以为迂远而阔于事情。当是之时，秦用商君，富国强兵；楚、魏用吴起，战胜弱敌；齐威王、宣王用孙子、田忌之徒，而诸侯东面朝齐。天下方务于合从连衡，以攻伐为贤，而孟轲乃述唐、虞、三代之德，是以所如者不合。"

尧舜、美三代,其学却已颇彰实用精神,强调"法后王"(《荀子·儒效》),多论名法之用。在道家,相对于老、庄的警惕与批判态度,黄老学者皆喜论名法,且以无为之说收摄、容纳之。

然而,黄老道家之所以重名法,不仅仅是为了应对现实的需要,也是概念演绎所引发的思想之变的逻辑结果。对此,可从以下三个方面来看。

(一)战国中晚期,诸子思想的演变呈现出明显的"理性化"趋势。这一趋势有个重要标志,即诸子论说已多好言"天理""大理"或"道理"。同时,这些概念的抽象程度皆很高,其内涵也近乎相同。如"天理"(或"天之理")一词,除了上文所引的《庄子》外、杂篇诸例外,也常见于其他典籍:

> 凡事之要,必从一始,时为之纪,自古及今,未尝变易,谓之天理。(《文子·自然》)
>
> 亲疏系乎势利,不系于不肖与仁贤,吾亦不敢据以为天理,以为地势之自然者尔。(《尹文子·大道上》)
>
> 执道循理,必从本始,顺为经纪,禁伐当罪,必中天理。(《经法·四度》)[①]

又如"大理":

> 是故阴阳者,天地之大理也;四时者,阴阳之大经也。(《管子·四时》)
>
> 夫曰"尧、舜擅让",是虚言也,是浅者之传、陋者之说也,不知逆顺之理、小大至不至之变者也,未可与及天下之大理者也。(《荀子·正论》)
>
> 凡人之患,蔽于一曲而暗于大理。(《荀子·解蔽》)

---

① 裘锡圭主编:《长沙马王堆汉墓简帛集成(肆)》,第138页。

> 疏观万物而知其情,参稽治乱而通其度,经纬天地而材官万物,制割大理而宇宙理矣。(《荀子·解蔽》)①

再如"道理":

> 夫推不可为之势,而不循道理之数,虽神圣人不能以成功。(《文子·自然》)②

> 天下是非无所定,世各是其所善,而非其所恶。夫求是者,非求道理也,求合于己者也;非去邪也,去迕于心者也。(《文子·道德》)

> 君子之求利也略,其远害也早,其避辱也惧,其行道理也勇。(《荀子·修身》)

以上所举的"天理""大理""道理"义均相通,庶几无别。上述诸"理"的内涵皆是从道之运行或天地万物存在的层面得以规定的,具有很高的抽象性,它们与《养生主》"依乎天理"所言的、指向着事物自身存在的纹理或条理之"理"迥然不同。又,关于"天理",《礼记·乐记》曰:"人生而静,天之性也。感于物而动,性之欲也。物至知知,然后好恶形焉。好恶无节于内,知诱于外,不能反躬,天理灭矣。"此文亦为《文子·道原》和《淮南子·原道训》所录,其间仅存在个别文字之别。对于《乐记》的"天理",郑玄说:"理,犹性也。"③孔颖达则径曰:"理,性也。"④皆谓此"天理"为"天生清静之性"(孔疏语)⑤。同样,高诱亦以"性"解《原道训》的"天理"之

---

① "理",原作"里(裏)"。此据王先谦说改。王先谦撰:《荀子集解》,沈啸寰、王星贤点校,北京:中华书局,2013年,第469页。
② "夫推",原作"无权"。此据王利器之说改。王利器撰:《文子疏义》,第368页。
③ 郑玄注、孔颖达疏:《礼记正义》,北京:北京大学出版社,1999年,第1083页。
④ 郑玄注、孔颖达疏:《礼记正义》,第1084页。
⑤ 郑玄注、孔颖达疏:《礼记正义》,第1084页。

"理",曰:"不能反己本所受天清静之性,故曰'天理灭也',犹衰也。"①结合经文,以"性"训"理"亦通,此盖为汉人通释。但即使训为"天性",《乐记》等文的"天理"因是对人性普遍本质的概括,仍为抽象的范畴。至于宋明,理学家将《乐记》之文作为理欲之辨的原典依据,更是视"天理"为至上的道德法则的象征。

(二)相应于上述"理性化"的演进趋势,理在诸子思想中的理论地位也得到了根本的提升,以至有等同于道之势。前文已指出:道之运行(显现为物之存在)具有必然性或恒常性的态势,并表现出相应的法则性或规律性。对于这种必然性和法则性,老子名之曰"常",其后学者或称之以"常",或称之以"理",且言"理"渐成主流。就道与理二者来说,道难测度而理易"把捉"。理之所以易于"把捉",在于其或可经观察而得(如日月代行、昼夜交替、四时循环所展现出的恒常性与规律性),或可据测算而致(如《尚书·尧典》载尧命羲、和二氏观天象制历法,"期三百有六旬有六日,以闰月定四时,成岁")。理既为道之理,知理亦可谓达道;且既然理易知而道难明,据理以论道便也是自然之事了。于是,理或被用以训道(如《庄子·缮性》:"道,理也。"),或被用以指道(如《庄子·秋水》"今尔出于崖涘,观于大海,乃知尔丑,尔将可与语大理矣"之"理"),或被与道混用而互言之(如《鹖冠子·道端》"经气有常理,以天地动……出究其道,入穷其变"之"理"与"道")。在帛书《经法·论约》中,道与理已内涵无别。其曰:

> 始于文而卒于武,天地之道也。四时有度,天地之理也。日月星辰有数,天地之纪也。三时成功,一时刑杀,天地之道也。四时而定,不爽不忒,常有法式,□□□刱,一立一废,一

---

① 何宁撰:《淮南子集释》,北京:中华书局,1998年,第24页。

生一杀,四时代正,终而复始。①

文中之"纪",亦是"理"义。以"道"与"理""纪"并举而一其义,非为偶然。《吕氏春秋·孟春》也说:"无变天之道,无绝地之理,无乱人之纪。"以上诸例表明:战国中晚期,理的思想地位有了根本的提升,以至与道无别。理既与道无别,道遂也成为一个抽象的概念。但是,以理当道是有其消极性的:一方面,道由于被抽象为理,其活泼泼的"存在"或"运行"之义便被遮蔽;另一方面,早期道家的"执道"之说也随之演变为"执理"或"执法"之论(详见下文)。

(三)从"执一无为"到"执一任法":"一"的内涵之变与理、法之彰。关于无为而治,老子尝曰:"是以圣人执一以为天下牧。"(《二十二章》)②"执"谓持守,"执一"即曰"执道"③;"牧"谓蓄养、养育,"以为天下牧",义为治理天下。"一"既可指道,其后"执一"与"执道"常为诸子兼言之。如曰"执道",《庄子·天地》:"执道者德全,德全者形全,形全者神全。"《文子·道原》:"执道以御民者,事来而循之,物动而因之。"帛书《经法·道法》:"故执道者之观于天

---

① 裘锡圭主编:《长沙马王堆汉墓简帛集成(肆)》,第146页。
② 在通行本中,此句讹为"是以圣人抱一为天下式"。兹据西汉简、帛本正(参见:陈徽:《老子新校释译——以新近出土诸简、帛本为基础》,第139—140页)。顺便指出,老子确实也有"抱一"之说,如《十章》:"载营魄抱一,能无离乎?"然此"一"非谓"道","抱一"也与"执一"不同。朱谦之认为:"抱如鸡抱卵,一者,气也,魂也,抱一则以血肉之躯,守气而不使散泄,如是则形与灵合,魄与魂合,抱神以静,故曰:'能无离?'"(朱谦之撰:《老子校释》,第39页)其说是。故"抱一",乃是就涵养工夫与境界而言。这一意义的"抱一"也为《庄子》所袭用,如《庚桑楚》:"卫生之经,能抱一乎? 能勿失乎?"陆西星曰:"'能抱一乎? 能勿失乎?'二句,即《道德经》所谓'载营魄抱一,能无离乎'之意。"(陆西星撰,蒋门马点校:《南华真经副墨》,第338页)
③ 关于"执一"之"一",学者多释为"道"。亦有学者释为"少之极也"(王弼撰,楼宇烈校释:《王弼集校释》,第56页),或"虚也,无也,无不足也"(林希逸撰,黄曙辉点校:《老子鬳斋口义》,第24页),或"专一"(如释德清:"圣人忘知绝学,专心于一,故于道有得。"释德清撰,黄曙辉点校:《道德经解》,第66页)上述诸说,与道皆有相通处。徐梵澄曰:"'执一'者,一与多对,道至大而无外谓之一,数至简而为元亦谓之一。则'执一'者,守道之谓也。"(徐梵澄:《老子臆解》,第65页)其说可参。

下殹,无执殹,无处也,无为殹,无私殹。"①又如曰"执一",《文子·
九守》:"是以圣人以道镇之,执一无为而不损冲气。"帛书《十六
经·顺道》:"中情不刺,执一毋求。"②《吕氏春秋·有度》:"先
王……执一而万物治。"随着思想的"理性化"演进,道渐被抽象为
理,黄老道家的"执一"之说也由原先的"执道"之义演变出"执理"
或"执法"③的内涵。"一"的"理法化",也使得道家论治由老庄等
警惕名法之用转而尚名重法(指法令之法)。关于这一思想之变的
主要逻辑理路,以下三点不容忽视。

其一,"道生法"。"道生法"之说,《鹖冠子·兵政》与帛书皆有
言。前者曰:"贤生圣,圣生道,道生法,法生神,神生明。"后者如
《经法·道法》曰:"道生法。法者,引得失以绳,而明曲直者殹。故
执道者,生法而弗敢犯殹,法立而弗敢废[殹]。"④首先,因道涵摄
万物,"道生法"之"法"具有二重义蕴:一为"自然之法",一为"人
为之法"。前一法指自然万物的存在法则,后一法为"执道者"(即
圣人)所立、且为众人所奉行之法。自然万物自在地存在,其所循
之法客观独立,不以人的意志为转移。对于"自然之法"的客观性
及其表现,黄老道家多有论述与强调。如《经法·论》说:

　　天执一,明[三,定]二,建八正,行七法,然后□□□□□
　　□之中无不(□□)矣。蚑行喙息,扇飞蠕动,无□□□□□
　　□□□□不失其常者,天之一也。天执一以明三,日信出信
　　入,南北有极,[度之稽也。月信生信],进退有常,数之稽也。
　　列星有数,而不失其行,信之稽也。天明三以定二,则壹晦壹

_____

　　①　裘锡圭主编:《长沙马王堆汉墓简帛集成(肆)》,第 127 页。
　　②　裘锡圭主编:《长沙马王堆汉墓简帛集成(肆)》,第 170 页。
　　③　此"执法"之"法"指理法之法,即抽象层面之法,亦犹《管子·任法》"所谓仁义
礼乐者,皆出于法"之"法"。
　　④　裘锡圭主编:《长沙马王堆汉墓简帛集成(肆)》,第 127 页。

明，□□□□□□□□。天定二以建八正，则四时有度，动静
有位，而外内有处。①

此文在《鹖冠子·泰鸿》中亦有重现，其所谓"常""信""极""数"以
及"有度""有位""有处"等，皆是明众物各循其法而存在。在《鹖冠
子·环流》中，又有"道之用法"之说：

> 斗柄东指，天下皆春；斗柄南指，天下皆夏；斗柄西指，天
> 下皆秋；斗柄北指，天下皆冬。斗柄运于上，事立于下；斗柄指
> 一方，四塞俱成。此道之用法也。故日月不足以言明，四时不
> 足以言功。一为之法，以成其业，故莫不道。一之法立，而万
> 物皆来属。②

此说更是表明：天地万物之所以化育流行、各成其功且一统于道，
皆是因为遵行"道法"。其次，"道生法"之"生"，亦有二义：一为产
生，一为裁制。就其表面文义看，"道生法"乃谓大道运行有法"产
生"（今学者多曰"派生"）。上引《环流》"一为之法""一之法立"之
说，亦皆犹曰"道生法"。"道生法"是从抽象的角度指出道与法之
间的逻辑关系，其在现实中体现为万物存在各循其法。"人为之
法"为圣人所立，作为客观存在的"自然之法"非为圣人所立，此固
易理解。然《兵政》何以曰"圣生道，道生法"？依此说，"自然之法"
似乎出自圣人，从而圣人成了天地万物的立法者。若作此解，实为
误读。所谓"圣生道"，当指圣人德通大道，明达其理，故"生道"盖
有"得理"之义。既得道明理，自能将理或道理裁制以则，名之曰
"法"。欲澄清《兵政》此说，或许可据《环流》一段文字以观之。
其曰：

---

① 裘锡圭主编：《长沙马王堆汉墓简帛集成（肆）》，第 140 页。
② 黄怀信释曰："一，即'道'。业，事。道，以为道，即遵行之。"黄怀信撰：《鹖冠
子校注》，北京：中华书局，2014 年，第 71 页。

　　[万物]莫不发于气,通于道,约于事,正于时,离于名,成于法者也。法之在此者谓之近,其出化彼谓之远。近而至,故谓之神;远而反,故谓之明。明者在此,其光照彼;其事形此,其功成彼。从此化彼者法也,生法者我也,成法者彼也。生法者日在而不厌者也。生、成在己,谓之圣人。惟圣人究道之情,唯道之法公政以明。①

此段文字颇不易理解,但其末尾二句的意思是清楚的:圣人之所以集"生法""成法"之大成,且其所"生"之法之所以"公政(即正)以明",唯在于他能"究道之情"。这也表明:圣人之所以为圣人,是因为唯有他方能以其才智将"道之法"公诸于世。又,"自然之法"其实义犹"自然之理",即此"法"与"理"庶几义同。这一意义的"道生法"亦可谓"道生理":曰"理"或"道理",是就道的运行而言;曰"法"或"道法",主要是就万物的存在而言。同时,从理、法二字的意蕴重心看,理指向着抽象的"道理"或"天理",法则指向着具体的规范或原则。由是,理又可指立法与用法的根据,如《尹文子·大道下》:"圣法者,自理出也。"故有"法理"之说。"法理"者,法之理据也。理之所在与否,关乎法的是非、成败与得失。因而,论及立法(《文子·上义》称之为"制法"),《文子·道德》说:"是故不法其已成之法,而法其所以为法者,与化推移。"所谓"法其所以为法者",即曰法其理或"道理"也②。

────────────

　　①　"万物"二字,据黄怀信说补。黄怀信撰:《鹖冠子校注》,第67—70页。
　　②　虽然理具有抽象性,是"制法"的基础,但在具体论述如何"制法"时,黄老道家又是立足于现实人情的。如《文子·上义》:"文子问曰:'法安所生?'老子曰:'法生于义,义生于众适,众适合乎人心。此治之要也。法非从天下也,非从地出也,发乎人间,反己自正。诚达其本,不乱于末;知其要,不惑于疑。有诸己,不非于人;无诸己,不责于所立。立于下者,不废于上;禁于民者,不行于身。故人主之制法也,先以自为检式,故禁胜于身,即令行于民。夫法者,天下之准绳也,人主之度量也。悬法者,法不法也。'"此段文字切实、精粹,是了解黄老道家"制法"思想之管钥。

　　其二,圣人欲成至治,唯有任法而为。大道运行,万物各循其法。在黄老道家看来,唯有万物各循其法,大道才能运行不已。为明此理,《鹖冠子·天则》举例说:"彼天地之以无极者,以守度量而不可滥。日不逾辰,月宿其列,当名服事,星守弗去,弦望晦朔,终始相巡,逾年累岁,用不缦缦。此天之所柄以临斗者也。""天地"者,涵万物而言;"无极",义为无穷,合时、空以为说;"以守度量而不可滥",乃明"天地"何以能"无极"。"天地"尚须如此,圣人治世亦然。对于以法治世的重要性,黄老道家屡屡言之,可谓不厌其烦。如:

　　　　夫法者,天下之准绳也,人主之度量也。(《文子·上义》)

　　　　法者,天地之正器也,用法不正,玄德不成。(《鹖冠子·泰鸿》)

　　　　法者,天下之程式也,万事之仪表也。(《管子·明法解》)

《经法·君正》总结道:"法度者,正之至也。而以法度治者,不可乱也。而生法度者,不可乱也。精公无私而赏罚信,所以治也。"[1]上引《鹖冠子·兵政》"道生法,法生神"云云,更是直陈"如法而治,则有神妙之功"(黄怀信语)[2]之效。又,《管子·任法》说:"圣君任法而不任智,任数而不任说,任公而不任私,任大道而不任小物,然后身佚而天下治。""数"谓法数[3],"公"指法度之正,《任法》此处实将"任法"与"任大道"等而视之,故又曰:"故法者天下之至道也,圣君之实用也。"不仅如此,《尹文子·大道下》尝载:

------

　　① 裘锡圭主编:《长沙马王堆汉墓简帛集成(肆)》,第132页。
　　② 黄怀信撰:《鹖冠子校注》,第308页。
　　③ "任数",即黎翔凤所谓"但任法数"。黎翔凤撰,梁运华整理:《管子校注》,第900页。

　　　　田子读书，曰："尧时太平。"宋子曰："圣人之治以致此
　　乎？"彭蒙在侧，越次答曰："圣法之治以至此，非圣人之治也。"
　　宋子曰："圣人与圣法何以异？"彭蒙曰："子之乱名甚矣！圣人
　　者，自己出也；圣法者，自理出也。理出于己，己非理也。己能
　　出理，理非己也。故圣人之治，独治者也。圣法之治，则无不
　　治矣。此万世之利，惟圣人能该之。"宋子犹惑，质于田子。田
　　子曰："蒙之言然。"

"彭蒙"之说颇有意味：1. "圣人之治"非为"圣法之治"，唯有"圣法
之治"方能"无不治"。故尧是以"圣法之治"得致太平，而非因其道
德或势位之高。2. 圣人之所以为圣人，在于他能"自理出"以立
"圣法"（此犹《鹖冠子》所谓"圣生道，道生法"）。此"理"即"道理"，
不是他任意所主张之"理"。3. "圣法"既然是出自"道理"，此"法"
便具有客观、公正、普遍的意义，即《经法·君正》所谓"法度者，正
之至也"。如是，圣人虽德通大道，可以"出理"，仍也要受理约束、
循法而为，没有凌驾于法之上的特权，因其若如此，便与"自理出"
之法的本质相违背。《文子·上义》有言："法度道术所以禁君，使
无得横断也。"《管子·任法》也说："君臣上下贵贱皆从法，此谓为
大治。"黄老道家的尚法精神，于此可见。
　　其三，从"执一"的"执道"说到"执法"论。尚法精神既立，黄老
道家"执一"之说的内涵也发生了耐人寻味的变化。上文所引"执
一"诸例中，"一"皆指道，"执一"即"执道"。以此论治，乃谓圣人守
道无为，因物之性，以成至治。但既然"道生法"且唯有任法方得致
太平，黄老道家的"执一"之说遂由"执道"演绎出"执法"之义。如
以"一"论"法"，《鹖冠子·王鈇》曰：

　　　　天度数之而行，在一少，在万不众；同如林木，积如仓
　　粟，斗石以陈，升委无失也。列地分民，亦尚一也耳……若能

正一,万国同极,德至四海,又奚足阖也?

文中"尚一"即谓"尚法","正一"亦即"正法"①。至于以"执一"言"执法"且据之以论无为之治,《文子·道德》有详说,曰:

> 君执一即治,无常即乱。君道者,非所以有为也,所以无为也。智者不以德为事,勇者不以力为暴,仁者不以位为惠,可谓一矣。一也者,无适(引按:通"敌")之道也,万物之本也……故君失一,其乱甚于无君也。君必执一而后能群矣。

又,如上文所论,在战国中晚期,特别是黄老道家那里,道与理、理与法之间的界限渐趋模糊,乃至内涵无别。故"执一"不仅可言"执道"与"执法",亦可言"执理"。如《尹文子·大道上》曰:

> 故人以度审长短,以量受多少,以衡平轻重,以律均清浊,以名稽虚实,以法定治乱,以简治烦惑,以易御险难。以万事皆归于一,百度皆准于法。归一者简之至,准法者易之极。如此,则顽嚚聋瞽可与察慧聪明同其治也。

文中之"一",即有理之义。"归于一"者,义犹一统于理或道理。且"归于一"与"准于法"互言,《尹文子》在此实有将"执理"与"执法"并言之意。

以上梳理表明,黄老道家的尚法精神是与战国中后期思想演变的"理性化"趋势密切相关的:一方面,道之抽象为理,理之升格为道,使得道与理的内涵趋于同一化;另一方面,"道之用法"以及"一之法立,而万物皆来属"等说又突出了任法而治的重要性;最终,"执法"自然成为通达道、理的具体方式。基于尚法精神,黄老道家的无为而治思想表现出以下特点:君无为而臣有为。君无为

---

① 黄怀信:"尚,崇尚。一,谓统一的法度。""正,定,制定。一,统一的法度。"(黄怀信撰:《鹖冠子校注》,第210、211页)说皆是。

者，谓人君抱道执法，审核形名以责臣下（如《经法·四度》："美恶有名，逆顺有形，情伪有实，王公执□以为天下正。"①），故帛书《道原》曰"抱道执度，天下可一也"②；臣有为者，谓臣下据其名分积极地作为，以奉其职、尽其责。如《尹文子·大道上》曰："庆赏刑罚，君事也；守职效能，臣业也。君料功黜陟，故有庆赏刑罚；臣各慎所任，故有守职效能。君不可与臣业，臣不可侵君事。上下不相侵与，谓之名正。名正，而法顺也。"

四、余论

可见，尽管皆主无为而治，对于何谓"无为"，无论是老、庄之间，还是老庄与黄老道家之间皆有着不同的理解和规定。在老子，"无为"意味着君上持道虚静，"观复""知常"，尽可能不去干预事物的存在，充分尊重它们的自我成就性，其思想颇彰复朴与守静之象。在庄子，"无为"固亦有老子的持虚守静之义，其"天理""固然"之说却也凸显了尊重、欣赏事物的个性或独特性的特点。相应的，至治之成也表现为治者如何使天下万物各正其性的过程。万物若各正其性，即得其逍遥。笼统地看，老、庄的无为之说皆对于名法之用持警惕或批判态度③，其所谓的顺应自然也皆以成物为立言宗旨。在黄老道家，无为之治则必基于尚法精神而展开，强调"君

---

① 裘锡圭主编：《长沙马王堆汉墓简帛集成（肆）》，第138页。又《十六经·顺道》曰："欲知得失情，必审名察形。形恒自定，是我（引按：'我'谓人君，下同）愈静。事恒自施，是我无为：静翳不动，来自至，去自往。"（裘锡圭主编：《长沙马王堆汉墓简帛集成（肆）》，第172页）即结合形名之说以论人君的虚静无为之功。

② 裘锡圭主编：《长沙马王堆汉墓简帛集成（肆）》，第189页。

③ 对于名法之用，老、庄皆持警惕乃至否定的立场，认为它们会割裂事物、烦数伤民等，如《老子·五十七章》："法令滋彰，而盗贼多有。"《大宗师》："夫尧既已黥汝以仁义，而劓汝以是非矣。""仁义"已有此害，法令更不必论。在庄子后学那里，道德礼法等更成为激烈的批判对象（参见《骈拇》《马蹄》等文所论）。

事"与"臣业"之别。同时，顺应自然（主要表现为因顺民物之性）也旨在实现国富兵强乃至一统天下的目标。

就黄老道家的尚法精神来说，其积极意义至少有以下几点。第一，它体现了黄老之学立足现实的思想特点和质朴平实的学术品格。既然道难测知而法易明察，且"执法"即意味着"执道"，黄老道家便更关注天地万物如何存在、所依何法，治世之法因何而立、其用何在等问题。他们固然也不乏玄渺的论道之说，但其思想的重心主要还是集中于现实世界及其存在法则，其学术品格也因而显得质朴平实。黄老之学适应了周秦之际功利化的时代需求，为人们探索事物规律的认识实践创造了良好的思想条件。第二，黄老道家以"公""正"论法的思想蕴含着可贵的公共意识和天下情怀。他们认为，人君之设、法度之立皆是为了公共的目的，行天下之公义，制狭隘之私欲，故曰："凡主之立也，生于公……天下，非一人之天下也，天下之天下也。"（《吕氏春秋·贵公》）"是故公道行而私欲塞也。"（《文子·上义》）这一思想充分展现了黄老道家的公共意识和天下情怀，反映了他们对于君主专制和治权扩张的批判态度[1]。第三，因为崇尚法治，黄老道家在形名法术等方面也有着很高的理论建树。既然崇尚法治，则必探察如何依据天地万物的存在法则和现实人情确立具体的名法制度。在此，黄老道家有着丰富的思想成果[2]。

然而，尚法精神也隐含着不容回避的消极性。首先，尚法精神或"执法"之说极易引发"唯法是从"之弊。此弊又可能会导致两大消极后果：一是忽视乃至排斥道德教化和礼乐建设，以致引发民

---

[1]　如《文子·上义》又曰："古之置有司也，所以禁民，使不得恣也；其立君也，所以制有司，使不得专行也。法度道术，所以禁君，使无得横断也。人莫得恣，即道胜而理得矣。故反朴无为。"

[2]　详见第十章之"二、黄老道家论正名"。

心蒙昧、文化凋敝之患；二是必重法令数度之设（因抽象的法则、法理只有落实为具体的法令数度，方得其用），从而有烦苛伤民之害。这两个后果在秦朝那里均有着极端化的表现。其次，圣人"生法"的观念又有着神化君主、高扬君权的消极倾向。帛书《经法·道法》之所以曰"执道者（圣人）生法"，本欲强调、保证所"生"之法的公共性和普遍性，故《管子·任法》以"君臣上下贵贱皆从法"作为"大治"的基本表现。但现实中，真正掌握"立法权"的往往是人君，臣、民只有"守法"和"法于法"的职责与义务，如《管子·任法》又曰："有生法，有守法，有法于法。夫生法者，君也；守法者，臣也；法于法者，民也。"结果，神化君主便也难以避免了："君者，天也[1]……本出一人，故谓之天；莫不受命，不可为名，故谓之神。"（《鹖冠子·道端》）以上诸弊若达其极致，遂有《韩非子》的如下之论："故明主之国，无书简之文，以法为教；无先王之语，以吏为师"（《五蠹》），"明君无为于上，群臣竦惧乎下"（《主道》）。学者之所以视黄老道家为道、法二家之转关，据此亦可得一窥也。

所以，黄老道家所谓的"法治"与现代意义的"法治"是有着本质之别的。因为，作为后者存在之理论基石的对于个体人格独立性的肯认与尊重，尚为前者所忽视。没有这种基本的肯认与尊重，万民也只能是治者施展其功利之术的棋子，所谓的公共意识和天下情怀也终不过为纸上之言。

---

[1]　此说固有学者所谓"君法天"之义，然既以"君象天焉"（参见黄怀信撰：《鹖冠子校注》，第90页），君权的至高无上性亦随以立也。

第四章　先秦道家的德性论和"玄德"之治思想

——兼论儒道的文质之辨

　　德是中国传统思想文化中的一个重要概念。它常因伦理道德的意蕴而为人所熟知,但也可以无关乎伦理道德,如周德、政德、土德、酒德、鸡德等之"德"。而且,德的后一义涵及其与性的密切关系,亦可谓理解先秦政治哲学之管钥。对于道家的政治哲学来说,尤为如此。近年来,学界已颇为重视从德、性概念入手考察先秦道家的政治哲学,成果亦可观,然有些问题仍需进一步澄清。

一、德、性之辨和道家的德性论

　　先来看德。关于德字的源流及其内涵演变,学者多有考论,却亦显分歧。金春峰曾有精审而平实之论①。他指出:在甲骨文中,虽有类似德的字,却当读"徝",义为征伐、征讨;德则为周人所创,"初义乃保全生命之意"。具体来说:

---

　　①　以下所引金说,皆自金春峰:《"德"的历史考察》,《陕西师范大学学报(哲社版)》2007年第6期。

从甲骨文的征伐杀戮之"值",演变为周代金文之"德",代表从杀戮、消灭生命转到保全其生命。保生全生,成全生命,是对人的最大恩惠与德泽,表现在政治上,其内涵是保民,争取民心。而"保民"与"敬天"是相互联系的,不"敬天"必定不能"保民",不"保民"亦谈不上"敬天"。"天聪明,自我民聪明;天明畏,自我民明威。""人无于水监,当于民监。"天是从"民"的状况来看统治者是否有"德"的。故"德"的内涵,一是敬天,一是保民。本义是全生保生厚生,是政治范畴。

可见,德在其产生之初,已含有"生"(保生或全生)之义。周人认为:殷之代夏,周之代殷,天命如此转移皆是三者能否"敬德"的结果,而"敬德"主要表现为"保民"。所以,《尚书·召诰》说夏、殷"惟不敬厥德,乃早坠厥命";周人若想免除"坠命"之忧,当鉴于夏、殷之亡的教训,"惟王其疾敬德",即"欲王以小民受天永命"。"敬德""受命"之所以寄望于君王,是因为作为族群或邦国的首领"敬德""保民"与否往往决定着其族其邦的政治生态,故君王之德便也成了其族、其邦之德的象征。《诗·周颂·维天之命》曰:"维天之命,於穆不已。於乎不显,文王之德之纯。"正因为文王之德广大而显明①,才得受天命。周人亦以此德喻周德,强调"我其收(受)之""子孙笃之"(《维天之命》),试图通过世世代代承继、力行此德以永续天命。其后,随着周王之德渐衰,便也有了"周德虽衰,天命未改"(《左传·宣公三年》)云云。

那么,决定着一族、一邦之德情状的君王之德从何而来? 金春峰又说:

"德"集中表现为一族群首领特别是受命之"元子"的品

① 毛传:"纯,大。"郑笺则训"纯"为纯美之义。二说皆通。参见毛亨传、郑玄笺、孔颖达疏:《毛诗正义》,北京:北京大学出版社,1999 年,第 1285 页。

德、作为和政策,而这有赖于"元子"的高度智慧、才能与道德品质……从西周文献看……王者之"德",虽为个人的努力所致,亦是"天命"的赐予。

王者禀受"天命"即"受命"。从受者的角度说,"受命"即"受德"①,则命亦有德义。此命此德也意味着其生命力的兴衰与否,本皆已蕴含着生义。二字既皆有生义,故《左传》所谓"周德虽衰,天命未改"者,乃谓周王室的生命力("周德")虽已衰败,然根本尚存,仍得延续,故曰"天命未改"。

"受德"说具有重要的思想意义:尽管起初它主要指一族"元子"之"受命",随着时间的推移,"受德"也可指万物的产生(生命的获得亦属"受命"),而德亦包含万物生而本具的禀赋。故就天与万物的关系来说,天是万物的生命来源,万物之生皆可谓"天命"的体现;且天与万物也各有其德,"天德"以生为主要特征(故《易传·系辞下》曰:"天地之大德曰生。"),万物之德即表现为其生之所由(故《庄子·天地》曰:"天地之大德曰生。")以及生而本具的禀赋(如木德、鸡德、狸德等)。战国以后,万物的生而本具之德(禀赋)又被称为"性",所谓木德、鸡德亦即木性、鸡性。这种内涵的相通性也使人极易混淆德、性,以至误解相关思想。因此,对于什么是性,也不可不辨。

当年限于出土文献的不足,傅斯年断言先秦古文无性字,认为"分别'生''性'二字者,秦后事也"②。此说虽为后来的新文献所证伪③,

---

①　这种德由"受命"而来之说,与上述的"以德受命"之论似有矛盾,实则此二说构成了周人关于天命与敬德之间的一种"解释循环"。这一"循环"对于周人来说不仅不矛盾,反而成为他们理解天命、政德、保民之间关系的富有意味的解释方式。

②　傅斯年:《性命古训辨证》,上海:上海古籍出版社,2012年,第83页。

③　郑开推测:"'性'字的出现与广泛运用,可能在战国中期前后。"郑开:《道家政治哲学发微》,北京:北京大学出版社,2019年,第105页。

但他对性的定义并无问题，即性为"人与物生来之所赋"①。以禀赋论性，当为先秦诸子的共同特点，如《庄子·庚桑楚》："性者，生之质也。"《孟子·告子上》引告子之说曰："生之谓性。"《荀子·正名》："性者，天之就也。""不事而自然谓之性。"至于如何理解、规定这种先天的禀赋（如性是否有善恶等问题），诸子之间则有分歧。显然，就其指之禀赋而言，德与性本无不同，于是有"德性"之说。正如金春峰所言：

> "德性"常常联用，成为"本性之现实地表现"。今人口语常说："瞧这个人的德性！""德性"即指包括习性、品行、样态在内的全副人品②。"德"与"性"亦可互用……《庄子·外篇·在宥》："闻在宥天下，不闻治天下也。在之也者，恐天下之淫其性也；宥之也者，恐天下之迁其德也。天下不淫其性，不迁其德，有治天下者哉……""迁其德"指违背本性，与"淫其性"几为同义语。

德与性毕竟又有所区别。其一，从起源上看，德字出现在西周早期，本谓保全生命；性则产生较晚，战国中期才普遍流行，用来表示事物生而具有的禀赋。其二，德、性虽皆与生字关系密切，然德和生原属两字，性则为生的孳乳字，它与姓字一样，其形、声皆是本于生字而来③。其三，尤需一提的是，德因与"天命"有关，故其本

---

① 傅氏曰："古初以为万物之生皆由于天，凡人与物生来之所赋，皆天生之也。故后人所谓'性'之一词，在昔仅表示一种具体动作所产之结果，孟、荀、吕子之言性，皆不脱生之本义。必确认此点，然后可论晚周之性说矣。"傅斯年：《性命古训辨证》，第93页。

② 郑开也指出，"德性"与古希腊语词 aretē 具有很大的相通性："就像'骥德''鸡德'和'狸德'中的'德'是指特性、特长、特点一样，古希腊语词 aretē（复数 aretai）指事物固有的天性、属性、特性或功用。不同事物有不同的 aretē（德，德性）。"郑开：《道家政治哲学发微》，第110页。

③ 郑开认为："笼统地说，《庄子》外、杂篇中的'性'由'德'蜕变而来。"（郑开：《道家政治哲学发微》，第120页）。此说似可商。在《庄子》外、杂篇中，多存在德与性同义（即"德性"）的现象，但不可因此而谓"'性'由'德'蜕变而来"。

含有生之所以为生(或生之所由来)之义,此义比后来衍生出的"德性"之义更原始。在此意义上,德比性更为根本,或曰事物因受德而得其生、展其性。

战国时期,诸子蜂起,思想分化,诸家关于德、性的理解与运用也有所差异。就儒道二家来说,道家更重传统,尚质朴,其对德之古义念兹在兹,故有"物得以生,谓之德"(《庄子·天地》)、"德者……物得以生生"(《管子·心术上》)以及"德也者,人之所以建生也"[①](《韩非子·解老》)之论;儒家则将德加以伦理道德化,并扩充性的意蕴,赋予其生之所由来的内涵,故有"生之所以然者谓之性"(《荀子·正名》)之说。与此分化相应的是:道家言德,以道为尊,故曰"道者,德之钦"(《庄子·庚桑楚》),"德者,道之舍……故德者,得也。得也者,其谓所得以然也"(《管子·心术上》);儒家言性,则奉天为本,故曰"天命之谓性"(《礼记·中庸》),"性自命出,命自天降"(郭店楚简《性自命出》),"存其心,养其性,所以事天也"(《孟子·尽心上》)。即便是儒家言道,也主要是指天道或王道,与道家之道义相迥异。

当然,道家也不是不重天。由于天被道家特别是庄子及其后学赋予"自然"的意义,故道与天常得并称,其间无有严格的分别。如《庄子·德充符》:"道与之貌,天与之形,无以好恶内伤其身。"又如《庄子·在宥》:"不明于天者,不纯于德;不通于道者,无自而可。"前说之道与天显属同义,后说之天与道实也相通。但总体上看,道家关于道的至高无上地位的推崇是始终如一的,因为若论万物的真正本根(本原),唯有道可当之。相应的,关于道家的德性论,以下几点也殊可留意。

首先,作为世界的本根(本原),道具有"生养"万物之德(德

---

①　韩非此说,既表明他以古义训解《老子》,也表明其思想与黄老之学关系密切。

性)。关于道之此德,老子已有明论,如其曰:"故道生之畜之,长之育之,亭之毒之,养之覆之。生而不有,为而不持,长而不宰,是谓玄德。"(《老子·五十一章》)在此,老子明以"生养"①论道之"德性"。而且,道虽"生养"万物,却又无占有、宰制万物之"心","功遂身退"(《九章》)。其实,道之所以无有此"心",亦是其"生养"之德的体现。因道法自然,无为无执,唯如此,方得展其"生养"之德。此德既本之于道,非如诸物之德所可比拟,老子便以"玄德"称之。"玄德"者,幽微而不可测之德也②。故论及道、德,《五十一章》又曰:"道生之,德畜之,物形之,势成之。是以万物尊道而贵德。"对于道的"生养"万物之德,庄子和黄老道家也多有论述,且常从道为天地万物之本原的角度言之。如《庄子·大宗师》:"夫道,有情有信,无为无形……神鬼神帝,生天生地。"又如帛书《道原》:"恒先之初,迥同太虚……故无有形,大迥无名。天弗能覆,地弗能载……一度不变,能适蚑蛲。鸟得而飞,鱼得而游,兽得而走。万物得之以生,万事得之以成。"③又如《管子·内业》,虽将道理解为精气,然就道与天地万物间的关系而言,其说与《大宗师》《道原》之论并无本质的不同④。因此,道之所以为道,即在于其"生养"之德,若无此德,道也不复为道矣。可以说,儒道皆以"生生"为立学宗旨,其间之别,不过是儒家将"生生"之源付之于天,道家则付之于道而已。

---

①　所谓"生之畜之""长之育之""亭之毒之""养之覆之",乃是具体说道如何"生养"万物。

②　《说文解字》:"玄,幽远也。""幽,隐也。"二者皆谓隐微,与杳冥、暗昧义通;《说文解字》:"远,辽也。"故作为幽远之"玄",乃幽微而深远之义。

③　裘锡圭主编:《长沙马王堆汉墓简帛集成(肆)》,第189页。

④　《内业》曰:"凡物之精,此则为生;下生五谷,上为列星;流于天地之间,谓之鬼神;藏于胸中,谓之圣人……道也者,口之所不能言也,目之所不能视也,耳之所不能听也,所以修心而正形也,人之所失以死、所得以生也,事之所失以败、所得以成也。凡道,无根无茎,无叶无荣,万物以生,万物以成,命之曰道。"

其次,作为道之所生者,万物也各备其德,即各有其独特的生命力和存在禀赋。从逻辑上说,道既为世界的本根,万物之德便也归原(或得之)于道。若以天命"授受"之说比之,则道之"授命(生命)"与万物之"受德"实为一事。对于道与万物之间的这种"授受"关系,老子虽未得言说,后世道家则多有明论。如《庄子·天地》曰:"泰初有无,无有无名;一之所起,有一而未形。物得以生,谓之德。"所谓"无"与"一"(犹"有")者,皆以喻道。《管子·心术上》亦曰:"德者,道之舍①,物得以生生……故德者,得也。得也者,其谓所得以然也。以无为之谓道,舍之之谓德。"其以得训德,已明曰万物"得道"而"受德"之义。又,上引帛书《道原》所谓"鸟得而飞,鱼得而游,兽得而走"云云,亦是举实例以彰万物之德的何所来(即得之于道)及何所状,故又曰"万物得之以生"②。在道家看来,万物之德因受之于道,故生机勃勃。如老子以"赤子"(即婴儿)喻之曰:

> 含德之厚者,比于赤子:蜂虿虺蛇不螫,猛兽攫鸟不搏,骨弱筋柔而握固;未知牝牡之合而全作,精之至也;终日号而不嗄,和之至也。(《五十五章》)

"赤子"或"婴儿"在《老子》中数见,皆具有丰富的象征意义:既可喻事物的最初状态,如《二十八章》"复归于婴儿"之"婴儿";又是生命力精纯的象征,如本章所示;也指气的柔和之境,如十章"专气致柔,能婴儿乎?"之"婴儿",本章"和之至也"亦是此意。"赤子"不为

---

①　"舍",屋舍,乃停留居住之所,在此颇有喻意。

②　道与万物之德的这种关系,犹如宋明理学家所说的"理一分殊"。又,对于德之生义,亦可据《庄子·应帝王》"壶子示相"寓言以明之:"……明日,列子与之见壶子。(巫咸)出而谓列子曰:'嘻!子之先生死矣!弗活矣!不以旬数矣!吾见怪焉,见湿灰焉。'列子入,泣涕沾襟以告壶子。壶子曰:'乡吾示之以地文,萌乎不震不正,是殆见吾杜德机也。尝又与来。'""杜德机"义为"杜生机"。壶子既闭其生机,自然貌如"湿灰焉",故巫咸谓其"死矣!弗活矣!"

毒虫、禽兽所伤之喻,也意味着唯有保守此德,方能与物无犯,从而亦不为众物所伤①。对于这种受之于道、意味其生命力的万物之德,老子有名之以"真德"之意。《五十四章》曰:"修之身,其德乃真。""真"者,真实无伪,未丧其"本来面目"也。既如此,"真德"②又被庄子称为"全德",如《庄子·德充符》论叔山无趾之德③。未丧此德之人,是曰"真人"。在《大宗师》中,关于"真人"的神妙境界与不测之功,庄子多有渲染④,其说显由老子的"赤子"之喻演绎而来。"真德"或"全德"之说表明事物的生命力在其本身,无待于其外。因此,在治道上,道家便尚无为,尊物性,"辅万物之自然"(《老子·六十四章》),认为"侯王"若能持守无为之道,"万物将自化"(《三十七章》)。

再次,表现为"复归"的工夫论。既然万物本具其德,若皆持德不失,老子所谓的万物"自化"之世岂非轻易可致?且既然万物之德皆受之于道,其顺德(或性)而为足矣,本也无需什么"圣人"或"侯王"以辅其"自然"。但无论是老子还是庄子,皆不否定"圣人"或"侯王"存在的意义,还明确肯定君王的安定天下之功⑤。如老子又曰:"(万物)化而欲作,吾将镇之以无名之朴。无名之朴,夫亦将不欲。不欲以静,天下将自定。"(《三十七章》)"欲作"者,谓欲有所为也。物倘如此,便将有违其"自然","我"(即"侯

①　王弼说:"赤子无求无欲,不犯众物,故毒虫之物无犯之人也。含德之厚者,不犯于物,故无物以损其全也。"王弼撰,楼宇烈校释:《王弼集校释》,第145页。

②　《庄子·应帝王》言"泰氏"之德时,也有"甚真"之说:"泰氏,其卧徐徐,其觉于于;一以己为马,一以己为牛;其知情信,其德甚真,而未始入于非人。"

③　钟泰:"'全德之人',谓所受无亏损。'德',如《天地篇》所云'物得以生谓之德'之德。此德之本,非修成以后具足无缺之德也。"钟泰:《庄子发微》,第116页。

④　如"古之真人,不逆寡,不雄成,不谟士。若然者,过而弗悔,当而不自得也。若然者,登高不慄,入水不濡,入火不热……其寝不梦,其觉无忧,其食不甘,其息深深。真人之息以踵,众人之息以喉",等等。

⑤　至于黄老道家,因其学尚功利,倡一统,更是喜借"黄帝"之事以明君道。

王")的"镇之"①之功便不可废。然而,万物何以会"欲作"？因为
万物虽皆禀"命"而生,其间却有参差。庄子曰:"受命于地,惟松柏
独也在冬夏青青;受命于天,惟舜独也正。"(《德充符》)常人囿于受
"命(德)"之限,或易耽于情欲,或常为他物所制②,以致忘本弃德,
"蠢蠢欲动",故需"侯王"以"无名之朴"③"镇之"。所谓"镇之"之
法,盖犹老子所云"(圣人或侯王)见素抱朴,少私寡欲"(《老子·十
九章》)④。其结果,万物的"欲作"之心得以消弭,复归于其不欲有
为(即"静"⑤)的原初状态。此时,物德具足,无所亏欠,充满生
机。对于万物来说,"侯王"的"镇之"之行毕竟是施之于外,欲真
正认识、葆有自己的生命之本(德),更需自觉地做"复归"工夫。
"复归"之说始于老子,《十六章》曰:"万物并作,吾以观其复。天
物芸芸,各复归其根。归根曰静,是谓复命。"他以万物的"归根"
现象为喻,指出了"复归(工夫)"与"归根"及"复命"之间的一体性。
其中,"复命"之"命"既谓"天(道)命",亦有"生命"之义,因二"命"
本即相关。在《老子》中,"复归"之说颇得强调,《二十八章》曰:"常
德不离,复归于婴儿。""常德不忒,复归于无极。""常德乃足,复归
于朴。"在庄子学派和黄老道家那里,"复归"又称之为"反""复",
"归根"亦谓"反其真"(《庄子·秋水》)、"复其初"(《庄子·缮性》)
或"反其性"(《管子·内业》)等。其说虽非一,义则相通。不过,

---

① 历来注家释"镇",庶几皆取压、抚之义。唯唐代陆希声有卓识,释"镇"为"奠
正",曰:"苟利欲之情将有萌兆,吾必以此大道之质奠而正之,使无得动矣。"其训虽亦含
有"压制"("奠")义,然已明示"镇"字尚有"端正"("正")的内涵。(陆希声:《道德真经
传》,《道藏》第十二册,第 130 页)

② 如名利等。《庄子·人间世》有曰:"德荡乎名,知出乎争。"

③ "无名之朴",亦喻有道"德"之义。

④ 具体来说,《十九章》又曰:"绝圣弃智,民利百倍;绝仁弃义,民复孝慈;绝巧弃
利,盗贼无有。"《三章》亦曰:"不尚贤,使民不争。不贵难得之货,使民不为盗。不见可
欲,使民心不乱。"

⑤ "不欲以静"之"以",同"则"。

"复归"或"反""复"只是对这种工夫的外在描述,其实际之展开,则为虚、静之道①。《老子·十六章》以"致虚极,守静笃"总括章旨,其意甚明也。

二、"玄德"之治与"至德之世"

道家的德性论也是其治道思想的逻辑起点。上文说作为万物的本根,道具有"生养"万物之德(德性)。正因本备此德,道才可称为万物的本根,故道的本根性与其"生养"的德性之间是一而二、二而一的关系。虽曰"本根",道却并非一实物。如果说在天地万物产生之前,道似乎为一浑沌之"物"②,待万物产生之后,道便"隐身"于万物之中,或曰万物的存在即为道的"具体现身"③。所以,道为虚体而万物为实有,且万物之生生亦可谓道的"生养"之德的现实呈现。这一德性论落实到治道上,便体现为"侯王"存在的必要性及其治世方式的无为性。

老子说:"道大,天大,地大,王亦大。域中有四大,而王居一焉。"(《老子·二十五章》)王不仅不可或缺,其地位甚至可与道、天、地并列。这种对于王的期许与推崇,实已无以复加。老子何以如此推崇王?曰此乃缘于王的"本性"。本性是一物标志其何以为一物者,王的本性也标志了王之何以为王。关于王的本性,可从两方面看:一曰王为秩序的象征,也是秩序的维护者(因总有"化而欲作"者对秩序构成威胁),无秩序则天下必乱;二曰王者负有"生

---

①　关于道家的虚、静工夫思想,详见第一章"先秦道家的虚静思想及其演变"。
②　如老子:"有物混成,先天地生,寂兮寥兮。独立不改,周行而不殆,可以为天下母。吾不知其名,字之曰道,强为之名曰大。"(《二十五章》)又如帛书《道原》:"恒无之初,迵同大虚……故无有形,大迵无名。"
③　如《庄子·知北游》:"东郭子问于庄子曰:'所谓道,恶乎在?'庄子曰:'无所不在。'"以至存乎屎溺之中。

养"万民之责，且民得"生养"而归附之。二者中，秩序是基础，无秩序则"生养"之事不得成；"生养"为目的，不"生养"则秩序无意义。以"生养"论王，其说起源甚早。《书·洪范》曰："天子作民父母，以为天下王。""父母"喻意"生养"，"以为天下王"谓天下之民因得"生养"而皆归往于王。《洪范》此说影响深远，百家之学皆承其义。《吕氏春秋·本生》："始生之者，天也；养成之者，人也。能养天之所生而勿撄之，谓天子。"《本生》之说可谓尽彰王（天子）义。就儒道二家来说，它们不仅皆以天下"归往"之义训王[①]，且皆将王与天、地并列[②]（而老子更增一道字）。虽然，因对何为致治之道（主要表现为构建何种生存秩序）理解有别，儒道的治道思想遂也不同。

道家认为，道生万物，自然而然，并非有"心"为之。这种"生养"万物的方式，既可曰"自然"（《老子·二十五章》："道法自然。"），亦可谓"无为"（《老子·三十七章》："道常无为。"）。老子又曰："道氾兮，其可左右。万物恃之而生而不始，成功而不名有，衣养万物而不为主。常无欲，可名于小；万物归焉而不为主，可名为大。"（《老子·三十四章》）"氾"与"左右"谓道之化育无所不至[③]；"生而不始""不名有""不为主"皆曰道之化育虽周流普遍，却又无居功、宰物之"心"；至于"万物归焉"，则以喻天下大治。无论是化

---

① 儒家以"归往"训王，孔子已然，曰："兴灭国、继绝世、举逸民，天下之民归心焉。"（《论语·尧曰》）曰"归心"，更是直指"归往"之实质。至于道家，老子曰："执大象，天下往。往而不害，安平太。"（《老子·三十五章》）乃谓君王若守道不失，天下将归往之。而天下万物之所以归往于王，正是在于王者之治无所伤害，可致安宁、太平之世。又如庄子，其亦以兀者王骀"从之游者"甚众之例（《德充符》），以喻王者的聚拢万物之德（"物何为聚之哉？"）。按："聚"，诸本皆作"最"。钟泰认为作"最"误，当本作"冣"，"与聚同，言物何为而从之也"（钟泰：《庄子发微》，第110页）。结合下文"受命于天，唯舜独也正，幸能正生，以正众生"，钟说是。

② 如《中庸》："唯天下至诚，为能尽其性；能尽其性，则能尽人之性；能尽人之性，则能尽物之性；能尽物之性，则可以赞天地之化育；可以赞天地之化育，则可以与天地参矣。"

③ 王弼："言道氾滥无所不适，可左右上下周旋而用，则无所不至也。"王弼撰，楼宇烈校释：《王弼集校释》，第86页。

育的方式,还是至治的实现,乃至对于已之所"生"之物、所成之功的态度,道皆付之以无"心",任之以自然。如此种种,皆是道之德的体现。此德因无可比拟,故曰"玄德"。道的"玄德"说为"侯王"治世确立了一种完美的典范,而"玄德"遂也成为描述"侯王"的至上之德和至治之功的范畴。

作为至上的"道德"境界,"玄德"又称为"上德""至德"或"全德"等。达此境者,自然属于圣人。《老子·三十八章》曰:"上德不德,是以有德。"《庄子·秋水》:"至德不得。"《庄子·天地》:"性修反德,德至同于初……与天地为合。其合缗缗,若愚若昏,是谓玄德,同乎大顺。"又,帛书《经法·六分》:"然而不知王术,不王天下……王天下者有玄德,有[玄德]独知[王术],[故而]王天下而天下莫知其所以。"[①]上述诸德,皆主要从境界上说。除了境界之义,"玄德"也可指"侯王"的至治之功。此义之"玄德"为老子所常论[②],黄老道家亦尝有说,如《鹖冠子·泰鸿》:"法者,天地之正器也,用法不正,玄德不成。"有时,老子也称此德为"上德"(《三十八章》:"上德无为而无以为。")。无论指境界,还是事功,"玄德"只能对圣人而言。若仅言其前义,圣人盖未得展其事功;若两义合论,则圣人也便指圣王[③]。就境界与事功来说,二者之间实为本末关

①　裘锡圭主编:《长沙马王堆汉墓简帛集成(肆)》,第 134 页。按:[ ]内文字据陈鼓应说补。参见陈鼓应注译:《黄帝四经今注今译》,北京:中华书局,2016 年,第145 页。

②　如《十章》:"爱民治国,能无以智乎? 天门开阖,能为雌乎? 明白四达,能无以知乎? 生之,畜之。生而不有,长而不宰,是谓玄德。"又如《六十五章》:"古之为道者,非以明民,将以愚之。民之难治,以其智也。故以智治国,国之贼;以不智治国,国之德。常知此两者,亦稽式。常知稽式,是谓玄德。玄德深矣、远矣、与物反矣,乃至大顺。"

③　《庄子·天道》尝以圣人在位与否,提出了"帝王天子"与"玄圣素王"之别。曰:"夫虚静恬淡、寂漠无为者,万物之本也。明此以南乡,尧之为君也;明此以北面,舜之为臣也。以此处上,帝王天子之德也;以此处下,玄圣素王之道也。以此退居而闲游江海,山林之士服;以此进为而抚世,则功大名显而天下一也。静而圣,动而王,无为也而尊,朴素而天下莫能与之争美。"

系,即境界为本而事功为末,有其本方能致其末,无其本则无得致其末。所以,老子说"侯王若能守之,万物将自化"(《三十七章》)。能"守"之(无为),则"侯王"已臻于圣人之境,自然能任物自化;倘其未达此境,难免造作妄动,万物便无得"自化"。《经法·六分》所谓"有[玄德]独知[王术]",亦是此意。同样,《庄子·天地》也说:"古之畜天下者,无欲而天下足,无为而万物化,渊静而百姓定。"因为过于强调自治相较于治人的根本性地位,庄子及其后学的一些论述常遭人误解。如《逍遥游》论"神人"及其德曰:"之人也,之德也,将旁礴万物以为一,世蕲乎乱,孰弊弊焉以天下为事……是其尘垢秕糠,将犹陶铸尧舜者也,孰肯以物为事!"又如《让王》:"道之真以治身,其绪余以为国家,其土苴以治天下。由此观之,帝王之功,圣人之余事也,非所以完身养生也。"学者或据此认为,庄子及其后学为重治身而有遗弃天下之意。说实不确。

　　总之,"玄德"之治为道家心目中的理想之治(至治),它成就的是《庄子》外篇(如《马蹄》《胠箧》《天地》等文)所谓的"至德之世"。此时,"侯王"治若无治,"无所事事",一任万物各循其德、各展其性,宛如万物存在的"看护者"。也因此"看护",万物"德性"勃发,彼此也和谐共处,自有其序,天地之间一派生机流行。《马蹄》尝想象道:"当是时也……万物群生,连属其乡;禽兽成群,草木遂长。是故禽兽可系羁而游,鸟鹊之巢可攀援而窥。"如此生意盎然,宜乎老子将王与道、天、地并列而赞之[①]。严格说来,上述关于至治的理解主要表现在老、庄的治道思想里,黄老道家的至治理想则又显

---

　　① 刘笑敢根据《骈拇》《马蹄》《胠箧》《在宥》《让王》《盗跖》《渔父》等七篇所论,认为庄子后学中存在"无君"一派(参见刘笑敢:《庄子哲学及其演变(修订版)》,北京:中国人民大学出版社,2020年,第256—270页)。不过,刘先生主要是从"激烈地抨击现实,批判的锋芒直指传说中的圣君贤士和当时的国君"(同上书,第256页)的角度谈"无君"之义的。若据道家的浑沌说,《马蹄》《天地》《缮性》等描述"至德之世"万物自发的生生、有序之状时,确实表现出无君、不治之义。详见第五章之"一、浑沌、生生与秩序"。

不同。

老子的治道思想主要是围绕着"自然"概念展开的。从治道的角度说,自然既可谓治者之自然,也可谓被治者(万物)之自然。前者是对作为治世方式的无为的描述,表现为治者无意无执,一任万物循性而为;后者指万物循性而为,既无所执着,也非受外在的驱迫。二者中,后一意义的自然更为根本。因为,无为本以治者尊重事物的"自然存在"为前提。事物的"自然存在"之所以应被尊重,在于事物的生命力全备于其先天所受之德,无待于外。本于其德,循性而为,事物由是自生自化。所以,老子特别强调治者的"看护者"的角色,认为理想的治者犹如"虚君",处其位而"无所事事"。即便是出于需要而有所号令,治者也犹疑慎重(《十七章》:"悠兮其贵言。"),"恐离道失自然也"(河上公语)①。在此治下,百姓虽知有君存在,却又不知君有何为(《十七章》又言:"太上②,下知有之。");虽各遂其生,一切事功却又若己之自成,无待于君(《十七章》:"功成事遂,而百姓谓我自然。")。老子还以"圣人"之口言曰:"我无为而民自化,我好静而民自正,我无事而民自富,我欲不欲而民自朴。"(《五十七章》)"无为""好静""无事"和"欲不欲"(即以不欲为欲),皆展现了"圣人"的无思无欲、虚静浑沌之象。因此,老子心目中的理想社会表现出一种"小国寡民"之象。生于此世,治者浑沌若愚(《四十九章》:"圣人之在天下也,歙歙焉,为天下浑心。"③),民性朴拙浑厚,生活简单自足,一派原始质朴的场景。

同老子一样,庄子论治也特别突出治者之于万物之德的"看护

----

① 王卡点校:《老子道德经河上公章句》,第 69 页。
② 注家释"太上",或曰指"君"(如王弼、河上公、陆希声、苏辙、范应元等),或曰指"治"或"世"(如林希逸、释德清、吴澄等)。结合下文"其次,亲誉之;其次,畏之;其次,侮之"之说,"太上"当谓"太上之君"。
③ 老子虽曰"天下",仅仅为一言语耳。

者"的形象。这可从"浑沌之死"寓言而见其一斑,《应帝王》载:

> 南海之帝为儵,北海之帝为忽,中央之帝为浑沌。儵与忽
> 时相与遇于浑沌之地,浑沌待之甚善。儵与忽谋报浑沌之德,
> 曰:"人皆有七窍,以视听食息。此独无有,尝试凿之。"日凿一
> 窍,七日而浑沌死。

浑沌无七窍,乃本于其先天之德,故为其本然。"浑沌"之名、所居
之地("中央")及其无七窍之象,亦皆有喻事物之性浑然自足之意。
本于其德,循于其性,浑沌于是生气充沛,且自然地他物和谐共
处("浑沌待之甚善")。然儵与忽强以"人"的标准以待浑沌,为其
凿窍,尽管是出于善意,终因背逆浑沌之德而致其死。钟泰说:
"'凿'者,穿凿之,反乎自然者也。"①从治世的角度说,治者的任何
违背事物"德性"之举皆属"穿凿",皆是对其生命力的伤害。故治
者之治应止于"看护",以全万物之德。万物之德既得保全,无所滞
碍,自然能各展其性,各正其命。庄子举例说:

> 夫圣人之治也,治外夫? 正而后行,确乎能其事者而已
> 矣。且鸟高飞以避矰弋之害,鼷鼠深穴乎神丘之下以避熏凿
> 之患,而曾二虫之无知?(《应帝王》)

所以,"圣人之治"非为"治外",而是"治内"。"治内"即治己,"正而
后行",做个万物的"看护者","治之以不治"②。己若得正,任物自
然,不仅天下大治,万物也得以各尽其性命,成就一个多姿多彩和
生机流行的世界。治世的"看护"性的本质还意味着:治者视物彻

---

①　钟泰:《庄子发微》,第180页。按:钟氏虽是从"知"与"不知"的角度解此寓
言,其穿凿之说则有普遍意义。
②　关于所引经文,陆西星释义甚善,曰:"且圣人之治天下也,为治外乎? 为治内
乎? 治内者,治之以不治,正而后行,确乎能其事而已矣。正,谓正性。能,谓良能。言
人顺性命之理而行,自然确乎有个本分之能事,不必更以经义裁之。"陆西星撰,蒋门马
点校:《南华真经副墨》,第114页。

底无私，纯然以公天下之心待之，其治可曰"藏天下于天下"。既"藏天下于天下"，治者自然也了无挂碍，与物一体、相携同游①。故《庄子·应帝王》曰："汝游心于淡，合气于漠，顺物自然而无容私焉，而天下治矣。"这种与物同游或"游心"的境界即为逍遥，或曰"天乐"②。进而言之，此"游"、此"乐"岂可仅限于治者，万物倘不失德，各正其性命，实皆各得其逍遥。可见，庄子论治已突破了老子关于"至德之世"的古朴性的观念，既引出了逍遥之说，也展现出恢宏的精神气度。虽然，在关于治者的"看护者"角色的理解上，庄、老之间又是相通的。

本来，黄老道家也认为治世的目的是为了成就万物本身。帛书《经法·六分》说："夫言霸王，其［无私也］，唯王者能兼覆载天下，物曲成焉。"③"覆载天下，物曲成焉"，义犹《周易·系辞上》所谓"曲成万物而不遗"。能致"霸王"之功、"曲成万物"者，唯有"玄德"之君（如上引《六分》"王天下者有玄德，有［玄德］独知［王术］"云云）。所以，对于治者来说，其欲实现圣王之治，亦当先需治己，以成其"玄德"。故《管子·心术下》曰："形不正者德不来，中不精者心不治。正形饰德，万物毕得。翼然自来，神莫知其极。昭知天下，通于四极。"帛书《道原》也说："得道之本，握少以知多；得事之要，操正以正奇。前知太古，后［能］精明。抱道执度，天下可一也。"④这种关于修道工夫与至治理想的关系之论，皆属于道家的

---

① 《大宗师》："藏小大有宜，犹有所遁。若夫藏天下于天下而不得所遁，是恒物之大情也……故圣人将游于物之所不得遁而皆存。"

② 《庄子·天道》："言以虚静推于天地，通于万物，此之谓天乐。天乐者，圣人之心以畜天下也。"钟泰说："惟游故乐，亦惟乐天而后能游。"（钟泰：《庄子发微》，第287页）又曰："夫'游'者，自由自在之谓。"（钟泰：《庄子发微》，第163页）

③ 裘锡圭主编：《长沙马王堆汉墓简帛集成（肆）》，第135页。按："无私也"三字，据陈鼓应说补。参阅陈鼓应注译：《黄帝四经今注今译》，第145页。

④ 裘锡圭主编：《长沙马王堆汉墓简帛集成（肆）》，第189页。按："能"字，据陈鼓应说补。参见陈鼓应注译：《黄帝四经今注今译》，第463页。

典型思想。若顺此理路,黄老道家也当如老、庄,强化治者之于万物之德的"看护者"的角色。事实上,黄老道家确实也有相应之说,如《道原》又曰:

> 无好无恶,上用□□而民不迷惑。上虚下静,而道得其正。信能无欲,可为民命;上信无事,则万物周遍。①

然战国以来,周德益敝,王室倾颓,天下混乱,列国争强,功利主义日盛。在此情境下,为了寻求争胜之道,统合天下以终结乱象,黄老道家在治道上也更显进取性②,提出了"君万物"而"天下治"的思想。如《管子·内业》曰:"执一不失,能君万物。君子使物,不为物使。得一之理,治心在于中,治言出于口,治事加于人,然则天下治矣。""君万物",使万物为我所用,并非意味着治者可以随心所欲地宰制、驱使万物,而谓因其资质、循其所能而用之,充分发挥其材性之美。如《文子·自然》曰:"故圣人举事,未尝不因其资而用之也。有一功者处一位,有一能者服一事。力胜其任,即举者不重也;能称其事,即为者不难也。"《管子·心术上》亦云:"无代马走,无代鸟飞,此言不夺能能、不与下诚也。"又如《尹文子·大道上》曰:"是以圣人任道以通其险,立法以理其差。使贤愚不相弃,能鄙不相遗。能鄙不相遗则能鄙齐功,贤愚不相弃则贤愚等虑。此至治之术也。"如此之术,亦属于"无为",黄老道家常称之曰"因术"。《心术上》曰:"无为之道,因也。因也者,无益无损也。以其形,因为之名,此因之术也。""无益无损"表明作为"君术"的"因之术"

---

① 裘锡圭主编:《长沙马王堆汉墓简帛集成(肆)》,第189页。
② 如前引《六分》已视"霸"与"王"无别,以至有"霸王"之说。罗根泽尝说:"春秋以至战国之初,霸字只谓势为诸侯之长。及孟子始用为政治名词,以王表仁,以霸表力。荀子继之,无大差异。惟孟则是王非霸,荀仅大王小霸。韩非吕子以法与势言霸王,而王霸之政无殊。"(罗根泽:《罗根泽讲管子》,南昌:百花洲文艺出版社,2021年,第217页)今据《六分》,则"王霸之政无殊"的观念,恐当远早于韩非、吕不韦时便已流行。

（《吕氏春秋·任数》："因者，君术也。"）是充分尊重事物的"德性"的。但这种尊重所指向的，是如何使万物更有效地为治者所用（《心术上》："故道贵因。因者，因其能者，言所用也。"），非如老庄以呵护万物的自然存在为鹄的。所以，《吕氏春秋·贵因》说："三代所宝莫如因，因则无敌。"既"无敌"，则万物必将归一，前引《道原》所说的"天下可一"，也必转变为"天子执一而为万物正"（《吕氏春秋·执一》）①之论。

所以，在黄老道家那里，治者已不仅仅是万物之德的"看护者"，更彰显出万物的"驾驭者"或"主宰者"的一面。突出治者"看护者"的形象，则必肯定万物的自生自化（或自我成就）的禀赋，尊重它们的独特个性，尽可能不去干预它们的生存状态，故其至治理想或表现为"小国寡民"式的质朴之治（如老子），或表现为"藏天下于天下"式的逍遥之治（如庄子）；突出治者的"驾驭者"的形象，则必重实际，尚功利，任"法治"②，其至治理想便表现为以万物为我所用的天下一统之治。

三、何以为"文"？其"明"何在？

无论是老、庄（及庄子后学）还是黄老道家，在治道思想上都与儒家分歧很大。前二者论治以"看护"万物之德为宗旨，对儒家式的仁义道德、礼乐教化甚为排斥，故老子说："绝仁弃义，民复孝慈。"（《老子·十九章》）"夫礼者，忠信之薄而乱之首。"（《老子·三十八章》）庄子亦云："夫尧既已黥汝以仁义，而劓汝以是非矣。"

---

① 《执一》曰："王者执一，而为万物正。军必有将，所以一之也；国必有君，所以一之也；天下必有天子，所以一之也。天子必执一，所以抟之也。一则治，两则乱。"
② 关于黄老道家的"任法"思想，详见第三章之"三、从'执道'到'任法'：黄老道家无为思想的尚法性"。

（《庄子·大宗师》)后者虽对儒家的礼义等治术也有所融摄①,然更强调"正名"与"法治"之术的根本性地位,认为无为之治不过表现为"名正法备"而已（《管子·白心》："名正法备,则圣人无事。"）。

老、庄之说姑且不论。就黄老道家而言,他们之所以对诸子思想多有汲取,以及以万物为我所用的天下一统之治来理解至治,只是因大道不行、世事纷乱而不得不提出一种权宜之论。《尹文子·大道上》尝曰：

> ［以］大道治者,则名法儒墨自废；以名法儒墨治者,则不得离道。老子曰："道者万物之奥,善人之宝,不善人之所宝。"是［以］道治者,谓之善人；藉名法儒墨者,谓之不善人。②

其后,《淮南子·本经训》③也专就儒家之治指出,"夫仁者所以救争也,义者所以救失也,礼者所以救淫也,乐者所以救忧也"。因此,以仁义礼乐名法行治,终究是有所补救之为,实属求末。背本求末,非为至治之道（《本经训》："今背其本而求其末,释其要而索之于详,未可与言至也。"）。故论及何谓"大治",《淮南子·俶真训》曰：

> 古之人有处混冥之中,神气不荡于外,万物恬漠以愉静,挽抢衡杓之气莫不弥靡而不能为害。当此之时,万民猖狂,不知东西,含哺而游,鼓腹而熙,交被天和,食于地德,不以曲故是非相尤,茫茫沉沉,是谓大治。于是在上位者,左右而使之

---

①　如司马谈《论六家要指》论其术说"因阴阳之大顺,采儒、墨之善,撮名、法之要",《管子·心术上》则以道、德统摄礼义曰："以无为之谓道,舍之之谓德。故道之与德无间,故言之者不别也。间之理者,谓其所以舍也；义者,谓各处其宜也；礼者,因人之情、缘义之理、而为之节文者也。"

②　二"以"字,据王启湘说补。参见陈高傭：《公孙龙子·邓析子·尹文子今解》,第155页。

③　因秦命短促,汉（始于前202年）与战国（终于前221年）庶几相连,其思想学术也血脉相通,这种情况鲜明地体现在黄老道家那里。

> 毋淫其性，镇抚而有之毋迁其德。是故仁义不布而万物蕃殖，
> 赏罚不施而天下宾服。

这种理论想象已与庄子后学的"至德之世"说①无甚区别（也许，《俶真训》的文字即基于《马蹄》等文铺展而成），其较于老子的"小国寡民"之论显得更为激进。

所以，道家尽管构成驳杂，但因为其德性论相同，他们便也持有共同的世愈进而"道德"愈加退化的历史观——这只是笼统而言，实际情况当然很复杂。对于这一历史观，《庄子·缮性》尝有典型之论：

> 古之人在混芒之中，与一世而得澹漠焉。当是时也，阴阳和静，鬼神不扰，四时得节，万物不伤，群生不夭，人虽有知，无所用之，此之谓至一。当是时也，莫之为而常自然。逮德下衰，及燧人、伏羲始为天下，是故顺而不一。德又下衰，及神农、黄帝始为天下，是故安而不顺。德又下衰，及唐、虞始为天下，兴治化之流，浇淳散朴，离道以善，险德以行，然后去性而从于心。心与心识知，而不足以定天下，然后附之以文，益之以博；文灭质，博溺心，然后民始惑乱，无以反其性情而复其初。……故曰：丧己于物，失性于俗者，谓之倒置之民。

文中之"文"，是对后世儒家所称谓的仁义道德、礼乐典章等观念、制度的统称；"质"即人的天生禀赋或自然之性。《缮性》认为：从"混芒"之世②至"燧人、伏羲"之治，以至"神农、黄帝"之治，直至"唐、虞始为天下"，是一个德之不断"下衰"的过程。所谓德之"下衰"，既指治者的"政德"不断败坏，逐渐背离了"混芒"之世的"莫之

----

① 参见《马蹄》《在宥》等文。"淫其性""迁其德"当本于《在宥》。又，《骈拇》亦有相似的"削其性""侵其德"之说。

② 其实，"混芒"之世乃没有圣人之治的无治之世。

为而常自然"之道；同时，治者的"政德"败坏也侵害了万物浑沦一体的"至一"状态，故德之"下衰"也指事物生命力（德）的逐渐凋敝过程。特别是唐、虞以来，治者张有为之术（"兴治化之流"），导人以善（"离道以善"），启民以知（"心与心识知"），乃至"附之以文，益之以博"①，人们遂也"性去""质灭"，沦为"丧己""失性"的"倒悬之民"。老子曰："故失道而后德，失德而后仁，失仁而后义，失义而后礼。"（《老子·三十八章》）《缮性》的历史退化之论，显然是基于老子的上述思想推演而成的。

无论是德性说，还是《马蹄》《俶真训》等文关于"至德"或"混芒"之世的理论想象，以及《缮性》的退化论的历史观，皆展现了道家尊性、尚质的思想。这一思想充分肯定了事物的"德性"之美或"性质"之善，可谓为"性善论"。实际上，道家也是有"性善"之说的，《淮南子·本经训》曰："神明定于天下而心反其初，心反其初而民性善。"至于"性善"之义，则更是常见于道家关于"至德之世"的理论想象中。如《庄子·天地》曰：

> 至德之世，不尚贤，不使能，上如标枝，民如野鹿。端正而不知以为义，相爱而不知以为仁，实而不知以为忠，当而不知以为信，蠢动而相使不以为赐。是故行而无迹，事而无传。

至治之民虽如野鹿，优游不羁，却并非野蛮之物，自有其"端正""相爱""实""当"和"蠢动而相使"之行。这些行为皆发于其先天之德或本有之性，自然而然，非为治者教化或引导之所致。相反，若据《缮性》，以仁义礼乐等教化方式所促成的所谓"仁爱""正直"等行为，反而是灭民之质的结果。

对于道家的"性善论"与历史观，儒家自然是坚决反对的，并大

---

① 礼乐繁复，故曰"博"。注家或曰"博"指博学，亦通，且与"文"繁之"博"相通。

张"文明"之论。不同于道家,儒家在人性问题上颇显信心不足。即便是"道性善"(《孟子·滕文公上》)的孟子,也认为"人之所以异于禽兽者几希"(《孟子·离娄下》),故主张对"庶民""教以人伦",使其"父子有亲,君臣有义,夫妇有别,长幼有序,朋友有信"(《孟子·滕文公上》)。这种人伦之道,即儒家所谓"文明"的主要内涵。"文明"之说起于《易传》,贲之《彖传》曰:"文明以止,人文也。""观乎人文,以化成天下。"程子释贲卦之义曰:"卦为贲饰之象……天下之事,无饰不行,故贲则能亨也。"①"文"本谓纹身,引伸有文饰之义,礼乐教化加于身亦属于文饰;"明"本谓光照②。所以,"文明"有因德行之美而光彩耀人之义。儒家认为,限于禀赋之囿,常人若无礼乐教化以涵养修饰,必将流于朴野,乃至与禽兽无别。《礼记·曲礼上》有言:"鹦鹉能言,不离飞鸟;猩猩能言,不离禽兽。今人而无礼,虽能言,不亦禽兽之心乎?"孔子说:"鸟兽不可与同群,吾非斯人之徒与而谁与?"(《论语·微子》)是以圣人治世,必张贲道,兴礼乐,张教化,移风易俗,以绝禽兽之行,彰显人之为人的生存方式和人道尊严。程子曰:"人文,人理之伦序。观人文以教化天下,天下成其礼俗,乃圣人用贲之道也。"③又说:"止于文明者,人之文也。止谓处于文明也。"④朱子进一步释"止",曰:"止,谓各得其分。"⑤故"人文"者,人之为人之道也;而教化之所成,人皆各得其分⑥,"文明"之谓也。但教化非谓以文灭质,而是使文质相称,成就"文质彬彬"(《论语·雍也》)的君子人格。因"文明"之

---

① 程颢、程颐撰,王孝鱼点校:《二程集》,北京:中华书局,2004年,第807页。
② 段玉裁:"《大雅·皇矣》传曰:'照临四方曰明。'"许慎撰,段玉裁注:《说文解字注》,第314页。
③ 程颢、程颐撰,王孝鱼点校:《二程集》,第808页。
④ 程颢、程颐撰,王孝鱼点校:《二程集》,第808页。
⑤ 朱熹撰,廖名春点校:《周易本义》,北京:中华书局,2009年,第104页。
⑥ 《大学》曰:"为人君止于仁,为人臣止于敬,为人子止于孝,为人父止于慈,与国人交止于信。"

治有赖于治者之力,儒家往往也以圣王的功德作为其"文明"之治的象征。如关于贲《传》之义,李道平说:"《尧典》'钦明文思安安',即'文明以止'之义也。"①孔子亦尝叹曰:"大哉尧之为君也……巍巍乎其有成功也,焕乎其有文章!"(《论语·泰伯》)"文章"之"焕",即谓尧治的"文明"之盛。

然尧治之"文明",却被道家视为以仁义、是非残害生民的结果。站在儒家的立场看,道家自然是反"文明"的。这种治世观念的对立与冲突,反映了儒、道二家关于人性和"文明"的不同态度。道家充分肯定事物先天之德的自足性,认为它既是事物生命力的标志,也是事物自身价值的内在根源。事物只要率性而为,便能自生自化,本不需要什么仁义道德和礼乐教化的②。相反,仁义礼乐恰是治者对治道废德衰所引发的现实诸"病"的药方(如上引《老子·十八章》和《淮南子·本经训》所论)。作为外在于事物的观念或规范,仁义礼乐的产生本是治者"残朴""毁德"的结果③,借此以行治,无异于以钩绳胶漆"削""侵"万物的"德性"④。至于治者将仁义道德作为窃取天下国家、奴役万民的工具⑤,斯益下矣。所以,道家敏锐地洞察到"文明"兴起所可能引发的种种异化之弊,如世风浇漓,物性羁縻,生命窒碍,侵夺肆行,等等。他们对于各种异化现象的批评及其原因的揭示,也具有重要的思想警示和现实批判意义。

但道家尚"质"斥"文"的思想也有其不容回避的消极性。一方

---

① 李道平撰,潘雨廷点校:《周易集解纂疏》,北京:中华书局,1994年,第246页。
② 《庄子·天道》:"夫子亦放德而行,遁道而趋,已至矣。又何偈偈乎揭仁义,若击鼓而求亡子焉?"
③ 《庄子·马蹄》:"夫残朴以为器,工匠之罪也;毁道德以为仁义,圣人之过也。"
④ 《庄子·骈拇》:"且夫待钩绳规矩而正者,是削其性者也;待绳约胶漆而固者,是侵其德者也;屈折礼乐,呴俞仁义,以慰天下之心者,此失其常然也。"
⑤ 《庄子·胠箧》:"彼窃钩者诛,窃国者为诸侯,诸侯之门而仁义存焉,则是非窃仁义圣知邪?"

面,它似乎泯灭了原始的蒙昧状态与得道的浑然境界的本质区别,从而将人与他物混同为一,有贬低人之为人的独特性和创造性之嫌。另一方面,它对于"混芒"的"无治之世"的理论想象也显得过于理想化,而基于这一想象排斥以儒家为首的关于道德政治的任何建构,亦嫌于武断——实际上,黄老道家对于儒墨名法等说又多有"采""撮"。至于其高扬"反其真"或"复其初"之名,大张人类社会应"复归"其原始状态之说,更是激进的保守之论。吕惠卿尝就老、庄的"反古"之论有所解说,曰:

> 三代以来,至于周衰,其文弊甚矣。民失其性命之情,故老子之言救之以质,以反太古之治。"小国寡民。使有什伯之器而不用……"此救之以质而反乎太古之道也。庄周称至德之世曰:"昔者容成氏、大庭氏、伯皇氏、中央氏、栗陆氏、骊畜氏、轩辕氏、赫胥氏、尊卢氏、祝融氏、伏牺氏、神农氏,当是时也,民结绳而用之,甘其食,美其服,乐其俗,安其居。邻国相望,鸡犬之音相闻,民至老死而不相往来。"则若此者,非特老子之言而已,古固有是道也。然《诗》《书》之所言,则止于尧舜三代,而老子欲反太古之治,何哉? 曰:夫道与世之交相丧久矣,非大道不足使人反性命之情,言道而不及其世,不足以知大道之已试,此其所以必反太古之治也。然则世去太古也久矣,遂可以尽复乎? 曰:未可也。然则其言之何也? 礼至于兼三王,乐至于备六代,其文极矣。然而礼不以玄水、大羹而措之醴酒、和羹之下,乐不以嘒管、清声而加之朱弦、疏越之上者,使人知礼乐之意所不得已者如彼,而所欲反本复始者如此也。方斯时也,孔子方求文、武、周公之坠绪而赓之。老子论其道与世如此,其意犹是而已矣。[①]

---

① 吕惠卿:《道德真经传》,《道藏》第十二册,第182—183页。

在吕氏看来,老、庄的"反古"之论主要是针对周文"弊甚"之状而发。其意并非是真的要复归"太古之治",实则欲"救之以质而反乎太古之道也",何况"世去太古也久矣",岂"可以尽复乎"? 所谓"反乎太古之道"不过是使人知晓"太古之道"始于质朴,不可轻质重文,以免重蹈周的"文极"而"弊甚"之辙。

吕氏欲以"太古之道"统摄儒、道,谓孔、老的救世努力实为相通("其意犹是而已矣"),其说虽可商,却也并非无根之论。因为,儒家论治尽管尚文重教,但也始终强调质的相对于文的根本性。无质则文将无所用,质衰则文亦流于虚,故孔子大赞林放的"礼本"之问,认为"礼,与其奢也,宁俭;丧,与其易也,宁戚"(《论语·八佾》),且曰:"礼云礼云,玉帛云乎哉? 乐云乐云,钟鼓云乎哉?"(《论语·阳货》)《礼记》进而基于情感论述先王制礼的原则①,阐释礼的"治人之情"的重要功用②,明晰礼的与时变易性③。所以,对于"文明"之治可能引发的相应流弊,儒家是有所反思的;至于如何化解此弊,儒家也是有着自觉的理论努力的。

若从历史的角度看,忽视文教之患也是历历可见的。对此,可参阅第六章之"四、自然与名教"所论。

---

① 如《三年问》:"称情而立文。"《坊记》:"因人之情而为之节文。"
② 如《礼运》:"夫礼,先王以承天之道,以治人之情。故失之者死,得之者生。"
③ 如《礼器》:"礼,时为大。"

第五章 从浑沌之境到礼法世界：
先秦道家的秩序论

在先秦道家关于世界秩序的思考中，浑沌概念可谓其逻辑起点。故欲明先秦道家的秩序论，不能不明其浑沌说。浑沌在道家思想中颇具意味：它既有宇宙论上的原初义，亦可指事物的浑全之性，同时又是"至治"的象征。就"至治"之义来说，浑沌之世并非一片混乱，而自有其秩序①。不过，道家论浑沌之世是有其二重内涵的。相应于这种二重性，浑沌中事物的存在方式便有所不同，且"无治"与"有治"（表现为"无为"）之分也因此而彰。同时，如果考察其内涵，道家所论之"一"的思想意象也有着耐人寻味的演变，即

---

① 关于道家浑沌概念的丰富寓意，近年来学者多有关注，相关研究成果也不乏启示意义，但仍有进一步辨析的必要。如郑开在《〈庄子〉浑沌话语：哲学叙事与政治隐喻》中指出："（《庄子》的）浑沌话语叠置了宇宙论、政治哲学和心性论三个层面的意义，当然这三个层面的思想内容是相互交融的。"（陈鼓应主编：《道家文化研究》，第二十九辑，北京：生活·读书·新知三联书店，2015年，第74页。）但其视浑沌与秩序似为二物，故该文第五节专论"浑沌与秩序之间的张力"。无独有偶，赖锡三在《浑沌与秩序之间——〈老子〉原初伦理与他者关怀》中也将浑沌与秩序对言，认为它们分别对应于"原初伦理"与"规范伦理"，并说："道家虽批判规范伦理的僵化性和排他性，但亦无法否认规范秩序的相对必要性，由此道家的原初伦理关怀才不会极端地走向反伦理规范。"（陈鼓应主编：《道家文化研究》，第二十九辑，第104页）赖说也颇有见地。然而，将浑沌与秩序对言，似嫌于急遽。而且，就"至治"来说，老、庄关于浑沌之世的理论想象是否也有所不同？这也是需要加以考察的。

由浑沌之"一"(如老庄)而为一统之"一"(如黄老道家)。二"一"之别，表明先秦道家关于世界秩序的理论建构发生了根本性的变化。

一、浑沌、生生与秩序

"浑沌"原作"浑敦"，最初盖为形容传说中神兽的浑沦之貌。如《山海经·西山经》载："又西三百五十里，曰天山……英水出焉……有神焉，其状如黄囊，赤如丹火，六足四翼，浑敦无而目，是识歌舞，实为帝江也。""帝江"即"帝鸿"，古人皆谓其指黄帝[①]。"浑敦"由形容帝鸿浑沦之貌而衍为兽名，且因凶恶而得与传说中的其他三凶兽(穷奇、梼杌、饕餮)共举。在《左传·文公十八年》中，此"四凶"又分别指古帝王的"不才子"，"浑敦"即"帝鸿氏"的"不才子"("昔帝鸿氏有不才子……天下之民谓之浑敦。")。《左传》此说与《山海经》相悖，似非。杨儒宾从神话学的角度指出："中国具备的创世神话，窃以为'浑沌'是最根源的创世神话母题，浑沌创世与上述六种创世神话多有重合之处。"[②]

"浑沌"之说战国时已多有流行，本章所说的"浑沌"乃专就道家哲学意义上而言。道家的"浑沌"之说首见于《庄子》的《应帝王》篇(此自然据郭象关于《庄子》之文的编次)，其曰："南海之帝为儵，北海之帝为忽，中央之帝为浑沌。儵与忽……日凿一窍，七日而浑沌死。"对于此"浑沌"之义，注家的解说有所不同：成玄英以"浑沌为非无非有者也"[③]；林疑独曰"道体全则为

---

①　如袁珂总结说："古神话必以帝鸿即此'浑敦无面目'之怪兽也……帝鸿亦即黄帝也。"袁珂校注：《山海经校注(最终修订版)》，北京：北京联合出版公司，2014年，第50页。

②　此六种创世神话指创世主之创世、通过生成的创世、世界父母的创世、宇宙蛋的创世、陆地潜水者的创世、尸体化生型的创世。参见杨儒宾：《五行原论：先秦思想的太初存有论》，台北：联经出版事业股份有限公司，2018年，第65页。

③　郭庆藩撰，王孝鱼点校：《庄子集释》，第309页。

浑沌"①；吕惠卿谓浑沌喻事物"浑而为一"的素朴之性②；陆西星以之为人人本具"浑然如未雕之朴"的"本体之真"③；或云浑沌指本于自然的浑然之知，如钟泰所谓之"不知"④，等等。就其解经的各自视角而言，诸说皆可通。若据此段文字本身的脉络看，吕惠卿和陆西星之说（即谓浑沌指事物如其所是的浑然或本然之性）当更可取。

　　道家的浑沌观念实源于老子。"浑沌"亦可作"混沌"，为叠韵联绵词。"混"与"浑"均有水流盛大之义，常互用。水大则泥沙俱起，故"浑（混）"引申有"浊"义，是曰浑（混）浊。浑（混）浊意味着水与泥沙搅在一起、彼此不分，而非界限分明，故"浑（混）"又引申有整体、全部之义，于是有"浑（混）沦"之说。事物搅在一起、彼此不分，容易使人产生面目不清、晦暗不明之感，基于此意，"浑"又可指糊涂，如浑虫之"浑"。事物面貌不清的整体之状又被称作浑沌，或曰混沌。"沌"字《说文解字》不收，《集韵》曰"沌，水流貌"，《玉篇》曰"沌，混沌也"，则"沌"与"浑""混"义亦通。既谓事物的整体之状，"浑（混）沌"又可指事物未判之前的原初状态，谓质朴、朴实等。质朴之人不善（或"不喜"）辨、言，有若愚钝，是以"浑""混""沌"又皆有愚昧无知之义，如浑浑（混混）或浑浑沌沌（混浑沌沌）云云。然此愚昧无知常非实指，"有若"而已。对于得道者而言，其貌愚象朴，犹若浑然无知、沌沌不明之愚者。在《老子》中，"浑""混""沌"的上述诸义皆有所呈现：或以状道（如二十五章："有物混成，先天地生，寂兮寥兮……吾不知其名，字之曰道。"），或以喻圣人的"浑

---

　　① 褚伯秀撰，方勇点校：《南华真经义海纂微》，第 337 页。褚伯秀亦曰："《南华经》所谓浑沌，犹《道德经》所谓'混成'，《冲虚经》所谓'浑沦'，皆以况道之全体本来具足，不假修为者也。"（同上书，第 338 页）

　　② 汤君集校：《庄子义集校》，北京：中华书局，2009 年，第 166—167 页。

　　③ 陆西星撰，蒋门马点校：《南华真经副墨》，第 120 页。

　　④ 如钟泰说："'浑沌'，喻不知之体。"（钟泰：《庄子发微》，第 180 页）

沌暗昧"之象（如《十五章》有"古之善为士者……混兮其若浊。"）或作"糊涂无知"之态（如《二十章》："我愚人之心也，沌沌兮！"），或以述圣人的闭藏虚静之貌（如《四十九章》有"圣人之在天下也，歙歙焉，为天下浑心。"）。其中，《二十五章》的论道之言因为表现出鲜明的宇宙论色彩，其与《十四章》的"混而为一""惚恍"[①]以及《二十一章》的"恍惚""窈冥"等说[②]一起，常为其后道家建构其宇宙论时所模仿[③]。

　　浑沌还可象征理想之世，《庄子》称之为"至德之世"。如《马蹄》曰：

> 吾意善治天下者不然。彼民有常性，织而衣，耕而食，是谓同德。一而不党，命曰天放。故至德之世，其行填填，其视颠颠。当是时也，山无蹊隧，泽无舟梁；万物群生，连属其乡；禽兽成群，草木遂长。是故禽兽可系羁而游，鸟鹊之巢可攀援而窥。夫至德之世，同与禽兽居，族与万物并。恶乎知君子小人哉！同乎无知，其德不离；同乎无欲，是谓素朴。素朴而民性得矣。

《马蹄》属《庄子》外篇，它与其前《骈拇》、其后《胠箧》文类义贯，学

---

① 《十四章》："视之不见名曰夷，听之不闻名曰希，搏之不得名曰微。三者不可致诘，故混而为一。一者，其上不曒，其下不昧，绳绳不可名，复归于无物。是谓无状之状、无物之象，是谓惚恍。"

② 《二十一章》："道之物，惟恍惟惚。惚兮恍兮，其中有象；恍兮惚兮，其中有物。窈兮冥兮，其中有精。其精甚真，其中有信。"

③ 如帛书《道原》："恒先之初，迥同太虚。虚同为一，恒一而止。湿湿梦梦，未有明晦，神微周盈，精静不熙……故无有形，大迥无名。"（裘锡圭主编：《长沙马王堆汉墓简帛集成［肆］》，第 189 页）又如上博简《恒先》："恒先无有，朴、静、虚……未有天地，未有作、行、出、生。虚静为一，若寂寂梦梦，静同而未或明，未或滋生。"（引文据曹峰：《上博楚简思想研究》，第 114 页）又如《庄子·至乐》："芒乎芴乎，而无从出乎！芴乎芒乎，而无有象乎！万物职职，皆从无为殖。"所谓"湿湿梦梦"（《道原》）、"寂寂梦梦"（《恒先》）和"芒乎芴乎"（《至乐》）云云，义皆犹"惚恍"或"窈冥"等。

者多谓此三文出自庄子后学①。观《马蹄》所论,其虽曰"吾意善治天下者"云云,当为权说,实有无君②、无治(不治)③之义,故"彼民"("民"实亦涵万物)之生存"命曰天放"。"天放"之义颇可体味。郭象说:"放之而自一耳,非党也,故谓之天放。"④吕惠卿说:"命曰天放,则非人之牧之之谓也。"⑤又,林希逸指出,"党,偏也,倚也,纯一而无所偏倚,放肆自乐于自然之中,故曰一而不党……《齐物论》之天行、天钧、天游与此天放,皆是庄子做此名字,以形容自然之乐"⑥。可见,"天放"之民(物)自然化育,纯一无私而优游自乐。这表明万物之德(性)本自具足⑦,无待于外,而无需什么圣人之治的。

"至德之世"显为庄子后学对于理想世界的纯粹想象:生于此世,万物之间没有物我之别、彼此之分("同与禽兽居,族与万物并"),和谐共处而各遂其生("禽兽成群,草木遂长"),亲密无间而无所避忌("是故禽兽可系羁而游,鸟鹊之巢可攀援而窥"),无知无欲而德性完备("同乎无知,其德不离;同乎无欲,是谓素朴")。可谓一幅浑沌而生生的生存画面!曰"浑沌",指万物既浑然一体、和谐无间,又各全其性、浑沦不失;曰"生生",指万物生机流行、绵延

---

①   钟泰认为:"大抵《骈拇》《马蹄》《胠箧》三篇出于一人之手,故郭子玄删订此书时荟聚一处,盖必有所据依焉。或疑其文与庄子不类,顾亦其门中高弟所作。论若稍激,而未尝与七篇之旨背驰。"说颇可参。钟泰:《庄子发微》,第203页。

②   刘笑敢据此篇与《骈拇》《让王》等篇所论,即认为庄子后学中存在"无君"一派。参见刘笑敢:《庄子哲学及其演变(修订版)》,第256—270页。

③   故郭象曰:"以不治治之,乃善治也。"郭庆藩撰,王孝鱼点校:《庄子集释》,第334页。

④   郭庆藩撰,王孝鱼点校:《庄子集释》,第335页。

⑤   汤君集校:《庄子义集校》,第183页。

⑥   周启成校注:《庄子鬳斋口义校注》,第148页。

⑦   道家所说的德、性,均有万物生而本具的禀赋之义,若强而分之,德更蕴含事物的生之所由来的内涵。详见第四章之"一、先秦道家的德性论和'玄德'之治思想"。

不绝①。这种浑沌而生生的生存状态也不是杂乱无章的，自有其天然的秩序，故曰"万物群生，连属其乡"。"万物群生"有万物生生各从其类之义（《易传·系辞上》："方以类聚，物以群分。"②）；"连属其乡"谓生生中自亦有"乡俗""伦理"在（林希逸："人各随其乡而居，自为连属，一乡之中，自有长幼上下相连属也。"③）。对于以上之理，《庄子·天地》道：

> 至德之世，不尚贤，不使能，上如标枝，民如野鹿。端正而不知以为义，相爱而不知以为仁，实而不知以为忠，当而不知以为信，蠢动而相使不以为赐。是故行而无迹，事而无传。④

---

① 此"生生"义犹《易传·系辞上》"生生之谓易"之"生生"。对此"生生"，韩康伯注曰："阴阳转易，以成化生。"（王弼撰，楼宇烈校释：《王弼集校释》，第543页）韩氏曰"阴阳转易"者，当是据经文前说"一阴一阳之谓道"而发。又，《系辞下》："天地氤氲，万物化醇，男女构精，万物化生。"则韩氏所谓"阴阳转易，以成化生"，乃指阴阳相生、和合化生之义，且此相生与化生均绵延不绝。故孔颖达曰："生生，不绝之辞。阴阳变转，后生次于前生，是万物恒生，谓之易也。"（王弼注，孔颖达疏：《周易正义》，北京：北京大学出版社，1999年，第271页）其后，小程曰："生生相续，变易而不穷也。"（程颢、程颐撰，王孝鱼点校：《二程集》，第1029页）亦有此义。而大程更是以生机流行以言天道的本质："'生生之谓易'，是天之所以为道也。天只是以生为道，继此生理者，即是善也。"（同上书，第29页）此处所谓"生生"，即取天地万物挛生不绝、繁衍不已之义。

② 关于"万物群生"，成玄英以"无情""有识"分释"万物"与"群生"（参见郭庆藩撰，王孝鱼点校：《庄子集释》，第335—336页），钟泰也说："'万物'言物，'群生'言人。言人而先言物者，《秋水篇》所谓'号物之数谓之万，人处一焉。'是也。"（钟泰：《庄子发微》，第199页）似皆嫌乎拘泥。古人论说，为免文重，常有"以偏概全"之法。如《马蹄》所谓"彼民有常性……一而不党，命曰天放"者，此"民"不仅指万民，亦涵万物言。何况以"物"概"人"，更是古人为文之常例（因"人"本属"物"之一，如《秋水》之说）。观陆西星"群然并生并育于太和之中"云云，则其以"群然并生并育"解"群生"（陆西星撰，蒋门马点校：《南华真经副墨》，第133页）。其说是。

③ 周启成校注：《庄子鬳斋口义校注》，第149页。

④ 在儒家看来，万物自然存在的有序、和谐之状乃为天道流行的表现，这正是制礼作乐的合法性依据。如《礼记·乐记》曰："乐者，天地之和也；礼者，天地之序也。和，故百物皆化；序，故群物皆别。乐由天作，礼以地制。"故"大乐与天地同和，大礼与天地同节。和，故百物不失；节，故祀天祭地"，并指出："天高地下，万物散殊，而礼制行矣。流而不息，合同而化，而乐兴焉。春作夏长，仁也；秋敛冬藏，义也。仁近于乐，义近于礼……故圣人作乐以应天、制礼以配地。礼乐明备，天地官矣。"

　　所以，"至德之世"的浑沌性、生生性和秩序性是彼此包摄、一体相关的：无秩序，一片混乱，则生生不得成；生生流行，亦必表现为万物一体，浑然有序。"至德之世"之所以能得如此，不过是万物各循其性、自然而成而已。正如《庄子·缮性》所言：

> 古之人在混芒之中，与一世而得澹漠焉。当是时也，阴阳和静，鬼神不扰，四时得节，万物不伤，群生不夭，人虽有知，无所用之，此之谓至一。当是时也，莫之为而常自然。

"混芒"，亦即浑沌；"澹漠"者，乃"恬惔寂寞之省文"[1]，义犹《马蹄》之"无知""无欲"，乃曰性之浑然之状。至如"阴阳和静，鬼神不扰，四时得节，万物不伤，群生不夭"，则有万物生生、和谐有序之义。一句"莫之为而常自然"，实已点破浑沌何以为浑沌的根本原因。

　　《马蹄》《天地》《缮性》所言的"至德之世"（"浑沌之世"）似未为老、庄[2]所论及，然其意自在。如老子有"玄德"之论，曰："故道生之畜之，长之育之，亭之毒之，养之覆之。生而不有，为而不持，长而不宰，是谓玄德。"（《老子·五十一章》）"道生之畜之，长之育之"云云以及"玄德"之说，表面上是高扬道的生养万物之功及其"虚无"之德，实则因万物是自生自化，老子在此亦有论何为"至德之世"之意。又如庄子曰："天根游于殷阳，至蓼水之上，适遭无名人而问焉，曰：'请问为天下。'无名人曰：'去！汝鄙人也，何问之不豫也……'"（《庄子·应帝王》）借"无名人"之口，庄子表达了世之不治之义。又，《庄子·逍遥游》曰："藐姑射之山，有神人居焉……其神凝，使物不疵疠而年谷熟。""之人也，之德也，将旁礴万物以为一。"这里的"神人"，亦如《马蹄》所谓"吾意善治天下者"，可视为权

---

[1]　钟泰：《庄子发微》，第356页。
[2]　《马蹄》固为庄子后学所作，至于《天地》《缮性》是否出自庄子，学者意见不一。兹姑以此二篇亦属庄子后学。

说。因此，"其神凝，使物不疵疠而年谷熟"义犹万物自正自化①。"旁礴万物以为一"即言万物浑然一体，有浑沌之义。

　　浑沌者，"一"之象也。故《逍遥游》曰"旁礴万物以为一"，而《缮性》论"混芒"（浑沌）亦归之以"至一"。吕惠卿说："混言其不分，芒言其无象，澹言其不交，漠言其不乱，身与世若此，则所谓至一也。"②钟泰则云："'一'者，一于性而不离也。"③二说似不同，义实相通：吕氏以浑然一体之义解"一"，钟氏则是从万物各全其性的角度言"一"（此"一"亦犹《马蹄》"一而不党"之"一"）。二说合看，正是说"至德之世"万物既浑然为一又各全其性之状。所以，林希逸说："举世皆纯全，而于道无所欠阙，故曰至一。"④其论正是统合以上二说而发。

　　然上述之"一"义，亦皆由老子论"一"之说而来。《三十九章》曰："昔之得一者：天得一以清，地得一以宁，神得一以灵，谷得一以盈，侯王得一以为正。""一"在古代思想中含蕴丰富：它作为计数的起点，既可意味着事物的源起，又可因此源起义而指事物"纯一不杂"（或"本来面目"）的性状。同时，"一"又有一体不分之义。此义之"一"，有若浑沌。又，《庄子·天下》论"古之道术"曰："古之所谓道术者，果恶乎在？曰：无乎不在……圣有所生，王有所成，皆原于一。"又论老子之学曰："建之以常无有，主之以太一。"此二处之"一"或"太一"，其作为万物之宗即是言道。对于《三十九章》诸"一"，注家多训为"道"（如苏辙、吕惠卿、林希逸、奚侗等），亦有

---

　　① 故陆西星曰："其神凝，则中致而和亦致矣，故天地自位，万物自育；和气熏蒸，物无疵疠，而年谷熟。"（陆西星撰，蒋门马点校：《南华真经副墨》，第 8 页）当然，若谓"神人"非为权说，所谓"其神凝，使物不疵疠而年谷熟"，则又通于《德充符》"受命于天，唯舜独也正。幸能正生，以正众生"之论。
　　② 汤君集校：《庄子义集校》，第 311 页。
　　③ 钟泰：《庄子发微》，第 356 页。
　　④ 周启成校注：《庄子鬳斋口义校注》，第 254 页。

谓"一"为"道之子"(如河上公、严遵、陆希声等),或"一者,道之体也"(释德清语)①,以及"一者,冲虚之德"(吴澄语)②,等等。至于今人,则多认为"一"即道(如蒋锡昌、冯振、高亨、高明、陈鼓应、刘笑敢、许抗生等)。诸"一"训道固可,然细审其义,诸"一"更倾向于指一物之所以为其所是者,即经文诸"一",皆谓各物的"纯一不杂"或浑沌完备,它意味着某物之所以为某物的本性。作为万物之性的表现,此意义之"一"亦是源于作为道的"一"。所以,范应元说:"物有万殊,道惟一本。故昔之得一者,天得之以清,地得之以宁……是以各由其一而不自以为德也。"③"盖一本通乎万殊,万殊由于一本,所以谓之一也。"④

　　老子这种"一本之一"(道体)与"万殊之一"(万物"纯一不杂"之"一")关系的思想,为其后道家论"一"时所宗主。作为万物存在之本初状态的"至德之世",其作为"浑沌之一"(可视为"道体之一"的世界之象)与其中的"万殊之一"("万物之一")的关系,亦可谓由此演绎而来。

二、"朴散则为器":浑沌之裂与秩序之变

　　依老子的论"一"之说和《庄子》的《马蹄》《天地》等论,万物本性具足,其"莫之为而常自然",自是浑然一体、生生流行,故"至德之世"("浑沌之世")本为且也当为无治之世。既曰"无治",君上便为赘余之物。然而,《马蹄》与《天地》又有"善治天下者""上如标枝"云云,似与其无治观念相背。又,《庄子·胠箧》在论述何为"至

①　释德清撰,黄曙辉点校:《道德经解》,第91页。
②　黄曙辉点校:《道德真经吴澄注》,第58页。
③　范应元撰,黄曙辉点校:《老子道德经古本集注》,第71—72页。
④　范应元撰,黄曙辉点校:《老子道德经古本集注》,第72页。

德之世"时，甚至还详列了一个古圣王的存在系列，有若道统授受之谱系：

> 子独不知至德之世乎？昔者容成氏、大庭氏、伯皇氏、中央氏、栗陆氏、骊畜氏、轩辕氏、赫胥氏、尊卢氏、祝融氏、伏犧氏、神农氏，当是时也，民结绳而用之，甘其食，美其服，乐其俗，安其居，邻国相望，鸡狗之音相闻，民至老死而不相往来。若此之时，则至治已。

表面上看，此段文字是对《老子·八十章》（"小国寡民"章）的因袭与化用。若细审之，二者的旨趣实有不同。首先，《胠箧》展示了何为"至德之世"，老子则无"至德"之说。其次，《胠箧》描述的"至德之世"完全是浑朴无文的，故曰"当是时也，民结绳而用之"（《马蹄》亦有相通之言："当是时也，山无蹊隧，泽无舟梁。"）；老子之说则是有鉴于文明发展、技艺进步所引发的道衰德废、人心浇漓等状而发，所谓"使有什佰人之器而不用""有舟车无所乘之，有甲兵无所陈之"以及"使民复结绳而用之"云云，正是他提出的因病施治之方。复次，由于"至德之世"乃是万物自然而成，故《胠箧》所谓的"至治"实为"无治"或"不治"；而"小国寡民"状态不仅尚非老子心目中的"至德之世"，且其实现也有待于君上的引导与感化之功。

因此，《马蹄》与《天地》的"善治天下者""上如标枝"云云，应为便宜之言，不当予以实看。至于《胠箧》何以不惮其烦详列"昔者"十二帝①之名，盖也为了突出上古之世的无治之义②。实际上，上

---

① 钟泰认为："容成氏以下十二氏，轩辕、祝融、伏戏、神农，皆常见于经传，以是推之，其他八氏必有其人。十口所传，不得遂以子虚乌有目之也。"（钟泰：《庄子发微》，第315页）而林希逸则曰："十二个氏，只轩辕、伏羲、神农见于经，自此以上，吾书中无之，或得于上古之传，或出于庄子自撰。"（周启成校注：《庄子鬳斋口义校注》，第158页）林说为是。

② 如陈碧虚指出："南华引上古容成、大庭十二氏无为之治，以证今世为治者之弊。"褚伯秀撰：《南华真经义海纂微》，方勇点校，第408页。

引《缮性》所谓"古之人,在混芒之中……当是时也,莫之为而常自然"云云,已是明论"浑沌之世"无君、无治之义。而其视伏羲、神农、黄帝①等亦如唐、虞二氏(儒家心目中的理想圣王),皆是道衰德废之世之君。其间之别,仅仅是有为程度的深浅之异。如《缮性》曰:

> 逮德下衰,及燧人、伏羲始为天下,是故顺而不一。德又下衰,及神农、黄帝始为天下,是故安而不顺。德又下衰,及唐、虞始为天下,兴治化之流,浇淳散朴,离道以善,险德以行,然后去性而从于心。心与心识知而不足以定天下,然后附之以文,益之以博。文灭质,博溺心,然后民始惑乱,无以反其性情而复其初。

所以,有为起兴("及燧人、伏羲始为天下"),则"一"之始裂("是故顺而不一");治术伸张,则朴散益甚。待到"文灭质,博溺心","然后民始惑乱,无以反其性情而复其初"。《缮性》此论,与《马蹄》的"同乎无知,其德不离;同乎无欲,是谓素朴。素朴而民性得矣"之说正相对照。《老子·五十八章》说:"其政闷闷,其民淳淳;其政察察,其民缺缺。""淳淳",质朴浑全之貌;"缺缺",亏欠不足之状。《马蹄》与《缮性》所言,可谓分别为《五十八章》经文的生动注脚②。

老子曰:"朴散则为器。"(《二十八章》)"朴(樸)"本指未经加工的原木,老子借以喻事物的原初状态,故王弼注曰"真也"③。"器"谓器物,它来自物,又不同于物,因为一物之所以成为某器,乃由人

---

① 《胠箧》与《缮性》关于三帝的排序有所不同:《缮性》曰伏羲、神农、黄帝;《胠箧》则曰轩辕氏(黄帝)、伏犠氏、神农氏。

② 当然,老子此章主要强调的是治者之于万物的"看护者"的形象,而非主张"无君"。

③ 王弼撰,楼宇烈校释:《王弼集校释》,第75页。

为而成。关于物与器的关系，徐大椿说：

> 朴者，不雕不琢，无一物之形，而具万物之质；散者，离其本真，加以造作之工。一有造作，则随人所为，而成一器，此物不能为彼物，而太朴漓矣。[①]

在"物"与"器"之上，徐氏又增一"朴（太朴）"，且谓"朴""无一物之形，而具万物之质"。结合"而成一器，此物不能为彼物"之说，徐氏所言之"物"，实则指"器"。徐说虽有致人混淆器、物之短，若单看其"散者，离其本真，加以造作之工。一有造作，则随人所为，而成一器"之论，却又精辟地指出了器与物的本质之别，即器乃经"造作"而成，无"造作"则无器物。"造作"即属有为，它不仅指人们对于事物的加工、制作等行为（如对原木进行切割、拼合、雕琢等工序以制成桌、凳、几、榻等），也指人们把某物作为某器来使用。后一种情况意味着物之所以成为器，乃缘于它为人所用，故河上公曰："器，用也。万物之朴散则为器用。"[②]这种因人之所用而成为某器之物，尽管未经历前一情形的加工、制作等过程，由于被人视为或用作某器，已非自在之物，"具有"或"获得"了某种"本质"，如牛之作为负重致远或引犁耕作之畜。无论是哪种"造作"，皆导致事物"朴"之"离散"，犹若原木不复为原木。吴澄说："木朴之未彻也，抱其天资之全，及破碎其全，则散之而为所斫之器。"[③]庄子有言："其成也，毁也。"（《庄子·齐物论》）器之所成与物之"朴散"，义犹若是。

"朴散"亦即"一裂"，或曰浑沌之裂。此"朴""一"或"浑沌"既指一物之为一物的浑然之性（德），又可谓万物浑然一体的状态。

① 转引自奚侗撰，汪福润点校：《老子集解》，《老子注三种》，合肥：黄山书社，2014年，第96页。
② 王卡点校：《老子道德经河上公章句》，第115页。
③ 黄曙辉点校：《道德真经吴澄注》，第40页。

又，物之"朴散"与天下之裂本是一而二、二而一的关系，是同一过程在不同层面的表现。《缮性》先曰"不一"（天下分裂），继言"散朴"（物"朴"之散），亦是方便为说，非谓"不一"与"散朴"之间存在先后关系。所以，浑沌之裂一方面指万物彼此疏离乃至对待，另一方面也指决定一物之为一物的"德性"的"丧失"①。万物疏离、对待，则《马蹄》所描述的那种万物和谐共存、各遂其生的理想生存状态沦丧泯没，且争竞必起，倾轧必兴，乃至彼此伤害，天下遂陷于纷扰不定之地；决定一物之为一物的"德性""丧失"，则万物生机不再，衰败枯萎②。所以，"朴散"之说又从反面印证了万物存在的浑沌性、秩序性与生生性的一体性关系。

原本作为浑沌存在的世界何以会发生分裂？据道家所论，主要原因有二：一曰物之欲作，二曰君上之有为。前者如《老子·三十七章》曰"道常无为。侯王若能守之，万物将自化。化而欲作，吾将镇之以无名之朴"，后者如上引《缮性》所云"逮德下衰，及燧人、伏羲始为天下，是故顺而不一"。既曰"侯王"，老子显然是就有君之世发论。虽曰"侯王"，其所指则为恪守无为之道的圣王。"化而欲作"③之说表明，事物在"自化"中会产生有为的"冲动"。对此，侯王应以"无名之朴""端正"④之，使事物复返其"不欲""静定"之地，故《三十七章》继而曰："无名之朴，夫亦将不欲。不欲以静，天

---

① 《缮性》谓之"去性"。相对于此，乃《马蹄》所言"其德不离"。

② 老子将"德"作为事物生命力的象征，故曰"含德之厚者，比于赤子"（《老子·五十五章》）云云，又论"德"与"朴"的关系说："常德乃足，复归于朴。"（《老子·二十八章》）其后，道家更是从宇宙论的角度畅言"德"之于事物的生命来源义。如《庄子·天地》曰："泰初有无，无有无名；一之所起，有一而未形。物得以生，谓之德。"《管子·心术上》亦云："德者，道之舍，物得以生生"

③ 《尔雅·释言》："作，为也。""欲作"，谓欲有所作为。

④ 陆希声曰："苟利欲之情将有萌兆，吾必以此大道之质莫而正之，使无得动矣。"（陆希声：《道德真经传》，《道藏》第十二册，第130页）其"莫而正之"释"镇"，远胜诸家压、抚之说。

下将自定。"然老子又说："是以圣人之言云：我无为而民自化，我好静而民自正，我无事而民自富，我欲不欲而民自朴。"(《五十七章》)如此，这两章的内容岂非互相矛盾？或许，一切都是因为有了君上所致。《三章》论君之无为曰："不尚贤，使民不争；不贵难得之货，使民不为盗；不见可欲，使民心不乱。"《十九章》也说："见素抱朴，少私寡欲。"依老子，民心惑乱，贪竞滋兴，皆因君上有为所致。正如《缮性》所言：最初，"古之人，在混芒之中，与一世而得澹漠焉……当是时也，莫之为而常自然"；逮及道废德衰，所谓的"圣人""始为天下"，则浑沌裂灭，天下不一。《缮性》此说，可谓是基于老子"大道废，有仁义；智慧出，有大伪"(《十八章》)云云推阐而来。其纵论自燧人、伏羲经神农、黄帝以至唐、虞等诸种"始为天下"之治及其后果，也可以说从"历史"的角度诠释了何以老子曰"失道而后德，失德而后仁，失仁而后义，失义而后礼。夫礼者，忠信之薄而乱之首"(《三十八章》)。

对于万物何以"欲作"、道废德衰为何发生，以及君上(或"圣人")何由产生等问题，道家的解释似乎显得有些凌乱。其实，道家本无意提供什么正确的答案，其所设诸说亦当是便宜之故。在他们所处的晚周之世，列国之君皆崇事功，尚强力，汲汲于土地、人民之利，这种现实也进一步恶化了道德衰颓和天下祸乱之状。因此，道家将浑沌裂灭、秩序崩坏的主要根源归结于君上之有为，虽有先入为主之蔽，却也是批判逞欲有为、突出无为精神的不得已之举。

在道家特别是老子和庄子一派看来，君上之所以常常擅作有为，或者为了济其私欲，或者为了救世之弊。就前一方面来说，君上视万物为满足一己欲望的手段，罔顾因此所可能导致的天下荒芜、民生疾苦乃至生道断绝之害，有若盗贼，其人其行实不足论。老子鄙薄之，曰："朝甚除，田甚芜，仓甚虚；服文彩，带利剑，厌食，

财货有余。是谓盗夸，非道也！"（《五十三章》）同样，《胠箧》亦有
"窃国者为诸侯"的蔑视之论。诸君上或人主之间，唯有大盗与小
盗之别。就后一方面来说，面对浑沌裂灭、天下不一的混乱之状，
"圣人"（如尧、舜）出于救世之虑（尽管道家认为此状实源于"圣人"
的有为），辨是非，兴仁义，制礼乐，试图使世界重新归于有序。在
这种秩序中，万物各得其位，各行其责，各尽其分，井然无犯。然
而，所谓是非仁义等观念、标准或制度并非浑沌世界原有的，而是
"圣人"有为（实属妄为）所成。既出自有为，它们必不合事物之性，
不仅束缚其自由，且有残朴伤德之弊。对此，道家论之甚明，亦辟
之甚力。其中，尤以《庄子》为著，如《大宗师》说："夫尧既已黥汝以
仁义，而劓汝以是非矣。汝将何以游夫遥荡恣睢转徙之涂乎？"又
如《马蹄》：

> 及至圣人，蹩躠为仁，踶跂为义，而天下始疑矣；澶漫为
> 乐，摘僻为礼，而天下始分矣。故纯朴不残，孰为牺尊！白玉
> 不毁，孰为珪璋！道德不废，安取仁义！性情不离，安用礼乐！
> 五色不乱，孰为文采！五声不乱，孰应六律！夫残朴以为器，
> 工匠之罪也；毁道德以为仁义，圣人之过也。①

不仅如此，现实中，是非仁义等非但不能实现"圣人"救世的目的，
反而常沦为君上维护自己利益、侵削天下的工具。《胠箧》一针见
血地指出：

> 虽重圣人而治天下，则是重利盗跖也。为之斗斛以量之，
> 则并与斗斛而窃之；为之权衡以称之，则并与权衡而窃之；为

---

① 道家所说的是非仁义礼乐等，不仅仅指儒家意义上的，而实谓一切基于外在标
准所立者，故《胠箧》曰："削曾、史之行，钳杨、墨之口，攘弃仁义，而天下之德始玄同
矣……彼曾、史、杨、墨、师旷、工倕、离朱，皆外立其德而爚乱天下者也，法之所无用也。"
钟泰谓'法'为'治'之讹。钟泰：《庄子发微》，第213页。

之符玺以信之，则并与符玺而窃之；为之仁义以矫之，则并与仁义而窃之。何以知其然邪？彼窃钩者诛，窃国者为诸侯，诸侯之门而仁义存焉，则是非窃仁义圣知邪？

其后痛斥道："圣人生而大盗起。""圣人不死，大盗不止。""圣人已死，则大盗不起，天下平而无故矣！"表达了对于天下浑而为一、事物"朴"之未散的无君、无治之世的坚决捍卫的态度。

既然浑沌已裂，万物浑然一体的秩序已不复存在，而一个仁义礼乐的世界又如此"伤痕累累"，那么，如何"重建"万物和谐一体而又生生流行的世界秩序？曰无为而治也。就此而言，上引《老子·三十七章》"侯王若能守之，万物将自化"，以及《老子·五十七章》诸"我无为"云云，皆可谓是老子对治浑沌已裂之世的大医之方。

三、从"悠兮其贵言"到礼法之用

据以上所论，世界可分为两种，一为浑沌之世，一为浑沌已裂之世。前者为无治之世，后者为有治之世。既曰无治，前者不存在有为或无为的问题；既曰有治，后者便存在有为与无为之别。在道家看来：有为实为"圣人"之妄为，是引发道德衰弊、浑沌裂灭、万物朴散的主要原因；欲对治此弊，使世界"复返"于浑沌状态，需要真正的圣人（此不加引号，以示与前伪"圣人"有别）应之而起，行无为之治。

道家既将浑沌之裂归咎于"圣人"之有为，何以又将弥合世界分裂的希望寄托于圣人？这也是不得已之故。因为，天下已裂，万物离析，惑乱滋起，仅靠事物本身已不能自然地复归于浑沌状态。何况，在一个道衰德弊的世界，万物因受仁义礼乐等侵害而素朴伤残，它们又如何能"挣脱"诸种束缚，以"残躯之身"复归其德？所以,圣人对于浑沌世界的"重建"是不可或缺的。至于圣人何以有此"重建"之功,乃因其达道通物,涵容公正,而无妄为之失。老子曰:

> 天物芸芸……复命常也,知常明也。不知常,妄作,凶。知常容,容乃公,公乃王,王乃天,天乃道,道乃久,没身不殆。(《十六章》)

对此圣人,庄子亦称之为"真人"。《庄子·大宗师》:"且有真人而后有真知。何谓真人……是知之能登假于道者也若此。"名其"真"者,是因圣人德臻于道境而有"真知"之明,故能"不以心捐道,不以人助天",从而"喜怒通四时,与物有宜而莫知其极"(《大宗师》)。庄子所说的"真知"之明,与老子的"知常"之明义通;而"不以心捐道,不以人助天",即指无为;所谓"喜怒通四时,与物有宜",亦与老子的"知常容,容乃公,公乃王,王乃天,天乃道"之说相呼应,皆有公而合天、成物之化之义。又,老子论无为之功曰:"以辅万物之自然,而不敢为。"(《六十四章》)"不敢为",谓不敢造作有为;此处"自然",义犹自化。所以,圣人无为本无他意,不过是为了辅助万物的自然化育。既曰辅助,圣人自会尊重、呵护万物之性,拒斥有为,故无束缚、残伤之弊。对于圣人之治及其功业,道家颇寄厚望。老子说:"道大,天大,地大,王亦大。域中有四大,而王居一焉。"(《二十五章》)他将王与道、天、地并列为"域中"之"四大",良有以也。庄子亦论"明王之治"曰:"功盖天下而似不自己,化贷万物而民弗恃;有莫举名,使物自喜;立乎不测,而游于无有者也。"(《庄子·应帝王》)"功盖天下""化贷万物"和"有莫举名",正是言"明王之治"的不测之功;而"民弗恃""物自喜"者,乃谓在此治下万物的优游自化之状。

由"四大"或"明王"等说,道家实已论及了王的存在的正当性问题,即王之所以有其存在意义,缘于其所立的功业(即王业),或者说，王的存在的正当性体现于其"辅万物之自然"的王业。王业之成，需要由接受相应势位的人来担当。唯有德臻于圣人、行无为之治者，方可受其势位，成其为王。除此之外，无论是来自禅让所受，还是因为遵循某种历史成规而得——这两种情形均为王之为王的合法性来源——倘若此"王"未体至道、不行无为，其虽受王之势位，仍不可说当然地成其为王。所以，王之为王的正当性是"高于"其合法性的。老子曰："执大象，天下往。往而不害，安平太。"（《三十五章》）河上公说："象，道也。"[1]"大象"，即大道；"天下往"，谓天下归往之；而"往而不害，安平太"，则谓万物德全性备而归附于王者之状。老子又曰："道常无名……侯王若能守之，万物将自宾。"（《三十二章》）"万物将自宾"，谓"殊方异域自来宾伏而归化也"（成玄英语）[2]。以上诸说，皆将道家关于王之为王的正当性内涵展现无遗。这种正当性也规定了王的本质，《说文解字》："王，天下所归往也。"即以明此意。

　　在圣人或侯王之治下，万物无伤残之忧，德性备存，和谐有序，这也是浑沌的境界。但"天下往""万物将自宾"云云又说明，圣人治下的浑沌有别于无君、无治的浑沌，或曰原始浑沌。前者有一万物归附的中心（即圣人），后者则无此中心，故万物无所归依，纯粹自在。又，圣人无为虽无伤残事物之弊，但因是对有为之治的"拨乱反正"，则前一浑沌仍不免含有文明的"残余"，其涵摄范围也很难推及天下（因人心已历经败坏）。所以，老子论治便结之以"小国寡民"（《老子·八十章》）之说，摒弃文明技艺（如"使有什佰人之器而不用""有舟车无所乘之""使民复结绳而用之"等），弃绝交往（"民至老死不相往来"），强调乐俗安居（"甘其食，美其服，乐其俗，

① 王卡点校：《老子道德经河上公章句》，第139页。
② 顾欢：《道德真经注疏》，《道藏》第十三册，第306页。

安其居"），以复归纯粹质朴的生存状态。相对的，原始浑沌质朴无文，涵摄天地。

对于老子的"小国寡民"之说，又不可拘泥视之，以为道家心乏天下之志，乃至论治局局于一偏之地。无论是《老子》《庄子》，还是黄老道家诸文献，其"天下"之言堪为触目皆见，表明道家的天下情怀是无可置疑的。再者，圣人或侯王若仅治于一隅，其又何以成其为王？又何以与道、天、地一起并为"域中"之"四大"？不过，先秦道家固然皆有王道之心，皆谓成就此心，实现"至治"须赖无为，他们对于无为的理解却存在差异。相应的，他们关于无为所致之"一"（喻浑沌之世）的理论想象也有所不同。其中，老子与庄子（及其后学）之间论多相通，二者与黄老道家之间则说显悬隔。这种现象意味着，先秦道家关于世界秩序的理论建构发生了根本的变化。

首先，老子言无为，多彰其不为之义，圣人治下的浑沌也多显浑然质朴之象。在道家那里，作为君道，无为有三个内涵：或谓纯粹的不为，或曰因循事物之性的有所作为，以及可指人君的虚静工夫及其境界[1]。对于这三个内涵，无论是老子、庄子还是黄老道家，他们虽皆有论说，却又各有侧重，且主要表现在前两个之间。老子言无为之治，特别强调其不为之义。《二十二章》说："是以圣人执一以为天下牧。""执一"，即执道，谓守道不背；"天下牧"谓治理天下（"牧"有蓄养、养育之义）。至于如何"执一"，鉴于君上或"圣人"有为而道废朴伤，老子便突出了圣人的闭藏愚钝之象，以示不为。《四十九章》曰："圣人之在天下也，歙歙焉，为天下浑心。""歙歙焉"，收敛闭藏状[2]；"浑心"，谓圣人之心"愚钝无知"貌[3]。范

---

[1] 详见第十章之"三、无为与君道"所论。
[2] 王弼："心无所主也。"参见王弼撰，楼宇烈校释：《王弼集校释》，第130页。
[3] 河上公释"浑心"曰："言圣人为天下百姓浑浊其心，若愚闇不通也。"王卡点校：《老子道德经河上公章句》，第189页。

应元说：

> 惟圣人清静无欲，自全其初，则百姓亦清静无欲，各全其
> 初。故圣人之在天下，收敛其心，无为无欲，顷刻不敢放纵，则
> 百姓自化，此乃为天下大合初心也。①

老子曰"绝圣弃智""绝仁弃义"（《十九章》）以及"不尚贤""不贵难
得之货"（《三章》）等等，皆与"歙歙""浑心"之说相应和，其治世不
为之旨也颇得张扬。圣人"歙歙焉，为天下浑心"，弃绝有为，为政
自然"悠兮其贵言"（《十七章》）："悠兮"，迟疑之貌；"贵"者，慎重
义，犹珍爱而欲不示；"言"谓"号令教诏"（林希逸语）②。圣人出
"言"之所以如此犹豫迟疑、戒惧慎重，实乃"恐离道失自然也"（河
上公语）③。所以，五十八章说："其政闷闷④，其民淳淳。"圣人之治
虽若浑噩无明，其民却不失敦厚之性。如此，则君民一体，浑然质
朴，这种浑沌之世也呈现出古朴、静谧的气象。

其次，庄子（及其后学）言无为，既多述老子的不为之旨，也有
伸张因应有为的一面。在《庄子》中，其说对老子无为的不为之义
有着自觉的继承与发扬，在表述上也多有相似之论。如《在宥》：
"绝圣弃知，而天下大治。""汝徒处无为，而物自化。"又如《天地》：
"古之畜天下者，无欲而天下足，无为而万物化，渊静而百姓定。"同
时，庄子及其后学也颇彰无为的因应之旨。《应帝王》说："汝游心
于淡，合气于漠，顺物自然而无容私焉，而天下治矣。""淡漠"，即无

---

① 范应元撰，黄曙辉点校：《老子道德经古本集注》，第 86 页。
② 林希逸撰，黄曙辉点校：《老子鬳斋口义》，第 19 页。
③ 王卡点校：《老子道德经河上公章句》，第 69 页。
④ 王弼曰："言善治政者，无形、无事、无名可举。闷闷然，卒至于大治。故曰'其
政闷闷'也。"（楼宇烈校释：《王弼集校释》，第 151 页）其释"闷闷"，显彰无为的"不为"
之旨。又，河上公曰："其政教宽大，闷闷昧昧，似若不明也。"（王卡点校：《老子道德经
河上公章句》，第 225 页）释德清曰："闷闷，无知貌。"（释德清撰，黄曙辉点校：《道德经
解》，第 115 页）则"闷闷"亦犹蒙昧无知状，其与四十九章圣人的"歙歙焉，为天下浑心"
之象正相通。

为；"顺物自然"，谓因顺万物之自然。较之于老子的"辅万物之自然，而不敢为"之说，庄子曰"顺物自然"，表现出更加积极的有所作为的精神。当然，这种有所作为不是私意妄为，而是秉持公正之心（"无容私焉"）的"顺物自然"之行。本来，因应之义已为老子所言及，《四十九章》曰："圣人常无心，以百姓之心为心。"但相对于此义，老子更看重无为的不为之旨，其思想也因而多呈"消极退缩"之象。既然说"顺物自然"，庄子论治便表现出新的思想特点，他一方面固然批评儒家式的仁义礼乐对于事物的戕制之害，另一方面又不拘泥其名，借而以论圣人的入世济物之法及其功效。如《大宗师》曰：

> 古之真人……以刑为体，以礼为翼，以知为时，以德为循。以刑为体者，绰乎其杀也；以礼为翼者，所以行于世也；以知为时者，不得已于事也；以德为循者，言其与有足者至于丘也，而人真以为勤行者也。

在此，庄子为"和光同尘"，不得不援引"刑""礼""知""德"之名以论"真人"之行，但又赋予其新义[①]。不援其名，"真人"的入世济物之行无由得见，且援引其名即顺物的表现；不赋予其新义，"真人"功德的独特性亦不得彰显。甚至，结合上引《天地》"端正而不知以为

[①]　关于庄子所说的"刑""礼""知""德"之义，注家之释有所差异。其中，陆西星的解释颇可参阅，其云："刑主肃杀，故以之为主，为道日损，损之又损，至于无损，故曰：绰乎其杀也。杀者，降杀之义。以礼为翼者，柔和谦退，所以辅翼人道而行于世者，故曰：所以行于世也。以知为时者，行乎其所当行，止乎其所不得不止，故曰：不得已于事也。以德为循者，循是以登假于道，与人之有足以至于丘者同，而人真以为勤行也，勤行则未免有欲速苦难。之真人，只知养其自然而已，何勤行有哉？"（陆西星撰，蒋门马点校：《南华真经副墨》，第 94 页）又，钟泰认为："'以刑为体'，承'义而不朋'两句言。'义'与'谦'皆有节制、损退义，于刑为近，故曰'以刑为体者，绰乎其杀也'。'杀'，减杀；'绰'即绰约之绰……'以礼为翼'，承'与乎其坚而不觚'二句言。厚重虚徐，并礼之要，而人非礼不行，故曰'以礼为翼，所以行于世也'。盖刑以自治，故比之于体；礼以接物，故比之于翼。"（钟泰：《庄子发微》，第 138 页）其"刑以自治"之说，亦可参。

义，相爱而不知以为仁"等说来看，庄子所谓的"刑""礼""知""德"
还是从其本来意义言的。所以，《天地》论"大圣之治"曰："大圣之
治天下也，摇荡民心，使之成教易俗，举灭其贼心，而皆进其独志，
若性之自为，而民不知其所由然。""摇荡民心，使之成教易俗"，即
"大圣"的化民之有为；而"若性之自为，而民不知其所由然"，义犹
《老子·十七章》所谓"功成事遂，而百姓谓我自然"，乃曰"大圣"的
至治之功。《天地》又曰：

> 谆芒曰："圣治乎？官施而不失其宜，拔举而不失其能，
> 毕见其情事而行其所为，行言自为而天下化。手挠顾指，四
> 方之民莫不俱至，此之谓圣治。"（苑风曰：）"愿闻德人。"曰：
> "德人者，居无思，行无虑，不藏是非美恶。四海之内共利之
> 之谓悦，共给之之谓安。怊乎若婴儿之失其母也，傥乎若行
> 而失其道也；财用有余而不知其所自来，饮食取足而不知其
> 所从，此谓德人之容。""愿闻神人。"曰："上神乘光，与形灭
> 亡，是谓照旷。致命尽情，天地乐而万事销亡，万物复情，此
> 之谓混冥。"

"混冥"，即浑沌义。在此"圣治"的世界，天下万物皆归往于圣
人（"四方之民莫不俱至"），他们各得其宜（"不失其宜"），各展其
能（"不失其能"），"致命尽情"，且"共利""共给"而取用不乏（"财
用有余""饮食取足"）[1]。与老子质朴静谧的浑沌理想相比，庄子

---

[1]　钟泰："'圣治'，'德人'，'神人'，虽分三问而意实贯通，不独意相贯通，亦即理
无二致。于'圣治'，曰'天下化'，曰'四方之民莫不俱至'。于'德人'，曰'四海之内共利
之之谓悦，共给之之谓安'。于'神人'，曰'万事销亡，万物复情'。其言始终不离天下万
物，此与《中庸》言'能尽其性则能尽人之性，能尽人之性则能尽物之性，能尽物之性则可
以赞天地之化育'者，宁有异乎？特《中庸》混言之，此则分言之耳。故在说'圣治'中，最
要一语曰'毕见其情事'。在说'德人'中，最要一语曰'不藏是非美恶'。在说'神人'中，
最要一语曰'致命尽情'。'尽情'即毕见情事之充类至尽，而'致命'则不藏是非美恶之
盛德极功也。自来解《庄子》者，专在无为、自化上着眼，而不知无为之中正有无限工夫
在。"（钟泰：《庄子发微》，第273—274页）钟说实属善解。

描述的浑沌世界自是洋溢着一种万物生机充沛、优游自得的存在气象。

再次，黄老道家言无为，尤彰其因应之旨，然因其学的功利性特点以及时势所致，他们的"至治"理想已偏向指天下的一统性。在无为的不为与因应二义中，黄老道家尤重后者，乃至说"无为之道，因也"(《管子·心术上》)、"三代所宝莫如因，因则无敌"(《吕氏春秋·贵因》)，故司马谈论其学曰："其术以虚无为本，以因循为用。"(《论六家要指》)"以因循为用"，则必张事功，积极进取。黄老道家所说的"因循"，不仅指因循事物之性，也意味着尊重现实，立足实际，积极地借鉴已有的文明成果。这种"因循"表现在思想学术上，便是自觉地吸收、融汇百家之学之长，形成了黄老道家思想的驳杂性特点。所以，司马谈又说："其为术也，因阴阳之大顺，采儒、墨之善，撮名、法之要，与时迁移，应物变化，立俗施事无所不宜，指约而易操，事少而功多。"(《论六家要指》)如关于其对儒家思想的吸纳，《管子·心术上》曰：

> 义者，谓各处其宜也；礼者，因人之情，缘义之理，而为之节文者也。故礼者，谓有理也。理也者，明分以谕义之意也。故礼出乎义，义出乎理，理因乎宜者也。法者，所以同出不得不然者也。故杀僇禁诛以一之也。

若单看此段文字，其俨然为儒家之论，不似道家之言。然《心术上》继之曰："故事督乎法，法出乎权，权出乎道。道也者，动不见其形，施不见其德，万物皆以得，然莫知其极。"则《心术上》是在执守老子意义上的"道"的前提下畅论礼义理法之用的。而"执一(道)"以收摄、融汇百家思想，以及"执一(道)"以行礼义理法之治，既是黄老道家为学的主要方式，也是其论治的基本特点。"执一"之说本自老子："圣人执一以为天下牧。"《二十二章》老子论"执一"，多取执守不发之义，故曰"歙歙焉，为天下浑心""悠兮其贵言"等。黄老道家论"执一"，则谓在执道不失的前提下，积极地以理、法行治，以期天下由乱到治、归于一体，故帛书《道原》曰："抱道执度，天下可一也。"[①]"度"者，法度；"执度"，犹曰执法。在黄老道家那里，"度"与"法""理"义通，皆谓"道"之运行所展现出的轨度、法则、理则等。所以，《管子·内业》说：

> 执一不失，能君万物。君子使物，不为物使。得一之理，治心在于中，治言出于口，治事加于人，然则天下治矣。一言得而天下服，一言定而天下听，公之谓也。

此处之"理"，义犹《道原》"执度"之"度"，它们作为法则、规律之名，与"法"一样皆又体现为仁义礼乐等具体的仪式规范。这些仪式规范，正是人君统一万民的主要手段。《管子·任法》曰："故黄帝之治也，置法而不变，使民安其法者也。所谓仁义礼乐者，皆出于法，此先圣之所以一民者也。"《尹文子·大道上》更是直论道：

> 故人以度审长短，以量受多少，以衡平轻重，以律均清浊，以名稽虚实，以法定治乱，以简治烦惑，以易御险难。以万事皆归于一，百度皆准于法。归一者简之至，准法者易之极。如此，则顽嚚聋瞽可与察慧聪明同其治也。

由是，一切皆有定分，也皆有标准，无论是"顽嚚聋瞽"者还是"察慧聪明"者，皆有相应的规则应对之。从而，万物皆得各尽其能，皆为人君所用。在这个"万事皆归于一，百度皆准于法"的世界，天下是秩序分明的，物与物之间的界限也是被严格规定的。也正因为这种分明性和严格性，万物自发而和谐一体的浑然性也随之丧失了。取而代之的，是人君以礼法统摄万物、规范天下的一统性。这种一

---

① 裘锡圭主编：《长沙马王堆汉墓简帛集成（肆）》，第189页。

统之"一"与老庄式的浑沌之"一",其间的本质之别也是不言而喻的。

　　然而,天下浑沌性的丧失,以及对于君权的高扬当有其限度。否则,必有韩非的推崇人主擅权弄术之论①。至于其说对世界生生性的现实伤害,亦可从信奉法家的秦政之暴而得窥一斑。

---

① 参见《韩非子·主道》。按：黄老道家乃为道、法之转关。

第六章　汉初儒、道的天道观分歧及其治术思想之分殊

　　汉初,道家(黄老道家)的清静无为之术颇受治者青睐。一方面,迫于连年战乱、民生凋敝,治者需尽可能地激发民间的自我调适能力,故"轻徭薄赋""与民休息";另一方面,鉴于天下始定,人心思安,也不宜对各地的风俗和观念之异遽然进行文化整合①。又,秦命(前221年—前206年②)短促,汉(始于前202年)与战国庶几相连,其思想学术血脉相通,起于战国中期、盛于晚期的黄老道家之学在汉初统治者中尚有强大的影响力③。《论六家要指》曰:"其为术也,因阴阳之大顺,采儒、墨之善,撮名、法之要,与时迁移,应物变化,立俗施事无所不宜,指约而易操,事少而功多。"在尊崇黄

---

　　①　关于汉初为何要顺应现实、施行郡国并行和东西异制之治的原因,陈苏镇有着出色的理论考察。参见氏著:《〈春秋〉与"汉道"——两汉政治与政治文化研究》第一章第三节,北京:中华书局:2011年,第66—107页。
　　②　此不取二世亡年(前207),而取子婴降年(前206),乃据《中国历史年表》所定。参见中国社科院历史研究所《中国历史年表》课题组编撰:《中国历史年表》(修订珍藏本),北京:中华书局,2014年,第14页。
　　③　此可从《史记·儒林列传》"孝文帝本好刑名之言。及至孝景,不任儒者,而窦太后又好黄老之术"之说而见其一斑。又,从马王堆汉墓(约文帝时)出土的道家经典(帛书《老子》甲乙本、《经法》《十六经》《称》《道原》等)之富,亦可见汉初道家思想的普及之广与影响之大。

老的司马谈看来,道家之学融摄诸家之长,灵活变通,简便易行,故能多致事功。秉承无为之术,汉家之治确实成就斐然:不仅出现了著名的"文景之治",也为其后武帝的政治、文化、军事等种种有为之举奠定了坚实的物质基础。

武帝虽享道家治术之利,即位后却"乡儒术,招贤良"(《史记·孝武本纪》),表现出与其父、祖不同的思想兴趣和治世态度。只因祖母窦太后阻挠,志遂不成。及窦太后崩,诸儒方得真正重用,其学振兴①,儒术也渐取"独尊"之势。从此,儒家的治道思想便在汉家的政治理论与实践中发挥着主导性的作用,深刻地塑造了中国传统政治生活的基本品性。

无论是早期的尊崇黄老,还是之后的儒术兴起,皆有其历史的必然性。这种必然性体现了历史现实之变,反映了此变对于治术的不同要求。儒、道在汉初政治、思想地位中的各自沉浮之状,正是其治道之说分别适应了上述变化和要求的结果。关于儒、道二家治道思想的内涵与特点,以及汉初何以会有一个由崇道而尊儒的治术之变等问题,学界虽多有考察,仍似有进一步探讨的必要。特别是从天道观的角度以观儒、道的治道思想之别,相关研究尤嫌不足。

就现存的文献看,《淮南子》和《春秋繁露》可谓是考察汉初道、儒思想所应依据的两个最重要的文本。前书的内容显得有些驳杂(这也印证了《论六家要指》所谓道家博采众长之说),其义旨仍归本道家,乃汉初道家思想的集大成之作;后书的著者为董仲舒,其"遭汉承秦灭学之后,六经离析,下帷发愤,潜心大业,令后学者有所统一,为群儒首"(《汉书·董仲舒传》引刘歆说),为汉初儒家最

---

① 如《儒林列传》又曰:"及窦太后崩,武安侯田蚡为丞相,绌黄老刑名百家之言,延文学儒者数百人,而公孙弘以《春秋》白衣为天子三公,封以平津侯。天下之学士靡然乡风矣。"

具代表性和影响力的思想家。为方便论说，这里对于相关问题的考察多据以上二书。

一、天道与君道

总的来说，囿于历史情境和时代观念，先秦诸子无不将至治之成寄希望于人君，故无不重君道或"主术"。儒墨名法等家自无需论，道家亦然。如《老子》言治常举以"圣人"之行；《庄子》亦托"明王之治"以彰君道之妙（参见《应帝王》）[①]；黄老道家更是喜借"黄帝"之事以明如何兴兵与治世，至《淮南子》，则设《主术训》一篇专论"君人之事"（《淮南子·要略》语）。

至于如何视君道，先秦诸子也皆遵循"推天道以明人事"的思想理路，即将君道之说建基于其天道信仰之上。但因领悟天道有异，其君道之说遂亦相别。其实，曰"天道信仰"尚欠于周密，因各家对于天道的思想界定本有区别，假以"天道"之名实为表述方便。如在道家，真正被视为天地万物的本根和存在根据的，是"道"而非"天道"。然道"先天地生，寂兮寥兮"（《老子·二十五章》），其不可言说，无可命名。为彰其功、明其德，老子常借"天道"或"天之道"之说以论之。故"道法自然"表现为天道无为，圣人治世自亦当效法天道，无为而治。《老子·五章》曰："天地不仁，以万物为刍狗；圣人不仁，以百姓为刍狗。""不仁"者，义为无所谓仁或不仁，喻天地或圣人以自然虚无之"心"应对万物。此章清楚地说出了圣人之治的天道根据，奠定了道家君道无为思想的基本精神。假天道以明道且基于天道之悟以言治的致思方式，也成为道家论治的基本

---

①　当然，严格说来，庄子后学中尚有无君一派（参见第五章之"一、浑沌、生生与秩序"）。

特点①。又如在儒家,道家式的玄渺之"道"向来不为其所重。何止于此? 孔子甚至连"性与天道"也罕言,故弟子通达如子贡者也未得有闻②。虽然,儒家论治、论修身等皆推本于天道亦属事实。但与已经纯粹自然化的道家之"天"不同的是,儒家之"天"尚存有神秘性与人格性,故"天意""天命"等说时得而见。

　　至汉初,道家一方面仍假"天道"之说以明道,另一方面却也喜直接言道及"执道"之功等(参见《淮南子·原道训》)。至于儒家,道家意义之道仍为其所罕言,其论天则进而上推至"元"或"元气"③。为便宜论说,下文对道与天道(特别是道家之说)不作特别区分。关于汉初儒、道天道观之别及其对君道思想的不同影响,以下两点殊可留意。

　　(一)无为与有为。此所谓无为,是指道家意义上的一种"不为"。无为之说非道家所专属,儒、法亦有言。如孔子所谓舜之"无为"④,实乃儒家以德化民的理想之治的象征。在法家,"无为"则沦为人主掌控人臣、实行独裁统治和恐怖暴政的重要阴术⑤。就君道而言,道家之无为主要有两方面的内涵:一曰"不为",此为消

---

①　以帛书为例,其《道原》论道曰:"恒先之初,迵同太虚。虚同为一,恒一而止……故无有形,大迵无名。"又如《经法·论约》假"天道"("天地之道""天地之理")以论道之运行及其表现曰:"始于文而卒于武,天地之道也。四时有度,天地之理也。日月星辰有数,天地之纪也。三时成功,一时刑杀,天地之道也。四时而定,不爽不贷,常有法式,□□□起,一立一废,一生一杀,四时代正,终而复始。"参见裘锡圭主编:《长沙马王堆汉墓简帛集成(肆)》,北京:中华书局,2014年,第189、146页。

②　《论语·公冶长》:"子贡曰:'夫子之文章,可得而闻也;夫子之言性与天道,不可得而闻也。'"

③　元气谓本始之气,元气说在汉代颇为流行。当然,其后儒、道二家的宇宙观亦呈合流之势,以至纬书中常可见"太易""太初""太始""太素"等说,显是道家宇宙观影响儒家的结果。

④　《论语·卫灵公》:"子曰:'无为而治者,其舜也与! 夫何为哉? 恭己正南面而已矣。'"

⑤　关于诸家的无为之说,详见第十章之"一、何谓无为? 儒道法关于无为而治的思想之别"。

极之无为；一曰"因应"，此为积极之无为。"不为"又有两义：一谓人君清虚自守、不妄造作，"无所事事"；一谓人君抱道执度，不侵夺臣下之职事，唯审核形名以责臣下。前一"不为"是针对君民关系而言，后一"不为"是针对君臣关系而言。就后一"不为"来说，人君无为与臣下有为（即守职尽责之为）正相对应，且唯有人君无为，臣下方得尽展有为之功。《吕氏春秋·知度》说："故有道之主，因而不为，责而不诏，去想去意，静虚以待，不代之言，不夺之事，督名审实，官使有司，以不知为道，以奈何为宝。"①所谓"不为""不诏""不代""不夺"等，皆指"不为"之无为。这一意义的无为，本质上是正名思想在君臣关系上的体现，为各家之通说。"因应"指因物自然，顺应其变。对于"因应"之无为，黄老道家非常推重（参见《管子·心术上》和帛书《经法》《十六经》等），其思想因而多显积极进取的精神。这种"因应"之无为颇具有为之态，应和了战国时期结束分裂、渴望统一的时代诉求。"因应"观念同样也为诸家特别是儒家所重视。如《易传·乾文言》极论"时"义之大，其"因其时""及时""与时偕行"等说即与道家的"因应"思想相通。

既然后义之"不为"与"因应"之无为的观念非道家所专有，汉初儒、道的有为与无为之争便表现为人君治世是积极作为还是清虚自守了。上述之争主要发生在政治生活领域。因经济生活中的"与民休息""令民自定"等清静无为之治（在此，君臣皆清虚自守②）本即因应现实之举，且效果良好。如吕后称制时已致"刑罚

---

① "代"，原作"伐"，兹据王念孙、陶鸿庆说正。"有"，原作"自"，兹据许维遹说正。"宝"，原作"实"，兹据毕沅、俞樾等说正。参见许维遹撰、梁运华整理：《吕氏春秋集释》，第456页。

② 如《史记·吕太后本纪》："孝惠皇帝、高后之时，黎民得离战国之苦，君臣俱欲休息乎无为，故惠帝垂拱，高后女主称制，政不出房户，天下晏然。"又，《曹相国世家》："（曹）参之相齐……闻胶西有盖公，善治黄老言，使人厚币请之。既见盖公，盖公为言治道贵清静而民自定，推此类言之。参于是避正堂，舍盖公焉。其治要用黄老术，故相齐九年，齐国安集，大称贤相。"

罕用,罪人是希。民务稼穑,衣食滋殖"(《吕太后本纪》)之功,"文
景之治"之盛亦赖于此。但在政治和文化领域,无为还是有为则成
了大问题。自高祖称帝至武帝早年,汉治在典章制度等方面一袭
秦制①,思想文化上则尊崇黄老、贬抑儒家②。如此,在君道方面,
当时的帝后皆以清虚自守为尚,如:"惠帝垂拱,高后女主称制,政
不出房户"(《吕太后本纪》),"太宗(引按:即文帝)穆穆,允恭玄
默"(《汉书·叙传下》),以及"景帝即位,因修静默"(司马贞语③)。
然在儒家看来,天下既已一统,自应革去暴秦之制,兴礼乐,重德
教。因此,当高祖初定天下,陆贾就作《新语》,向其"粗述存亡之
征"(《史记·郦生陆贾列传》),其中的《无为》篇即专论德治风教之
美④;其后,贾谊更是上书文帝,申更化改制之理⑤;至武帝主政,董
子亦上《天人三策》,屡言更化改制的必要性和重要性。然汉兴七
十年来,儒家更化改制的主张终究未得采用,一些儒者(如赵绾、王

---

①　对于汉初之制与秦制的密切关系,钱穆说:"汉初政局,大体因袭秦制,未能多
所变革"(钱穆:《秦汉史》,北京:生活·读书·新知三联书店,2004年,第53页)。又
曰:"是汉之一切律历法度章程,全本秦旧,秦人自居水德,汉起代秦,尚沿水德不革,其
他则可想。"(钱穆:《秦汉史》,第52页)就刑律来说,汉初之制不仅沿袭秦制,其苛刻性
甚至还有过于秦制(参见陈苏镇:《〈春秋〉与"汉道"——两汉政治与政治文化研究》,第
64页)。

②　对此,《儒林列传》多有记载,如"孝文帝本好刑名之言。及至孝景,不任儒者"
"太皇窦太后好老子言,不说儒术,得赵绾、王臧之过以让上,上因废明堂事,尽下赵绾、
王臧吏,后皆自杀。申公亦疾免以归,数年卒"等。

③　司马迁撰、裴骃集解、司马贞索隐、张守节正义:《史记》(点校本二十四史修订
本),北京:中华书局,2014年,第570页。

④　关于陆贾,史迁于《列传》中称其为"当世之辩士",至《汉书·艺文志》方属其为
儒家。近世以来,学者进而考其为荀子后学、穀梁先师。参见王利器:《新语校注·前
言》,北京:中华书局,2012年,第9—13页。按:王利器据《无为》篇,认为其"学术不专
主孔氏","盖兼儒、道二家"(《前言》,第13页)。此说不确。观《新语》之论,皆以儒家义
旨为归趣;其《无为》篇所言之"无为",亦有别于道家义,而与《论语·卫灵公》舜之"无
为"之说相通。

⑤　《汉书·贾谊传》:"谊以为汉兴二十余年,天下和洽,宜当改正朔、服色制度,定
官名,兴礼乐。乃草具其仪法,色上黄,数用五,为官名悉更,奏之。文帝谦让未皇也。"

臧)甚至还因推尊儒术而失去性命①。

上述儒、道关于治道(含君道)的无为与有为之争,并非仅仅因为双方不同的思想偏好所致,实亦源于各自的天道信仰之别。如在道家,《淮南子·原道训》从道、物关系的角度指出:"夫无形者物之大祖也,无音者声之大宗也。""所谓无形者,一之谓也。所谓一者,无匹合于天下者也。""道者,一立而万物生矣。"道为一,为万物之本("祖""宗");万物为多,乃源于且据于道而成。所谓礼乐典章、仁义道德等,亦皆属"物"。治世之要在于人君"执道之柄"、秉物变之"要趣"②,而非汲汲于追求末术之用。所以,《原道训》又说:"达于道者反于清净,究于物者终于无为。""故至人之治也,掩其聪明,灭其文章。"更何况,天道难知,修道成德固非易事,《主术训》曰:"天道玄默,无容无则,大不可极,深不可测,尚与人化,知不能得。"倘未证道,治者更不当轻举妄动(如对于贾谊改制的建议,文帝辞以"谦让未皇也")。可见,惠帝之"垂拱"、高后之"政不出房户"以及文帝的"允恭玄默"等,皆不能不说有其天道信仰之故。

同样,儒家主张改制和德治也有其充分的天道信仰根据。一方面,兴礼乐、重德教,本来就是治道的应有内涵和王道之成的重要途径;另一方面,更化改制也是新王彰显自己命由天授的主要标志,董子曰:"故王者受命,改正朔,不顺数而往,必迎来而受之者,授受之义也。故圣人能系心于微而致之著也。"(《春秋繁露·二端》)"微",即三微之月。"改正朔""必迎来而受之者",即以明天命

---

① 《史记·孝武本纪》:"元年,汉兴已六十余岁矣,天下乂安,荐绅之属皆望天子封禅改正度也。而上乡儒术,招贤良,赵绾、王臧等以文学为公卿,欲议古立明堂城南,以朝诸侯。草巡狩封禅改历服色事未就。会窦太后治黄老言,不好儒术,使人微伺得赵绾等奸利事,召案绾、臧,绾、臧自杀,诸所兴为者皆废。"

② 《原道训》:"执道之柄,而游于无穷之地。是故天下之事不可为也,因其自然而推之;万物之变不可究也,秉其要趣而归之。"按:"执道之柄",原作"执道要之柄";"秉其要趣而归之",原作"秉其要以归之趣"。兹分别据俞樾、王念孙之说正。参见何宁撰:《淮南子集释》,中华书局,1998年,第23页。

授受之义①。非如此，则不能明旧弊当除、新王率天下以王道之义。所以，董子又说："是故，《春秋》之道以元之深正天之端，以天之端正王之政，以王之政正诸侯之即位，以诸侯之即位正竟内之治，五者俱正而化大行。"（《二端》）"元"即元气②。在此，董子将改制正政的依据不仅溯之以天道，且更伸至于作为天地万物最终来源的元气了。

（二）天人感应与工夫论。感应是古典思想理解、描述万物相互作用的一个基本观念。根据感应观，无论是神与人、人与人之间，还是人与物、物与物之间，都存在各种形式的感应关系。这种观念将天地万物融为一体，认为表面上各个独立、互不相关的事物本即血脉相通的。其中，神与人、人与物之间的感应可称作天人感应。此意义之"天"，既可指神性之天或天神，也可泛指万物。限于主题，这里所谓的"天人感应"是从更加狭隘的角度上说的："人"特指人君，"感应"指人君的德之美恶与各种吉凶之事之间存在着相应的因果关系。这一意义的天人感应观念起源甚早，如《书·洪范》就已借"休征""咎征"之说以论天子德之美恶与祯祥、灾异的对应关系。战国时期，随着气化论的流行及其与阴阳、五行学说的融合，感应理论愈加成熟，天人感应说也愈加系统化③。显然，天人感应说的思想核心乃关乎何为君道或君德的问题。

由于对天道的理解有别，汉初儒、道的天人感应论也不尽相同。首先，就相同性来说，儒、道皆认为人君之德对于万物的存在状态具有直接的影响，且皆将此感应的原因归之为天地万物的一

---

①　《汉书·董仲舒传》："故《春秋》受命所先制者，改正朔、易服色，所以应天也。"

②　作为公羊学宗师，董子论"元"固多取"始"义，然亦有元气之说，如《春秋繁露·王道》："王者，人之始也。王正，则元气和顺……"故《玉英》篇"故元者为万物之本，而人之元在焉。安在乎？乃在乎天地之前"之"元"，亦可指元气。

③　参见《礼记·月令》或《吕氏春秋》"十二纪"关于天子每月如何居处和施政的论述。

气流通性。如《淮南子·泰族训》论天人感应说：

> 故圣人者怀天心，声然能动化天下者也。故精诚感于内，形气动于天，则景星见，黄龙下，祥凤至，醴泉出，嘉谷生，河不满溢，海不溶波……（若人君）逆天暴物，则日月薄蚀，五星失行，四时相乘①，昼冥宵光，山崩川涸，冬雷夏霜……天之与人有以相通也。故国危亡而天文变，世惑乱而虹霓见，万物有以相连、精祲有以相荡也。

《淮南子·俶真训》亦描述"至德之世"圣人与群生万物的旁薄一体之状曰：

> 至德之世……是故圣人呼吸阴阳之气，而群生莫不颙颙然仰其德以和顺。当此之时，莫之领理决离，隐密而自成，浑浑苍苍，纯朴未散，旁薄为一而万物大优，是故虽有羿之知而无所用之。

所以，《淮南子·本经训》总结道："天地之合和，阴阳之陶化万物，皆乘人气者也……由此观之，天地宇宙，一人之身也；六合之内，一人之制也。"同样，董子在论人君之德端正与否所引发的不同后果时，也说："王者，人之始也。王正，则元气和顺、风雨时、景星见、黄龙下；王不正，则上变天、贼气并见。"（《春秋繁露·王道》）"王正"之感可称之为正感，"王不正"之感可称之为逆感。至于天人之间何以会发生感应，董子明确地援以天人一气论，认为"天有阴阳，人亦有阴阳。天地之阴气起，而人之阴气应之而起。人之阴气起，天地之阴气亦宜应之而起，其道一也"（《春秋繁露·同类相动》）。文中之"人"虽是泛指，不仅仅谓君王，其天地万物一气贯通之理则至

---

① "乘"，原作"乖"，兹据何宁之说正。参见何宁撰：《淮南子集释》第 1375 页。

为显明①。因此，"王正"则天地之气和顺，故有正感之效；"王不正"则天地之气乖乱，故有逆感之应。正感正是王道之成的关键因素②。

其次，尽管皆言天人感应，对于何为"王正"，儒、道之间却有着不同的理解。在儒家，"王正"自然如董子所言："是故内治反理以正身、据礼以劝福，外治推恩以广施、宽制以容众。"（《春秋繁露·仁义法》）以"内治"与"外治"并用以言"王正"，说堪精要。不过，《仁义法》关于"外治"内涵的概括尚有不备，因君王治世不仅仅要"推恩"和"宽制"，更肩负教化万民之责。故董子又曰：

> 凡以教化不立而万民不正也。夫万民之从利也，如水之走下，不以教化堤防之，不能止也。是故教化立而奸邪皆止者，其堤防完也；教化废而奸邪并出、刑罚不能胜者，其堤防坏也。古之王者明于此，是故南面而治天下，莫不以教化为大务。立太学以教于国，设庠序以化于邑，渐民以仁、摩民以谊、节民以礼，故其刑罚甚轻而禁不犯者，教化行而习俗美也。（《汉书·董仲舒传》）

对于儒家之说，道家却甚不以为然。在道家，"王正"意味着君王清静自守，"道德③定于天下而民纯朴"（《本经训》）。对于这种

----

① 在《人副天数》篇中，董子还从形体之数（如"人有三百六十节，偶天之数也""大节十二分，副月数也；内有五脏，副五行数也；外有四肢，副四时数也"等）与形象之喻（如"是故人之身，首坌而员，象天容也；发，象星辰也；耳目戾戾，象日月也；鼻口呼吸，象风气也；胸中达知，象神明也；腹胞实虚，象百物也。"等）等方面以论"身犹天也，数与之相参，故命与之相连也"之理，颇显不经。但这也表明：天人相与实是汉人的一个重要观念乃至信仰。为证其理，董子可以说不遗余力。

② 论及人君"正心"以正"四方"时，董子尝曰："四方正，远近莫敢不壹于正，而亡有邪气奸其间者。是以阴阳调而风雨时，群生和而万民殖，五谷孰而草木茂，天地之间被润泽而大丰美，四海之内闻盛德而皆徕臣，诸福之物、可致之祥莫不毕至，而王道终矣。"（《汉书·董仲舒传》）

③ 按：此所谓"道德"，乃道家思想意义上的。

君王无为而天下大治之状,《俶真训》形容道:

> 古之人有处混冥之中,神气不荡于外,万物恬漠以愉静,挽搶衡杓之气莫不弥靡而不能为害。当此之时,万民猖狂,不知东西,含哺而游,鼓腹而熙,交被天和,食于地德,不以曲故是非相尤,茫茫沉沉,是谓大治。于是在上位者,左右而使之毋淫其性,镇抚而有之毋迁其德。是故仁义不布而万物蕃殖,赏罚不施而天下宾服。

相反,"王不正"便意味着君王轻浮躁动,试图以仁义礼乐、赏罚之制等有为之法行治天下。在道家看来,仁义礼乐等观念与制度的产生,本为天下道废德衰的结果,"是故道散而为德,德溢而为仁义,仁义立而道德废矣"(《俶真训》)。当然,面对"道德沦丧"的现实,推行仁义之治亦有其意义,因为它们确实各有其救世之用。《本经训》又说:"夫仁者所以救争也,义者所以救失也,礼者所以救淫也,乐者所以救忧也。"但作为有为之行,仁义之治毕竟属逐末之举。而背本逐末,非为至治之道①。由是,在关于何为"王正"的问题上,儒、道之间有着根本的思想分歧。如果从道家的立场看,儒家式的"王正"之举恰是导致逆感之应的重要原因。

再次,儒、道二家的"王正"之说既有分歧,其工夫论便也不同。由上可知:无论是儒家还是道家,其所谓"王正"皆是"内治"与"外治"(此亦借用董子之说)的有机统一。逻辑地看,君王欲行"外治",当以其"内治"之成为前提。这种思想理路,也体现了《庄子·天下》的"内圣外王"之说。在此方面,儒、道的论说多有形似。如儒家有《礼记·大学》"格致诚正,修齐治平"的经典表述,道家亦有《老子·十章》所谓"修②除玄鉴,能无疵乎? 爱民治国,能无以智

---

① 如《本经训》曰:"今背其本而求其末,释其要而索之于详,未可与言至也。"
② 通行本"涤除",西汉简帛本均作"修除"。兹据后说正。

乎?"之说。所谓"格致诚正"与"修除"①者,即分别指儒、道的"内治"工夫(关于涵养工夫,儒、道尚有其他的各自表述)。但在形似的表象下,二家的工夫论内容则大相径庭。限于主题及篇幅,这里无法就儒、道的工夫论展开详论,仅指出关于涵养工夫,汉初儒、道大体仍各自沿袭其先辈之学,即儒曰"正心"②、道曰"返性"③。对于工夫之效,二家亦各有其论。如董子曰:"故为人君者,正心以正朝廷,正朝廷以正百官,正百官以正万民,正万民以正四方。四方正,远近莫敢不壹于正。"(《汉书·董仲舒传》)《本经训》曰:"神明定于天下而心反其初,心反其初而民性善,民性善而天地阴阳从而包之,则财足而人澹矣,贪鄙忿争不得生焉。由此观之,则仁义不用矣。"明乎此,则史家的文帝"允恭玄默"、景帝"因修静默"之说,又何尝不可谓二帝之"返性"工夫邪?

二、阴阳与刑德

汉初儒、道对于天道的不同领悟还体现在阴阳观的差异上,这种差异也使两家的刑德思想迥然有别。

以阴阳论刑德并非始于汉代,战国时已为显说。由于此说流行甚广④,且秦命短促,遂亦为汉人所重。就此而论,汉初儒、道似

---

① 河上公:"当洗其心使清洁也。"参见王卡点校:《老子道德经河上公章句》,第34页。

② 如《汉书·董仲舒传》曰:"《春秋》深探其本,而反自贵者始。故为人君者,正心以正朝廷……"又,《仁义法》曰:"《春秋》之所治,人与我也;所以治人与我者,仁与义也。以仁安人,以义正我。"而《二端》论"正五始"时,亦强调人君"修身审己,明善心以反道者"的重要性。

③ 如《淮南子·俶真训》云:"是故圣人之学也,欲以返性于初而游心于虚也。"

④ 如关于阳德阴刑(或曰月刑)以及相应的"德取象于春夏,刑取象于秋冬"之说,马王堆汉墓帛书、《管子》《鹖冠子》《尉缭子》《范子计然》等均有明言。又,《礼记·月令》(或《吕览》之《十二纪》)论十二月令亦贯穿着阳德阴刑的基本观念。

皆沿袭旧说而已。又，白奚认为：阳尊阴卑思想是黄老道家"所独
有的特色理论"，"董仲舒的《春秋繁露》对阳尊阴卑的思想大加发
挥，这部分内容只能是直接承自黄老道家"①。若是，则汉初儒家
关于阴阳、刑德的思想似又循迹道家，无其独见。实际上，汉初儒、
道尽管皆曰阳德阴刑与阳尊阴卑，其间的寓意则颇有不同。这种
不同既反映着二者的天道观之异，也体现了他们关于刑、德的不同
态度。

先来看阴阳刑德说的基本内涵。对此，白奚尝有很好的理论
概括。他说：

> "刑"即刑政，指的是刑罚、法令等严厉的、强制性的政治
> 手段；"德"即德政，指的是仁德、劝赏、教化等温和的政治手
> 段。刑与德作为施政的两种基本手段，是既相反又相辅相成
> 的，在具体的运用中往往需要交相为用，这一点很早就被上古
> 时代的统治者认识到，并成为西周以来重要的文化传统和政
> 治经验，《尚书》《周礼》《左传》《国语》等典籍中都有很多刑与
> 德并举、并用的记载。不过在这些早期的政治经验中，刑与德
> 还只是作为纯粹的治国方略出现，尚未与天道阴阳联系在一
> 起来思考。②

然又曰："《黄帝四经》首创阴阳刑德的理论，把天道之阴阳与
政治之刑德联系并对应起来，从而使刑德具有了形而上的理论支
撑。"③白奚之所以说"《黄帝四经》首创阴阳刑德的理论"，是因为
他认为帛书《经法》等四篇即为《汉书·艺文志》所载的《黄帝四

---

① 白奚：《帛书〈黄帝四经〉的阴阳思想及其思想史地位》，《文史哲》2021 年第 2
期，第 38 页。
② 白奚：《帛书〈黄帝四经〉的阴阳思想及其思想史地位》，第 32 页。
③ 白奚：《帛书〈黄帝四经〉的阴阳思想及其思想史地位》，第 32 页。

经》①且谓"其成书较早,当在战国早中期之际,先于管、慎、孟、庄诸书",是"稷下黄老学派的奠基之作"②。陈鼓应也说:"帛书《黄帝四经》应是黄老学派的最早著作"③,其成书"年代相当早,应在战国中期之前"④。但学者亦有异论。如帛书原整理者主张,"这四篇佚书,大概是汉初或战国末期的著作",其内容反映的"大概就是流行于汉初的一种黄老思想"。裘锡圭盖认同此说,且曰:"《经法》等四篇的核心思想是关于道和法的学说,为了称说方便,这种道家可以称为'道法家'。"⑤对于以上分歧,此处不论,仅指出《经法》等四篇诚为黄老道家的经典性文献,其竟得随葬于远离中原的长沙国丞相利苍之妻的墓中,可见流传之广与影响之大。

无论《经法》等四篇是否为《黄帝四经》,且无论此四篇是否成书于"战国早中期之际"或"战国中期之前",谓阳尊阴卑之说为黄老道家"所独有",似嫌急遽。因为,以阴阳言天地在战国时已是一个普遍而成熟的观念,这一观念本含有阳尊阴卑义,故《易传·系辞上》曰:"天尊地卑,乾坤定矣。卑高以陈,贵贱位矣。"又,《易传·系辞下》论阳卦、阴卦何以分别"多阴"与"多阳"曰:"阳一君而二民,君子之道也;阴二君而一民,小人之道也。"⑥所以,董仲舒

---

① 此说系唐兰首发,学者多从之。
② 白奚:《稷下学研究——中国古代的思想自由与百家争鸣》,第97页。
③ 陈鼓应注译:《黄帝四经今注今译》,第35页。
④ 陈鼓应注译:《黄帝四经今注今译》,第36页。
⑤ 裘锡圭主编:《长沙马王堆汉墓简帛集成(肆)》,第125页。
⑥ 关于《易传》的成文时间,学界尚存争议。然即便《易传》出于战国晚期乃至秦汉之际,其所论之《易》理则非为晚也。当然,阳尊阴卑说在帛书《称》中普遍化的程度,确实为先秦其他典籍所不及。如其曰:"凡论必以阴阳囗大义:天阳地阴,春阳秋阴,夏阳冬阴,昼阳夜阴。大国阳,小国阴;重国阳,轻国阴。有事阳而无事阴,伸者阳而屈者阴。主阳臣阴,上阳下阴,男阳[女阴],父[子]阳[子]阴,兄阳弟阴,长阳少[阴],贵阳贱阴,达阳穷阴。娶妇生子阳,有丧阴。制人者阳,制于人者阴。客阳主人阴,师阳役阴,言阳默阴,予阳受阴。诸阳者法天……诸阴者法地。"裘锡圭主编:《长沙马王堆汉墓简帛集成(肆)》,第187页。

《春秋繁露》虽"对阳尊阴卑的思想大加发挥",其说则未必"只能是直接承自黄老道家"。尤需强调的是,尽管皆主张阳尊阴卑并以刑德配阴阳,儒、道二家却赋予阴阳刑德说以截然不同的伦理政治意义,提出了迥然有别的治世主张。

关于黄老道家的阴阳刑德说,《管子》多有论及。如《四时》篇曰:"是故阴阳者天地之大理也,四时者阴阳之大径也,刑德者四时之合也。刑德合于时则生福,诡则生祸。""大理"[①]与"大径"[②]义通,皆既可指运行以及相应的化生,亦有理路、理则之义。《四时》又曰:"德始于春,长于夏;刑始于秋,流于冬。刑德不失,四时如一。刑德离乡,时乃逆行,作事不成,必有大殃。"又,《形势解》篇详论道:

> 春者,阳气始上,故万物生;夏者,阳气毕上,故万物长;秋者,阴气始下,故万物收;冬者,阴气毕下,故万物藏。故春夏生长、秋冬收藏,四时之节也;赏赐刑罚,主之节也。四时未尝不生杀也,主未尝不赏罚也。故曰:春秋冬夏,不更其节也。

据此,黄老道家的阴阳刑德说具有如下内涵:其一,天地运化表现为阴阳之气的和合之道。其二,阳"生"(生成、化育)阴"收"(肃杀、敛藏)乃阴阳运行的自然呈现,"生"为德而"收"属刑。顺应此道,人君治世亦当有庆赏惩罚之为,且正如"四时未尝不生杀",人君治世也"未尝不赏罚也"。其三,犹如阴阳协调、刑德有序方能成就化育万物之功,人君治世也应注重刑德之间的相互协调与配合,以成事功。否则,必有事败殃至之害。其四,天道生物虽表现为阴阳和合、刑德并行,然毕竟是阳气先施、阴气后敛,恰如四时运行"不更

[①] 房《注》释"大理"句曰:"天地用阴阳为生成。"黎翔凤撰、梁运华整理:《管子校注》,第838页。

[②] 黎翔凤释"大径"句曰:"四时为阴阳之运行,故曰'大径'。"黎翔凤撰、梁运华整理:《管子校注》,第842页。

其节",人君治世也须先德而后刑。故《管子·势》论治术说:"故不
犯天时,不乱民功,秉时养人,先德后刑,顺于天,微度人。"这种"先
德后刑"之为,亦可谓体现了阳尊阴卑的关系。

在帛书《经法》等四篇特别是《十六经》中,上述阴阳刑德思想
更是被反复强调。如:

> 春夏为德,秋冬为刑。先德后刑以养生……刑德皇皇,日
> 月相望,以明其当,而盈□无匡。(《十六经·观》)

> 静作相养,德虐(引按:虐犹刑)相成。两若有名,相与则
> 成。阴阳备物,化变乃生。(《十六经·果童》)

> 天德皇皇,非刑不行;穆穆天刑,非德必倾。刑德相养,逆
> 顺若成。刑晦而德明,刑阴而德阳,刑微而德章。(《十六经·
> 姓争》)①

特别是《观》一文,还为阴阳刑德思想提供了宇宙论的根据,其曰:
"群群□□,□□□□为一囷,无晦无明,未有阴阳。阴阳未定,吾
未有以名。今始判为两,分为阴阳,离为四[时]。□□□□□□
□[德虐之行],因以为常。"②"因以为常"之"因",既可曰因而,亦
可曰因循。若谓因而,"德虐之行"指道之运化所展现出的"规律
性";若谓因循,"德虐之行"正为天下之治所当因循的常道。以上
两解皆可成立,且内在相通。贯穿于其中的,即为天人一体的治道
观。所以,《经法·君正》总结道:"天有死生之时,国有死生之正
政。因天之生也以养生,谓之文;因天之杀也以伐死,谓之武。

---

① 裘锡圭主编:《长沙马王堆汉墓简帛集成(肆)》,第152、158、161—162页。
② "德虐之行",据陈鼓应说补。(陈鼓应注译:《黄帝四经今注今译》,第262页)
裘锡圭主编:《长沙马王堆汉墓简帛集成(肆)》,第152页。

[文]武并行,则天下从矣。"①文中的"文""武"是德刑的另一种
表述。

在《淮南子》中,关于阴阳刑德的论述虽不如帛书诸篇集中而
详尽,其义旨则无有不同,表明黄老道家的这一思想是一以贯之
的②。通观黄老道家的阴阳刑德之说,可以发现:一方面,作为治
术,刑、德的作用是相等的,缺一不可,正所谓"文武并行,则天下从
矣";另一方面,因阳生而阴收、阳施而阴敛,犹如四时之运表现为
先春夏而后秋冬,治道的展开也应遵循先德后刑之序③。但需指
出的是作为治术之"德"在黄老道家那里主要指柔性、宽厚、劝导的
治理手段,其积极教化的内涵不是很突出,否则,便与道家的无为
观念不协。既重"刑治",如何审核形名(或综核名实)以定是非、辨
功过、行赏罚,便成为关键之事。宜乎文帝治世既"允恭玄默"(《汉
书·叙传下》),又"本好刑名④之言"(《史记·儒林列传》)。

再来看汉儒的阴阳刑德说。就现有文献而言,董仲舒之论堪
为典型。其曰:

> 臣闻天者群物之祖也。故遍覆包函而无所殊,建日月风
> 雨以和之,经阴阳寒暑以成之。故圣人法天而立道,亦溥爱而

---

① 裘锡圭主编:《长沙马王堆汉墓简帛集成(肆)》,第132页。

② 如《天文训》:"阴阳相德,则刑德合门……德南则生,刑南则杀,故曰二月会而万物生,八月会而草木死。"又如《氾论训》:"天地之气,莫大于和。和者,阴阳调、日夜分而生物,春分而生,秋分而成。生之与成,必得和之精。故圣人之道,宽而栗,严而温,柔而直,猛而仁。太刚则折,太柔则卷,圣人正在刚柔之间,乃得道之本。积阴则沉,积阳则飞,阴阳相接,乃能成和。"

③ 白奚说:"这种'先德后刑'政治主张的天道观根据就是阴阳二气的盈缩消长规律。值得注意的是,《黄帝四经》这里讲的是德与刑两种治国手段的使用在一年中有先后之序,德之于刑只具有时序上的优先性,且德与刑在年复一年的循环中又是交替为用的,二者之间其实并无轻重主次的关系。"(白奚:《帛书〈黄帝四经〉的阴阳思想及其思想史地位》,第32页)此诚至论。

④ "刑名"即谓"形名"。治者欲致"刑治"之良效,必以其精于"正名"(审核形名)为前提。

> 亡私,布德施仁以厚之,设谊立礼以导之。春者天之所以生也,仁者君之所以爱也;夏者天之所以长也,德者君之所以养也;霜者天之所以杀也,刑者君之所以罚也。繇此言之,天人之征,古今之道也。(《汉书·董仲舒传》)

这里,董子明据天道以论德刑之术,且同黄老道家一样,董子也通过将德刑与四时之性分别相配,以明德刑的各自生养、惩罚之功。表面上看,此段文字论德刑与黄老道家之说似无不同。实则不然。其间的根本区别为:在道家,"德"主要指宽厚之政;在董子,"德"除了指宽厚之政,也包括礼义之教。董子又论曰:

> 然则王者欲有所为,宜求其端于天。天道之大者在阴阳。阳为德,阴为刑;刑主杀而德主生。是故阳常居大夏,而以生育养长为事;阴常居大冬,而积于空虚不用之处。以此见天之任德不任刑也。天使阳出布施于上而主岁功,使阴入伏于下而时出佐阳;阳不得阴之助,亦不能独成岁。终阳以成岁为名,此天意也。王者承天意以从事,故任德教而不任刑。刑者不可任以治世,犹阴之不可任以成岁也。为政而任刑,不顺于天,故先王莫之肯为也。今废先王德教之官,而独任执法之吏治民,毋乃任刑之意与!孔子曰:"不教而诛谓之虐。"虐政用于下,而欲德教之被四海,故难成也。(《汉书·董仲舒传》)

此段文字对于理解董仲舒的阴阳刑德思想至为重要,并尽彰儒、道之说之别。首先,在董子看来,天道之运固然主要表现为阴阳二气之化,然阴阳之间又有着实虚、主次之别。因为,尽管"阳不得阴之助"而"不能独成岁",毕竟是"阳出布施于上而主岁功",阴则只能"入伏于下而时出佐阳"。与此阴阳的实虚、主次之序相应的是,王者治世也当"任德教不任刑"。此所谓"德教",即如阳之"生育养长为事"，既包括仁政爱民之举，也包括教化导民之行（按：仁政与教化，皆属"生育养长"之事）。针对汉立以来"废先王德教之官，而独任执法之吏治民"的历史现实之弊，董子所说的"德教"更有侧重于教化之意。其次，为了强调"德教"的优先地位，董子不惜将"天"予以宗教化，认为犹如阳主阴辅乃"天意"的显示，王者治世"任德教而不任刑"也不过是"承天意以从事"而已①。复次，上文还表明董子对于高扬"德教"可谓不遗余力，而对于贬抑"刑政"也颇尽其心——即便是"入伏于下"，阴之"佐阳"也须遵守"时出"之制。显然，董子的阴阳刑德之说深契于夫子的"富之""教之"之论②，恪守了儒家治道思想的纯正立场。

三、自然与名教

以上两节所论，其实可归结为一个问题，即治世究竟是应重自然还是当倡名教？若治主无为、尚阴阳刑德"相与相成"（《十六经·果童》），则为道家（黄老道家）；反之，若治主有为、"任德教而不任刑"，则为儒家。进而言之，自然与名教的问题本质上又可归结为文质之辨。如何看待此辨，也关乎如何看待人性以及何为文明、文明何用等重要问题。

---

① 董子还从天人感应的角度论述了"任德"或"任性"所引发的不同后果。他说："臣闻天之所大奉使之王者，必有非人力所能致而自至者，此受命之符也。天下之人同心归之，若归父母，故天瑞应诚而至。《书》曰：'白鱼入于王舟，有火复于王屋，流为乌。'此盖受命之符也。周公曰：'复哉复哉！'孔子曰：'德不孤，必有邻。'皆积善累德之效也。及至后世，淫佚衰微，不能统理群生，诸侯背畔，残贱良民以争壤土，废德教而任刑罚。刑罚不中，则生邪气；邪气积于下，怨恶畜于上。上下不和，则阴阳缪盭而妖孽生矣。此灾异所缘而起也。"（《汉书·董仲舒传》）
② 《论语·子路》载："子适卫，冉有仆。子曰：'庶矣哉！'冉有曰：'既庶矣，又何加焉？'曰：'富之。'曰：'既富矣，又何加焉？'曰：'教之。'"

　　道家之所谓"自然",本通作"自尔"①。"尔"既有"必然"之义,则"自然(尔)"所意谓的"自己如此"是有其必然性的,这种必然性来自"自"之所指之"物"的本性。关于"自然"的"自尔"之本义,以及"自尔"的自成性与必然性等内涵,郭象在《庄子注》中有过反复申说。兹举一例,曰:"故自然者,即我之自然,岂远之哉!凡物云云,皆自尔耳,非相为使也,故任之而理自至矣。"(《〈齐物论〉注》)②又,在古典思想的视野里,万物之性(本性)乃天之所赋,故亦曰天性。天性或本性意味着事物之所以如此存在,皆非外力使然,而是其天生如此(即"天然")的。在道家那里,自然与天然、本然、必然等义本即相互蕴含的。所以,论及应物,道家皆主尊重、因循其性。至于治道,道家也皆有尚清虚自守以成物化的一面,并以此义之无为而与儒、法之无为区别开来。《老子·三十七章》曰:"道常无为。侯王若能守之,万物将自化。"《淮南子·原道训》曰:"漠然无为而无不为也,澹然无治而无不治也。"其间的思想一贯性是显而易见的。

　　事物的自然之性又被视为天生之质。以天生禀赋或材质言性,乃先秦诸家之通见(至于诸家如何理解或界定此材质,则属他论),于是有"性者,生之质也"(《庄子·庚桑楚》)或"性者,天之就也""不事而自然谓之性"(《荀子·正名》)之说。汉人言性,亦复如是。故董仲舒辨性之名曰:"如其生之自然之资,谓之性。性者,质也……性之名不得离质。"(《春秋繁露·深察名号》)道家既主尊重、因循事物之性,则必肯定事物的材质之于其自身存在的自足性,且充分肯定万物各尽其性(或各展其材)之于天下之治的根本意义。所以,从文质之辨的角度看,道家论治道以尚质为本。尚质

---

　　① "然"为"燃"的本字,因音转可通作"尔"。"尔"谓"词之必然也",义为"如此"或"此"。参见许慎撰,段玉裁注:《说文解字注》,第48页。
　　② 郭庆藩撰,王孝鱼点校:《庄子集释》,第56页。

则必抑文,其绝对者乃至反文(按:此"文"非谓事物本身所具有的自然之文,而是人为所成的。下同)。故老子绝圣智、弃仁义、摒巧利,彰"见素抱朴"之道(参见《老子·十九章》),以似乎远离一切技术便利和文明交流的"小国寡民"之治为依归(参见《老子·八十章》)。此说演至庄子后学,遂有所谓"同与禽兽居,族与万物并"的"至德之治"(《庄子·马蹄》)之论。在黄老道家,其思想虽糅合诸家之说,倡功利、促一统,然论治同样主尚质,并以"反(返)性"或"全性"为旨归。《淮南子·诠言训》说:

> 为治之本务在于安民,安民之本在于足用,足用之本在于勿夺时,勿夺时之本在于省事,省事之本在于节欲,节欲之本在于反性,反性之本在于去载。去载则虚,虚则平。平者,道之素也;虚者,道之舍也。能有天下者必不失其国,能有其国者必不丧其家,能治其家者必不遗其身,能修其身者必不忘其心,能原其心者必不亏其性,能全其性者必不惑于道。

顺此逻辑,"大治"便表现为前引《俶真训》所谓"当此之时,万民猖狂,不知东西,含哺而游,鼓腹而熙……不以曲故是非相尤,茫茫沉沉"的状态。在此治下,万民的本然之性皆得到了绝对的呵护,皆实现了其最大的可能性。然尚质反文的结果,则可能致万民于"浑沌不明"的精神状态("不知东西""不以曲故是非相尤,茫茫沉沉")。当然,这种状态往往也正是尚质之治所要达到的目标之一。因为,它既意味着万民的质朴本性没有受到名教的束缚或伤害,也是"大治"之民自然而然显露出的生命存在。

对于道家的尚质之说与"返性"之论,儒家则甚不以为然。儒家虽亦以自然之质言性,且虽对人性有着不同的善恶分辨或道德规定,其论治却无一不重教化。首先,儒家特别是汉儒之所谓性,主要是指"中人"之性。先秦诸子论性尽管皆为泛说,实则多是基于"中人"之性而发的。至汉,董仲舒明确地指出:"名性,不以上,不以下,以其中名之。"(《春秋繁露·深察名号》)"圣人之性不可以名性,斗筲之性又不可以名性。名性者,中民之性。"(《春秋繁露·实性》)王充也说:

> 故孔子曰:"中人以上,可以语上也;中人以下,不可以语上也。"……"性相近也,习相远也。"夫中人之性,在所习焉,习善而为善,习恶而为恶焉。至于极善极恶,非复在习。故孔子曰:"惟上智与下愚不移。"(《论衡·本性》)[1]

其次,从治世的角度看,治者所面对的芸芸众生也以"中人"为主,故儒家言治以自然与名教合一为至论。荀子有言:"性者,本始材朴也;伪者,文理隆盛也。无性则伪之无所加,无伪则性不能自美,性伪合然后成圣人之名,一天下之功于是就也。"(《荀子·礼论》)"性伪合"者,犹曰人之为善乃是自然与名教合一的结果,它成就的是"文质彬彬"(《论语·雍也》)的人文品格。荀子的性恶论[2]固然多为后儒所辟,其"性伪合"之说却庶几可作儒家言教化、治道之通论。如董仲舒论性既不曰性善,亦不言性恶,而谓"性禾善米"[3],并据以明教化之功曰:"性者,天质之朴也;善者,王教之化也。无其质,则王教不能化;无其王教,则质朴不能善。"(《实性》)从"受命"的角度说,王者以教化而成民性之善,正是其职责所在。董子曰:

> 性如茧如卵:卵待覆而成雏,茧待缫而为丝,性待教而为

---

[1]　黄晖撰:《论衡校释(附刘盼遂集解)》,北京:中华书局,2017年,第162—163页。

[2]　近年来,学者多辩荀子的人性论并非是性恶论,实属"性朴论"。然至于如何理解"性朴",其间仍有争论。

[3]　《深察名号》:"故性比于禾,善比于米:米出禾中,而禾未可全为米也;善出性中,而性未可全为善也。善与米,人之所继天而成于外,非在天所为之内也。天之所为,有所至而止。止之内谓之天性,止之外谓人事。事在性外,而性不得不成德。"

善。此之谓真天。天生民性有善质，而未能善，于是为之立王以善之，此天意也。民受未能善之性于天，而退受成性之教于王。王承天意，以成民之性为任者也。今案其真质，而谓民性已善者，是失天意而去王任也。万民之性苟已善，则王者受命尚何任也？（《深察名号》）

除了在理论上论证施行教化的重要性，在应对武帝的策问时，董子也不厌其烦地强调："凡以教化不立而万民不正也""古之王者……南面而治天下，莫不以教化为大务""道者，所繇适于治之路也，仁义礼乐皆其具也"（《汉书·董仲舒传》）。所以，从治道的层面说，汉儒显有不信任"自然（性、质）"之意，认为倘无名教之施，万民不仅难成其善，天下之治也无得而成。

上述儒、道在自然与名教问题上（或文质之辨）的分歧，深刻地反映了二者关于人性和文明的不同理解。在道家，他们充分肯定了事物本身的存在意义，对于人性并无道德评判或价值预设，相信人们（乃至万物）率性而为即能实现最适合其自身的生存状态。是非观念、道德意识的产生皆是理想状态丧失的结果，它们是外在于事物本性的人为之"物"，是人们用来对治现实诸"病"的药方。作为外在的观念或标准，是非、仁义的施行还会伤及事物之性，束缚其自由。至于治者将仁义道德作为窃取天下国家、奴役万民的工具，斯益下矣。所以，道家已洞察文明发展所可能导致的种种僵化压抑、虚伪浮华以及侵削戕虐之弊，其思想具有积极的警示意义和现实批判价值。但道家的尚质、"全性"思想在治道上也是有其消极性的：一方面，它似乎消解了原始的蒙昧状态与得道的浑沌境界的本质区别，至少在庄子后学那里难以消除这一嫌疑；另一方面，由于它将事物"全性"的生存状态描述的过于理想化①，且因为

---

① 无论是老子所谓的"小国寡民"境界，还是庄子后学的"至德之世"。

反对以儒家为首的关于政治体制的任何建构,从而似有一定的反文明思想倾向。

　　儒家对于人性则不如道家那么有信心,即使是孟子"道性善",也认为"人之所以异于禽兽者几希"(《孟子·离娄下》)。儒家坚持人禽之辨,高扬人之为人的价值和尊严,内重修养,外隆教化,以使万民过上人之为人的生活,故大张"赉"道,以成"文明"之治[1]。不仅如此,儒家还高度重视文明的传承与积淀,故值周之末世,"周文"虽已疲敝,孔子仍有"周监于二代,郁郁乎文哉! 吾从周"(《论语·八佾》)之叹。儒家也看到任何一种文明的演进都会产生僵化、壅滞之弊,主张"礼,时为大"(《礼记·礼器》),倡导因时变易。为明此理,儒家还以忠、敬、文三教循环之说以彰补偏救弊之道(参见《礼记·表记》)。总之,儒家既看到了人类由蒙昧、野蛮进入文明状态的必然性和必要性,也试图通过积极革新的方式以救文明演进之弊。

　　事实上,汉初因沿袭秦制,忽视教化,客观上也造成了民风鄙陋的严重后果。早在文帝时,贾谊就已对"曩之为秦者,今转而为汉矣"的"失理""大败"之状表示痛惜。对于秦俗之败的原因及其表现,贾子说:

　　　　商君违礼义,弃伦理,并心于进取,行之二岁,秦俗日败。秦人有子,家富子壮则出分,家贫子壮则出赘。假父耰鉏杖箒,耳虑有德色矣;母取瓢碗箕箒,虑立讯语。抱哺其子,与公并踞;妇姑不相说,则反唇而睨。其慈子嗜利而轻简父母也,虑非有伦理也,亦不同禽兽仅焉耳。(《新书·时变》)[2]

又论当时的汉俗之坏曰:

---

①　关于儒家的"文明"之论,详见第四章之"三、何以为'文'? 其'明'何在?"。
②　阎振益、钟夏校注:《新书校注》,北京:中华书局,2000 年,第 97 页。

> 今世贵空爵而贱良，俗靡而尊奸。富民不为奸而贫为里侮也，廉吏释官而归为邑笑矣，居官敢行奸而富为贤吏，家处者犯法为利为材士。故兄劝其弟、父劝其子，则俗之邪至于此矣。(《新书·时变》)①

如果说秦俗之败是因为秦人昧于尚功兼并之术的成功而轻视仁义教化的话②，汉初的风俗之坏完全在于治者因循秦制而不知教化在治世上的重要意义。故秦俗之败似乎于情可原，汉俗之坏则于理难恕。这也说明道家所推崇的"(君)无为"而"(民)自化"的理想之治，在现实中是很难实现的。为改良风俗、端正人心，贾子上书申言更化改制之理，建议文帝"改正朔、服色制度，定官名，兴礼乐"(《汉书·贾谊传》)。只因当时黄老之风盛行，帝后皆沉浸于其中，其志不得。

直到武帝之世，周末以来的风俗败坏之状仍无改观，以至董子策对时还痛心疾首地指出：

> 至周之末世，大为亡道，以失天下。秦继其后，独不能改，又益甚之，重禁文学，不得挟书，弃捐礼谊而恶闻之。其心欲尽灭先圣之道，而颛为自恣苟简之治，故立为天子十四岁而国破亡矣。自古以来，未尝有以乱济乱、大败天下之民如秦者也。其遗毒余烈至今未灭，使习俗薄恶、人民嚣顽、抵冒殊扞、孰烂如此之甚者也。孔子曰："腐朽之木不可雕也，粪土之墙不可圬也。"今汉继秦之后，如朽木、粪墙矣，虽欲善治之，亡可奈何。法出而奸生，令下而诈起，如以汤止沸、抱薪救火，愈甚亡益也。(《汉书·董仲舒传》)

---

① 阎振益、钟夏校注：《新书校注》，第97页。
② 如《时变》曰："然犹并心而赴时者，曰功成而败义耳。蹶六国，兼天下，求得矣。然不知反廉耻之节、仁义之厚，信并兼之法。"阎振益、钟夏校注：《新书校注》，第97页。

所以，董子力主更化，认为"故汉得天下以来，常欲治而至今不可善
治者，失之于当更化而不更化也""更化则可善治"。至于如何更
化，不过是敦促王者黜百家——事实上，主要是斥黄老——尊儒
术，修饬"仁谊礼知信五常之道"（《汉书·董仲舒传》）以为治。其
后，武帝果重儒术，经学昌明，汉代的思想文化遂亦为之大变，历史
进入了一个新时代。

下　编

第七章　名之何谓？正名何为？

——先秦时期的正名思想及名学理论之分化

　　名与形名等问题是先秦思想的核心内容之一。它深切关涉人们的生存体验、自身在世界中的定位以及伦理政治实践等，得到了先秦诸子的一致重视。相应的，诸子也擅论名。其中，关于名的内涵、命名主体、名实关系以及正名的意义等，先秦诸子多有宏富、深刻之论。当时名学思想的理论分化，也反映了时代精神与治术的演变之状。

　　清末以降，关于先秦名学思想的研究颇为学者所重。然总体而言，上述研究主要是从西方知识论立场或基于逻辑学标准展开的，其成果也主要表现为知识论或逻辑学的特点，因而多显偏失。对此，曹峰进行了较为系统的学术史回顾[①]，并指出：

　　　　一百年来的名学研究……为了建构起足以和西方文明相匹敌的逻辑体系，学者只重视逻辑意义上的、知识论意义上的"名"，甚至曲解伦理意义上的、政治意义上的"名"，将其当知识论、逻辑学材料来使用，这使名学研究从一开始就出现方向

---

　　①　参见曹峰：《中国古代"名"的政治思想研究》，上海：上海古籍出版社，2017年，第8—20页。

性的错误,不顾"名家"所生存的思想史环境,偏离了思想史的实态。①

近年来,学界关于先秦名学思想的研究已祛除了上述偏颇之病。不过,仍有一些基本概念或问题(如名之内涵、圣王何以一体以及名实与形名的关系等)需要进一步澄清或解决。

一、名之何谓? 谁得命名?

先来看名者何谓。《说文解字》曰:"名,自命也。从口、夕。夕者,冥也。冥不相见,故以口自名。"冥者,暗昧之义。可见,名是人们一种口头式的自我揭示,即"自命";"自命"的目的是向对方呈现、揭示自己,可谓"去冥"。因此,名有去蔽、澄明之义。据段注,许慎以名为"铭"的本字,"许意凡《经》《传》'铭'字皆当作'名'矣","故许君于《金部》不录'铭'字"②。对于许慎之说,章太炎则有异议。其曰:"古人命、名二字义近,相假借。""命从卪,或谓名亦从卪。说较《说文》是。铭,《说文》无,但古书已屡见之矣。"③则名非从"口、夕",而是从"口、卪"④。"卪"即"瑞信也"(《说文解字》),谓使者所持之信物,后写作"节"。无论若何,名与命皆内涵相关,且皆有通过口宣以取信于对方之义。之所以有此种信任,乃在于名或命呈现、揭示的是自己的"本来面目"。否则,名之所命便非真正的去蔽或澄明。从"自命"到"命他",名所呈现、揭示的便为芸芸众物,是为通常意义之命名。

---

① 曹峰:《中国古代"名"的政治思想研究》,第 20 页。
② 许慎撰,段玉裁注:《说文解字注》,第 56 页。
③ 章太炎讲授,朱希祖、钱玄同、周树人记录:《章太炎说文解字授课笔记》,第 64 页。
④ "夕"与"卪"篆书形肖。若从此说,则名字本即内涵于"命"中。

　　人类命名能力的产生及其相应的命名实践，标志着世界由浑沌走向清明、由蒙昧走向文明。基于各种形式的命名，事物得以描述、界定、区分、评判，并因其名而彼此发生各种联系。通过命名，人类将事物纳入自己的生活世界，赋予其秩序与意义。即使那些不可被命名的"无名"之物，如《老子·十四章》所言的"绳绳不可名"者，也因为这种"无可命名性"而属于甚至"支撑着"人类的生活世界。对于事物来说，其被命名与否及命名前后，它们的存在意义和彼此关系是有着本质不同的。

　　一般的，事物之名总是在具体的生存情境中产生或得到确定。这一现象既体现了传统的延续性，也展现了历史文化的具体性与地域风俗的独特性。对此，《荀子·正名》已有明说："后王之成名：刑名从商，爵名从周，文名从礼，散名之加于万物者则从诸夏之成俗，曲期远方异俗之乡，则因之而为通。"然事物之如何命名以及其名如何，并不是一个简单的称谓问题，往往也具有深刻的伦理政治义蕴。因为，命名确定了人们的身份、地位、职分等，展示、规范了人与人、人与物之间的关系，从而建构了一定的伦理政治体系。而治世之道的展开，常也表现为对于各种名的辨析和厘定（即正名），以明确人们各自的名分（意味着权力、义务等），维护相应的伦理政治制度和社会秩序。在伦理政治生活中，对于号令的拟定、发布以及事物名位的规定等构成了政教之道，形成了相应的名教体系。《左传·桓公二年》曰："夫名以制义，义以出礼，礼以体政，政以正民，是以政成而民听，易则生乱。"可谓简练地勾勒出命名与治道之间的内在关系，以及名教之于理政导民的重要意义。

　　从理想的层面看，命名应当遵循以下两个原则：其一，任何命名皆能如其所是地呈现事物的"本来面目"；其二，任何命名皆能将所命之物置于一个恰当的位置，且基于此"恰当性"，不仅诸物之名和洽一体，万事万物亦处于和洽融通的存在状态。如此命名，自然

非常人所能为,唯有圣人方可担当。董仲舒尝曰:

> 名生于真,非其真,弗以为名。名者,圣人之所以真物也。名之为言真也。故凡百讥有黮黮者,各反其真,则黮黮者还昭昭耳。欲审曲直,莫如引绳;欲审是非,莫如引名。① (《春秋繁露·深察名号》)

"真"既可谓本性(如《庄子·秋水》"谨守而勿失,是谓反其真"之"真"),又有真正、真实之义。董子之说表明:唯有"言真"之名,方能展现事物之"真"("本来面目");同时,唯有"言真"之名亦才能破除"百讥"之昧,还事物以"本来面目"。倘若名定物"真",且"引名"而"审是非",事物之性自然不会被遮蔽,而诸物之间自然也能和洽共处。董子去古未远,其说当是对先秦时期命名观念的继承,亦可以说是一种理论总结。

然而,何以圣人方得命名? 或曰何以圣人有命名之"德"? 欲解此惑,需明圣人何以为"圣"。《说文解字》曰:"圣(聖),通也。从耳、呈声。"段注:"'圣'从'耳'者,谓其耳顺。《风俗通》曰:'圣者,声也,言闻声知情。'按:'声''圣'字古相假借。"②则圣人本谓通达之人,其所通达者,为天地万物之"情"(即情状之"情")。圣人之所以有此通达,乃"闻声"而得之。所谓"闻声",不仅指圣人能够"听到"万物展示出来的各种"消息",而更指圣人能够虚己以待、充分地"包容""倾听"万物,从而使万物如其所是地"显现"自己。唯有如此,圣人与物之通达方得真正可能。故章太炎曰:"圣人者,通人也。通达事理曰圣。'圣'与'听'音义相似("圣"古音近"听")。钟

---

① "真物"与"各反其真"之"真",皆有"正"义。其所异者,前"真"为动词,后"真"为名词。所谓"审是非",在此主要指名、实是否相副,以及事物是否处于其当处之地。

② 许慎撰、段玉裁注:《说文解字注》,第 592 页。

鼎文'圣''听'皆作''。孔子六十而耳顺，则达乎圣之域，即善听也。"①章氏"'圣'与'听'音义相似"之说甚是：在甲骨文中，此二字皆为"口""耳"相合之形。其所异者，一字为"口"左"耳"右（"圣"），一字主要为"口"右"耳"左（"听"）②。显然，"圣（聖）"字本既有"倾听"之义，又有"言说"之义。其所"言说"者，不过是自己因"倾听"而通达的天地万物的"本来面目"而已。故圣人之所以为圣人，既表明他能够如其所是地"倾听"万物，也表明他能够如其所是地将所听者"言说"出来。其中，命名或制名便是圣人"言说"万物之情及其当然之理的一个主要方式。圣人这种"倾听"和"言说"的能力自然是十分卓异的，非常人所得备，故命名亦非圣人而不能。

　　命名不仅意味着一种能力（此能力亦是"德"的体现），因其深切于事物的存在及其相互关系，故而也意味着一种相应的权力。既然唯有圣人真正具备"倾听"与"言说"事物的能力，则圣人与王（即"立法者"）便是本来一体的：圣人即王（或潜在之王），而真正的王则必为圣人。《礼记·中庸》曰："非天子，不议礼，不制度，不考文……虽有其位，苟无其德，不敢作礼乐焉；虽有其德，苟无其位，亦不敢作礼乐焉。""议礼""制度""考文"者，皆为"立法"之事，亦皆圣人命名或正名之事。这种圣、王一体观非儒家所独有，而是古典思想的一个基本信念。相应的，关于圣人之于命名的正当性地位的强调，在先秦典籍中亦可谓俯拾即是。兹举几例，如：

　　　　伯夷降典③，折民惟刑。禹平水土，主名山川。（《书·

———————

　　①　章太炎讲授，朱希祖、钱玄同、周树人记录：《章太炎说文解字授课笔记》，第488页。
　　②　参见中国科学院考古研究所编辑：《甲骨文编》，北京：中华书局，1965年，第466页。
　　③　引按："典"谓典礼。《今文尚书》"降典"即作"降典礼"。"降典"属于制礼之命名。参见皮锡瑞撰，盛冬铃、陈抗点校：《今文尚书考证》，北京：中华书局，1989年，第444页。

吕刑》）

　　古者圣王为五刑①，请（诚）以治其民，譬若丝缕之有纪、网罟之有纲。（《墨子·尚同上》）

　　名者，圣人所以纪万物也。（《管子·心术上》）

　　上圣之人，口无虚习也，手无虚指也，物至而命之耳。（《管子·白心》）

　　古者未有君臣、上下之时，民乱而不治。是以圣人列贵贱、制爵位、立名号，以别君臣上下之义。（《商君书·君臣》）

　　粤若稽古。圣人之在天地间也，为众生之先。观阴阳之开阖以名命物，知存亡之门户。（《鬼谷子·捭阖》）

　　分物纪名，文理②别明，神圣之齐也。（《鹖冠子·泰录》）

命名既意味着一种赋予事物之名的正当性的权力，非圣人或圣王而不能，随着天命的转移，新王便肩负着改制即重建新的名教体系的责任和使命。在此，其后的公羊家多阐其义。如董仲舒说："王者必受命而后王。王者必改正朔、易服色、制礼乐，一统于天下，所以明易姓非继人、通以己受之于天也。"（《春秋繁露·三代改制质文》）又曰：

　　改正之义，奉元而起。古之王者受命而王，改制，称号，正月。服色定，然后郊告天地及群神，远追祖祢，然后布天下……然而三代改正，必以三统③天下。（《三代改制质文》）

将命名权委之于圣人，且因此将天下之治的希望委之于圣王，

---

　　① 引按："为五刑"即制作五刑，属于立法之命名。参见孙诒让撰，孙启治点校：《墨子间诂》，第 76 页。

　　② "文理"，原作"文圣"，此据校者之说正。参见黄怀信撰：《鹖冠子校注》，第246 页。

　　③ 苏舆曰："'天下'上疑有夺字，或当重'统'字。"苏舆撰，钟哲点校：《春秋繁露义证》，北京：中华书局版，1992 年，第 196 页。

确实有神化圣人(王)、崇尚王权之嫌。在当时的历史条件下,这种神化和崇尚自有其不得已之处,反映了先民为正确地认识、安顿事物进而为实现天下至治在命名问题上的理想要求。而且,将命名权委之于圣人(王),也因而凸显了他们所应负的治世之责,其中自然又蕴含着对于时王的批判意识乃至"革命"精神。

二、名实(形)关系与正名问题

名非虚设,必有所指。其所指者,实或形也。在先秦典籍中,"名实"亦即"形名"。因"形"常假以"刑",故"形名"又常作"刑名"。学者或谓"形名"与"名实"有所不同,说恐未安①。对于名、实、形三者的关系,可从以下几方面来看。

首先,关于实与名实。《说文解字》:"实(實),富也。从宀、贯,贯为货物。"段注:"以货为物充于屋下,是为实。"②自然的,实便有充塞、充满之义,故《小尔雅·广诂》曰:"实,充也。""实,满也。"③进而实又引申出"有"义,成为表示普遍存在的范畴。故有与无、实与虚皆相对应,虚与无者,即"无实"或"没有"也。在语言的运用中,名与实相合成为一对范畴,《墨子·经说上》云:"所以谓,名也;

---

① 如曹峰认为:"在战国后期,'刑名'与'名实'两个概念有同质化的倾向……因此,'形'与'实'这两个概念有时几乎具有同等的立场和意义。"(曹峰:《中国古代"名"的政治思想研究》,第71页)此说显然以"刑(形)名"与"名实"本非相同。又如贡华南指出:"'形'是沟通'名实'的中介,它是为了明确、确定名所要索取的实。'形'既有明确、确定的界域,可以充当'名'的根据,它也是对外在对象的直接摹写,成为客观对象的'化身'。'形'之独立乃后起之事,即作为'实本身'而与'名'发生种种关系。'名'因'形'而明确、确定,'实'要与'名'对应,有了'形'这个中介,名实之间才可比较,才有了'符合'关系。""'名''形''实'三者彼此独立,于是就有了彼此出入的可能。"(贡华南:《从形名、声名到味名:中国古典思想"名"之演变脉络》,《哲学研究》2019年第4期)此说虽谓"形"后有"实本身"义,然过于强调"形""实"之别,遂有"'形'是沟通'名实'的中介"之论。似亦可商。
② 许慎撰,段玉裁注:《说文解字注》,第340页。
③ 胡承珙撰,石云孙点校:《小尔雅义证》,合肥:黄山书社,2011年,第24页。

所谓,实也。"名即能指;实则为所指,乃名之内涵或意义的承载者,一般指物。由实之塞、有等义可知:此承载者当亦是"实有之物",而非虚幻。所谓"实有之物"者,不仅指具体存在的现实诸物,也可能是天帝、鬼神、山精水怪等神、灵之"物"。因在古典的生存世界里,这些"物"也确实是"有"或"存在"的。

其次,关于形与形名。《说文解字》:"形,象①也。"段注:"'象'当作'像',谓像似可见者也。"②章太炎曰:"形乃所画之象,引申为形象,又引申为一切有形之物。"③则形与实义可相通。形名问题与名实问题实亦相通,皆谓能指与其所指之"实存物"的关系问题。如《韩非子》既曰:"术者,因任而授官,循名而责实,操杀生之柄,课群臣之能者也。此人主之所执也。"(《定法》)又曰:"人主将欲禁奸,则审核刑名者,言与事也。为人臣者陈其④言,君以其言授之事,专以其事责其功。"(《二柄》)则其所谓名实者,亦即形名也。又如《邓析子·无厚》曰:"治世:位不可越,职不可乱,百官有司,各务其形;上循名以督实,下奉教而不违。"其中的形与实,义皆相通。又其《转辞》篇曰:"循名责实,实之极也;按实定名,名之极也。参以相平,转而相成,故得之形名。"得之"形名",亦即得之"名实"也。《转辞》又曰:"明君之督大臣,缘身而责名,缘名而责形,缘形而责实。"表面上看,此处形与实似有不同。其实,这只是以名实为例详细说明明君如何督责大臣:明君当据大臣之德才("身")授予其相应之名位("名"),以其名位责其当负之职分("形"),以其职分核查

---

① "象",原作"象形",此据段《注》正。参见许慎撰,段玉裁注:《说文解字注》,第424页。
② 许慎撰,段玉裁注:《说文解字注》,第424页。
③ 章太炎讲授,朱希祖、钱玄同、周树人记录:《章太炎说文解字授课笔记》,第373页。
④ "其",原作"而",此据顾广圻说正。参见王先慎撰,钟哲点校:《韩非子集解》,北京:中华书局,2013年,第43页。

其所为事务（"实"）是否适当。在此，形与实虽含义有别，然地位与性质相同，皆为具体的所指概念。甚至，若将引文中的形、实互植，其义亦不受任何影响。在先秦典籍中，学者或曰名实，或言形名，或者混言之，皆依其习惯或表达便宜而定。所以，钟泰在释《庄子·天道》"分守已明而形名次之"时说：

> 如有道德仁义、礼法分守种种之形，斯有道德仁义礼法分守种种之名。言"形名"者，犹言名实也，故公孙龙有《名实论》，而尹文著书，则称形名。其在当时，或曰形名，或曰名实，一而已矣。①

当然，如果强要加以区分的话，名实与形名仍似有小别：实更侧重于指抽象之物，形则偏于言具体之物。

复次，关于名实（形）关系。一方面，实（形）以定名，实（形）主名宾。在此方面，先秦诸子立场相同。如《墨子·经说上》曰："名实耦，合也。""举，告以之名，举彼实也。"②《庄子·逍遥游》曰："名者，实之宾也。"《尹文子·大道上》亦曰："名者名形者也，形者应名者也。""故亦有名以检形，形以定名。"又如《公孙龙子·名实论》曰："天地与其所产者，物也。物以物其所物而不过焉，实也。实以实其所实不旷焉，位也。出其所位，非位；位其所位焉，正也。"③另一方面，以名责实和以名定事。名之得命后，其内涵便备，意指便立，标准便成，由是对于与其相应之实便具有规范、辨析、查验或核实之功。

上文已指出：名与命名并非一个简单的称谓问题，而是有着深刻的伦理政治义蕴。作为名之所指，实或形皆非意味着孤立、封

---

① 钟泰：《庄子发微》，第 292 页。

② "之"，原作"文"，此据孙诒让说正。孙氏曰："'之名'犹言是，与'彼实'文相对。"孙诒让撰，孙启治点校：《墨子间诂》，北京：中华书局，2001 年，第 338 页。

③ 王琯撰：《公孙龙子悬解》，北京：中华书局，1992 年，第 87 页。

闲之物,乃承载着丰富的伦理政治内涵。如对于卫侯许可仲叔于奚"曲县、繁缨以朝"①之事,《左传·成公二年》引孔子之言说:

> 惜也! 不如多与之邑。唯器与名,不可以假人,君之所司也。名以出信,信以守器,器以藏礼,礼以行义,义以生利,利以平民,政之大节也。若以假人,与人政也。政亡,则国家从之,弗可止也已。

"器"谓车马、衣服等与名爵相关之物,名即爵号。作为名爵的象征,诸"器"与其所属者是一体相关的,即有其"人"(具有某种爵号之人)则有其"器",无其"人"则无其"器"。倘若"器"非其"人",违礼悖义,则必尊卑无别,上下淆乱。对于卫侯许可仲叔于奚"曲县、繁缨以朝",在孔子看来无异于"与人政"。如此,将政不在君,离亡国也就不远了。

由是,孔子提出了"正名"之说。《论语·子路》记夫子答子路"卫君待子而为政,子将奚先?"之问时,明确指出:"必也正名乎!"且曰:"名不正则言不顺,言不顺则事不成,事不成则礼乐不兴,礼乐不兴则刑罚不中,刑罚不中则民无所错手足。故君子名之必可言也,言之必可行也。"②以正名作为"为政"之"先",以见孔子论治之次第。其后,董仲舒结合《春秋》的变"一"为"元"之例,论曰:"谓一元者,大始也。知元年志者,大人之所重,小人之所轻。是故治国之端在正名。名之正,兴五世,五传之外,美恶乃形,可谓得其真矣,非子路之所能见。"(《春秋繁露·玉英》)又说:"正朝夕者视北

---

①　"曲县"即"曲悬",悬乐之制;"繁缨"即"鞶缨",马饰。杜预曰:"皆诸侯之服。"左丘明传、杜预注、孔颖达正义:《春秋左传正义》,北京:北京大学出版社,1999年,第691页。

②　对于孔子此说,历来学者多谓其就当时卫国蒯聩与辄的父子争国之事而发。当然,亦有学者从郑玄所谓"正名谓正书字"之论。参见刘宝楠撰,高流水点校:《论语正义》,北京:中华书局,1990年,第517—521页;或参见程树德撰,程俊英、蒋见元点校:《论语集释》,北京:中华书局,2014年,第1141—1156页。

辰，正嫌疑者视圣人。圣人之所名，天下以为正。"(《春秋繁露·实性》)

正名之"正"有二义：一谓端正、整治，作动词；一谓端正的、正当的，作形容词。名欲得端正或正当，自然当先端正之、整治之，故"正"之前义是其后义的前提。又，正名之正亦有"制"或"命"义，如《礼记·祭法》曰："黄帝正名百物，以明民共财。"对于此"正名"，孙希旦释云："黄帝为物作名，正名其体也。"①从字面上看，正名说的是端正、整治事物之名。实际上，正名真正所要辨析、端正以及厘定的，是作为名之所指的诸实及其关系。《荀子·正名》曰：

> 故王者之制名，名定而实辨，道行而志通，则慎率民而一焉……故知者为之分别，制名以指实，上以明贵贱，下以辨同异。贵贱明，同异别，如是则志无不喻之患、事无困废之祸，此所为有名也。

荀子在此虽是言"制名"的必要性，实则也指出了何以正名以及正名的目的，即"名定而实辨，道行而志通"，从而"率民而一焉"。在现实生活中，或者由于主观的原因(如《正名》所谓"析辞擅作名"之为)，或者由于客观的因素(如事变时异，致使名、实疏离)，或者由于秩序崩坏而下僭其上(如所谓"季氏舞八佾""三家者以《雍》彻"之事②)等，不仅会使名、实之间原有的恰当关系受到威胁甚至伤害，而且名、实疏离或混乱的背后是诸实的"无所着落"及其关系的混乱。故制名为定"是非之形"，正名亦是正"是非之形"。所谓"是非之形"的端正，不过指现实生活中的尊卑有别、上下有序、各守其

---

① 孙希旦撰，沈啸寰、王星贤点校：《礼记集解》，北京：中华书局，1989年，第1205页。

② 《论语·八佾》："孔子谓季氏：'八佾舞于庭，是可忍也，孰不可忍也？'""三家者以《雍》彻。子曰：'"相维辟公，天子穆穆。"奚取于三家之堂？'"季氏、三家此举，皆为乱"名"之行，故夫子斥之。

分、各司其职、各尽其责而已。所以,正"名"实为正"实"。

正名之说非儒家所独有,乃百家所共举。兹举数例,以窥其貌:

> 名也者,正形者也。形正由名,则名不可差。故仲尼曰"必也正名乎！名不正则言不顺"也。(《尹文子·大道上》)

> 是以圣人之治也,静身以待之,物至而名自治之。正名自治,奇名自废。名正法备,则圣人无事。(《管子·白心》)①

> 有名则治,无名则乱,治者以其名。(《管子·枢言》)

> 圣人之言也,德之首也……圣人壹言,万世用之。唯恐其不言也,又何缄焉?(帛书《周易·二三子问》)②

> 夫名分定,势治之道也;名分不定,势乱之道也。(《商君书·定分》)

> 昔者尧之治天下也以名,其名正则天下治;桀之治天下也亦以名,其名倚而天下乱。是以圣人贵名之正也。(《申子·大体》)

> 用一之道,以名为首。名正物定,名倚物徙。故圣人执一以静,使名自命,令事自定。(《韩非子·扬权》)

---

① "正名自治,奇名自废",原作"正名自治之,奇身名废",此据王念孙说正。参见黎翔凤撰、梁运华整理:《管子校注》,第792—793页。

② 引按:制名或命名皆须通过言说,而"壹言"可谓正名。裘锡圭主编:《长沙马王堆汉墓简帛集成(参)》,第45页。

　　有道之主，其所以使群臣者亦有辔。其辔何如？正名审分，是治之辔已……故至治之务，在于正名。（《吕氏春秋·审分览》）

　　名正则治，名丧则乱。（《吕氏春秋·正名》）

若此之论，典籍所载可谓俯拾即是。且若仅视其文，实在难以区分何者为儒家所言，何者为道家所言，何者为法家所言，何者为杂家所言等。这表明：谨于制名和正名，实为百家之通说。故若曰周秦诸子无名不言治，庶几可矣。

　　尽管皆主正名，在具体论说时，诸家亦根据自己的思想倾向或现实需要而各有侧重。如儒家言正名，常欲以之规范、修正君臣父子之实，维护宗法的伦理政治秩序[①]。法家言正名，常从"循名责实"的角度发论，且将其视为人主督责臣下的重要方式。如《韩非子·二柄》曰："人主将欲禁奸，则审核刑名者，言与事也。为人臣者陈其言，君以其言授之事，专以其事责其功。"又如黄老道家的尹文子，则将"有名以检形，形以定名"与"名以定事，事以检名"统一起来，以作为彰显事物之理不可或缺的方式。故曰："形而不名，未必失其方圆白黑之实。名而，不可不寻名以检其差。故亦有名以检形，形以定名。名以定事，事以检名。察其所以然，则形名之于事物，无所隐其理矣。"（《尹文子·大道上》）[②]

　　值得注意的是，战国中晚期，随着社会失序日益严重、列国争竞日益激烈，功利之说大张，法家之论于是畅行。相应的，传统崇德尚教的圣王理想也日趋式微，"新圣人（王）"观乃取而代之。依此"新圣人（王）"观，制名（如名爵之制、法令之设等）与正名皆为人

---

①　如《论语·颜渊》："齐景公问政于孔子。孔子对曰：'君君，臣臣，父父，子子。'"
②　孙诒让认为："'名而'下当有'无形'二字，各本并脱。'名而无形'与上文'形而不名'正对。"说亦可参。参见陈高傭：《公孙龙子·邓析子·尹文子今解》，第157页。

主驾驭臣下、富国强兵所必执之术。如《商君书·定分》曰：

> 人主为法于上，下民议之于下，是法令不定、以下为正也。此所谓名分之不定也。夫名分不定，尧、舜犹将皆折而奸之，而况众人乎？此令奸恶大起、人主夺威势、亡国灭社稷之道也。①

欲定名分，则必尚君权、尊主之威势，将定名权牢牢地掌控于手中。故《定分》又曰："故圣人必为法令置官也、置吏也为天下师，所以定名分也。"又如《邓析子②·无厚》曰："循名责实，君之事也；奉法宣令，臣之职也。下不得自擅，上操其柄而不理者，未之有也。"《尹文子·大道上》也说：

> 术者，人君之所密用，群下不可妄窥；势者，制法之利器，群下不可妄为。人君有术而使群下得窥，非术之奥者；有势而使群下得为，非势之重者。大要在乎先正名分，使不相侵杂。然后术可秘，势可专。

这种将正名视为人君"秘术""专势"之"大要"的观点，展现了黄老道家法家化的思想特点。至于法家思想之大成者的《韩非子》，其论人主御臣之术更加成熟和清晰，认为此术主要有二：其一为以阴制阳、以静制动的阴谋之术，即虚静、无为之术。《主道》曰："道在不可见，用在不可知；虚静无事，以暗见疵。见而不见，闻而不闻，知而不知……函掩其迹，匿其端，下不能原；去其智，绝其能，下不能意。"其二为"循名责实"之术，此即《定法》篇所言："术者，因任而授官，循名而责实，操杀生之柄，课群臣之能者也。此人主之所

---

① "正"，严万里本作"上"，此据校者说正。参见蒋礼鸿撰：《商君书锥指》，北京：中华书局，2014年，第146页。

② 邓析乃春秋末期人，稍早于孔子。今存之《邓析子》，学者谓其可能掺有后人伪作。无论若何，此处所论乃是典型的法家御臣之术。

执也。"上述制名、正名观念的变化,深刻地反映了晚周之际的社会政治状况和治术思想之变。

三、从名实关系看先秦名学思想的理论分化

正名虽为百家所共举,但由于各家的问题意识或思想旨趣不同,遂致先秦名学在战国中期以后呈现出极其复杂的思想演变。总体而言,如果以是否始终坚持名实统一的原则为依据,可将诸家的名学思想概括为两大演变脉络。

其一,以惠施、公孙龙等为代表的名家或辩者①,因为专注于名的单纯推衍,致使名实相判,脱离现实,其结论往往流于荒诞不经。如惠施曰:"天与地卑,山与泽平";"南方无穷而有穷。今日适越而昔来";"我知天下之中央,燕之北、越之南是也"等(《庄子·天下》)。其他辩者亦有言曰"卵有毛。鸡有三足。郢有天下。犬可以为羊。马有卵。丁子有尾。火不热。山出口。轮不蹍地"等,"以此与惠施相应"(《天下》)。至于公孙龙,则以"白马非马""离坚白"和"指物论"等说显名于当世。对于惠施与公孙龙之说,也应有所分别。简言之:惠施重"合",即通过消弭名(概念)、言(命题等)的内涵的确定性,以消解现实事物的实在性及其间的差别性;公孙龙则尚"离",即主要通过割裂事物的共相与殊相以及事物诸属性之间的关系等方式,以强调名的实在性。

观名家所论,似乎他们皆漠视现实,迷执于言辞诡辩,实则此亦是表象。考名家之渊源,《汉书·艺文志》言其"盖出于礼官"。

---

① "名家"之说,盖也起于司马谈的《论六家要指》。先秦时,此派学者被称为"辩者"。如《庄子·天下》说:"桓团、公孙龙,辩者之徒,饰人之心,易人之意,能胜人之口,不能服人之心,辩者之囿也。惠施日以其知与人之辩,特与天下之辩者为怪,此其柢也。"

又曰："古者名位不同，礼亦异数。孔子曰：'必也正名乎！名不正则言不顺，言不顺则事不成。'此其所长也。"则礼官因其职守之故颇擅正名。这种严于名实之辨的精神和长于辨名的传统，盖为后世名家演绎其名学思想的观念与方法之源。正如古礼官察礼、辨礼皆为现实之用，名家之所以严于辨察名、实，本亦欲匡正晚周之际的名、实混乱之状，为天下之治正本清源。如《公孙龙子·迹府》谓龙："疾名实之散乱，因资材之所长，为'守白'之论……欲推是辩，以正名实。而化天下焉。"[①]而惠施尝为梁相，"前后约得十五六年"[②]，时间不可谓不长，当以其才见信于魏王。《吕氏春秋·淫辞》谓"惠子为魏惠王为法。为法已成，以示诸民人，民人皆善之"，则惠施绝非徒逞口舌之辈。又，《吕氏春秋·应言》记有"公孙龙说燕昭王以偃兵"之事，《韩非子·内储说上》亦记惠施"欲以齐、荆偃兵"，则公孙龙、惠施对于墨家的"兼爱"精神皆身体力行之[③]。然而，以他们为首的辩者何以说犹诡辩？《淫辞》又曰："非辞无以相期，徒辞则乱。"[④]"相期"，谓通其意；"徒辞"，谓空有言辞。"徒辞"之说确实可作为名家为何陷入诡辩之地的主要原因。司马谈《论六家要指》亦云："名家苛察缴绕，使人不得反其意，专决于名，而失人情。""专决于名"者，即"徒辞"之一端。就此而言，名家可谓背离了其当初"欲推是辩，以正名实"的思想宗旨。

其二，以儒、墨、道、法等为代表的诸家，始终坚持名、实一体的精神：他们一方面批评名家的名、实相背之说，一方面试图基于正

---

　　①　王琯撰：《公孙龙子悬解》，第33—34页。

　　②　钱穆：《先秦诸子系年》，第317页。

　　③　《吕氏春秋·审应览》尝记赵惠文王"偃兵"之问："寡人事偃兵十余年矣，而不成，兵不可偃乎？"公孙龙答曰："偃兵之意，兼爱天下之心也。兼爱天下，不可以虚名为也，必有其实。"据此，公孙龙论学本当亦主名、实相合。

　　④　"徒"，原作"徙"，此据陶鸿庆说正。参见许维遹撰：《吕氏春秋集释》，第489页。

名以规范现实生活，冀以实现其治世理想——当然老、庄在此则为例外。据《庄子·天下》，百家之学皆本于古之道术。作为"无乎不在"的道术，其"明于本数，系于末度，六通四辟，小大精粗，其运无乎不在"，故发而为治世之用，流而成润物之功。又，《汉书·艺文志》谓百家之学皆源于古之"王官学"，而"王官学"本即为经世致用之学。无论若何（其实此二说本亦相通），秉承上述传统的百家之学皆将经世致用作为自己的立学宗旨。因此，对于上述名家的背实之论，以儒、墨、道、法为主流的先秦诸子皆有所批评，以彰显名、实之间的真正关系。如《荀子·正名》分别辟所谓"山渊平"和"白马非马"之论曰："此惑于用实以乱名也"①"此惑于用名以乱实也"②。《庄子》亦辟名家"坚白"之说曰："非所明而明之，故以坚白之昧终。"（《齐物论》）"是胥易技系劳形怵心者也"（《天地》），则名家此论不仅"不足以明道，只益其暗昧而已"（钟泰语）③，且也因其精于此辩而自我缚系（"技系"），故有"劳形怵心"之弊④。又《天下》篇辟惠施之学曰：

> 以反人为实，而欲以胜人为名，是以与众不适也。弱于

---

① 杨倞曰："此惑于用实本无定，以乱古人之旧名也。"王先谦撰，沈啸寰、王星贤点校：《荀子集解》，第 498 页。
② 杨倞曰："《白马论》曰：'言白，所以命色也；马，所以命形也。色非形，形非色，故曰白马非马也。'是惑于形色之名而乱白马之实也。"王先谦撰，沈啸寰、王星贤点校：《荀子集解》，第 498 页。
③ 钟泰：《庄子发微》，第 45 页。
④ 关于"胥易"，众说纷纭。如成《疏》谓其义为"胥徒劳苦，改易形容"（郭庆藩撰，王孝鱼点校：《庄子集释》，第 295 页）；林希逸谓"胥"为"刑徒"，"易"为"卒更（引按：古徭役之一）"（周启成校注：《庄子鬳斋口义校注》，第 129 页）；陆西星谓"胥"为"胥徒"，"易"谓"更番直事（按：即轮流值班之义）"（陆西星撰，蒋门马点校：《南华真经副墨》，第 117 页），此说为钟泰所取（参见《庄子发微》，第 172 页）；刘武则谓"胥""易"皆为周室官名，认为："为胥必精习乐舞之技，为易必精习占卜之技，皆为技所缠系而不能移，故曰'胥易技系'也。"（刘武撰：《庄子集解内篇补正》，北京：中华书局，1987 年，第 186 页）；等等。诸说中，以刘说为是。又，"劳形怵心"，义为"劳苦其形，怵惕其心"（刘武语）。

德,强于物,其涂隩矣……惜乎!惠施之才,骀荡而不得,逐万物而不反,是穷响以声、形与影竞走也。悲夫!

相对于《荀子》和《庄子》激烈的批判态度,墨家与法家更注重以说理的方式以明名家之说之非。如针对公孙龙的"离坚白"之说,《墨子》曰:"坚白之撄相尽。"①(《经说上》)"无坚得白,必相盈也。"(《经说下》)又如《韩非子》辟"白马非马"之说曰:

儿说,宋人,善辩者也,持"白马非马"也服齐稷下之辩者。乘白马而过关,则顾白马之赋。故籍之虚辞则能胜一国,考实按形不能谩于一人。(《外储说左上·说二》)②

这些反驳立足于实际,以实核名,故颇有说服力。

尽管儒、墨、道、法皆始终坚持名实相合的原则,但因其问题意识和理论旨趣等差异,它们的名学思想仍存在明显的不同。其中,法家为富国强兵,将制名与正名之说转化为尊君隆势和人主驾驭臣下之阴术的理论。对此,上文已有所论述,兹不赘言。对于儒家,概而言之,其循着孔子所开辟的重于从伦理政治上"正名"的致思理路,着力探讨、落实诸"名"(名分、名位、名声等)与其所对应之"实"的关系,以定尊卑、明贵贱、别男女、序长幼,维护"君君,臣臣,父父,子子"(《论语·颜渊》)的社会秩序。在儒家看来,名实关系端正与否,直接决定着王道能否实现。荀子尝叹其世曰:"今圣王没,名守慢,奇辞起,名实乱,是非之形不明,则虽守法之吏、诵数之儒,亦皆乱也。"(《荀子·正名》)对于重塑端正的名实关系之心堪为急切。正因为儒家强调从伦理政治上论"正名",其道德仁义、礼

---

① 孙诒让曰:"此言坚白虽殊而同托于石,性色相含,弥满无间,故其撄为相尽,即《经说下》坚白相盈之义。"孙诒让撰,孙启治点校:《墨子间诂》,第345页。

② 对于如何驳斥"白马非马"说之谬,《荀子·正名》亦有相似之论:"验之名约,以其所受悖其所辞,则能禁之矣。"

乐规范等方面的思想也非常丰富。魏晋以后，学者遂以"名教"概括、称谓儒家的纲常伦理思想及其礼仪制度。

墨家也是始终持守名实一体精神的，但其思想成果又有新的不同。首先，在知识论与逻辑学领域，墨家（特别是后期墨家）基于经验论立场，充分发挥思维的演绎能力，通过严辨名实关系等建构了古代中国较为完备的形式逻辑体系。同样是喜于且善于辨名，墨家之所以没有像名家那样走向诡辩之地，根本原因即在于前者没有如后者那样"专决于名"，故曰："有文实（引按："文实"即"名实"）也，而后谓之；无文实也，则无谓也。"（《墨子·经说下》）其次，在伦理政治上，由于论名嫌于抽象，墨家的循名责实之说又将其思想导向空想之地。墨家坚持平民主义立场，亦以天下之治为己任，鉴于当时的列国尚功争利而人民罹难之状，遂以"必务求兴天下之利，除天下之害"（《墨子·兼爱下》）为立学宗旨。其提出的应对之法，则为"兼相爱、交相利"，具体表现为"视人之国若视其国，视人之家若视其家，视人之身若视其身"（《墨子·兼爱中》）。此说实是先抽象地谈"国""家""身"之名，借以分别消解它们的具体内涵与各自界限，进而期望消弭国与国、家与家以及身与身之间的实际差异和界限。墨家的这一理想虽然坚持了名实相合的原则，但空想色彩太浓，不仅难以落实，也因漠视人伦等现实差异而为孟子所批评："杨氏为我，是无君也；墨氏兼爱，是无父也。无父无君，是禽兽也。"（《孟子·滕文公下》）

相对于以上各家，道家的名实思想表现得更为复杂，后面三章将有详论。这里仅举两点，以窥其貌。首先，无论是以老庄为代表的正统道家，还是糅合了儒、墨、名、法等思想的黄老道家，皆始终坚持名实统一的原则。但这种名实关系仅是对形而下之器而言的；至于道，因其超越于形象之外而不可命名（或言说）。如论名实关系，《庄子·逍遥游》："名者，实之宾也。"《尹文子·大道上》："故亦有名以检形,形以定名。"《管子·心术上》也说:"物固有形,形固有名。此言不得过实,实不得延名。"又如言道不可名,《老子·三十二章》:"道常无名。"《庄子·知北游》:"道不可言。""道不当名。"《管子·内业》:"道也者,口之所不能言也。"《尹文子·大道上》亦曰:"大道无形,称器有名。"其次,就治世而论,尽管皆主无为而治,在名实问题上,老庄与黄老道家之间也有思想差异。在老、庄,由于名的有限性及其意指的确定性,基于命名而产生的礼仪规范、法令制度等既可能违逆事物之性,也可能因其凝滞性而流于僵化,以至桎梏、扼杀事物的生命力。因此,他们对于一切道德观念与礼法制度皆持警惕之心和批判态度。如《老子·二十九章》曰:"大制不割。"《十九章》曰:"绝圣弃智,民利百倍;绝仁弃义,民复孝慈。"又如《庄子·应帝王》论"明王之治"曰:"功盖天下而似不自己,化贷万物而民弗恃。有莫举名,使物自喜;立乎不测,而游于无有者也。"而在黄老道家看来,无为而治亦需要礼法名物等制度建设。故《管子·白心》曰:"名正法备,则圣人无事。"帛书《经法·道法》曰:"形名立,则黑白之分已……是故天下有事,无不自为形名、声号矣。形名已立、声号已建,则无所逃迹匿正矣。"①至于如何通过制名以确立各种礼法制度,则需运用《论六家要指》所谓的"以虚无为本,以因循为用"之术。在此,《管子·心术上》有精辟之论:"因也者,舍己而以物为法者也。""义者,谓各处其宜也。礼者,因人之情,缘义之理,而为之节文者也。故礼者,谓有理也。理也者,明分以谕义之意也。故礼出乎义,义出乎理,理因乎宜者也。法者,所以同出,不得不然者也。"

显然,以是否始终坚持名实统一的原则来考察先秦名学的思想演变,虽可将其状概括为两大脉络,但这种理论疏理是十分粗略

---

① 裘锡圭主编:《长沙马王堆汉墓简帛集成(肆)》,第127页。

的,远不足以呈现上述演变的丰富内容与复杂表现。尽管如此,这一疏理仍有其理论意义。它从宏观上展现了先秦名学演变的大略样态,并为进一步探究各家的名实说和伦理政治思想提供一个总体观念的指导。

第八章 "悠兮其贵言"

——老子的名与名教思想

若说老子有名教思想,似乎颇显不经:因通常所谓的名教,往往指以儒家伦理纲常为核心的名位制度和教化观念,而以老、庄为代表的正统道家崇自然、尚无为,故每每斥仁义、反礼乐,以批判名教为己任。魏晋时期,更有所谓的"名教与自然之辨",基于此辨,学者借以展现其对于儒、道思想的取舍态度。

此种不经实属表象。首先,从学之渊源看,无论据《庄子·天下》的百家之学皆出于"古之道术"说,还是据《汉书·艺文志》的诸子(含儒家)之学皆出于"王官"说,诸家思想皆当有相应的名教内涵。若就《天下》而言,其曰:"古之人其备乎!配神明,醇天地,育万物,和天下,泽及百姓,明于本数,系于末度,六通四辟,小大精粗,其运无乎不在。""古之人"之所以德行完备,乃在于其学其术本、末兼具,故上合"神明"之德、准①于"天地"之道,其发而为用,则展现出"育万物,和天下,泽及百姓"之功。其中,"本数""末度"犹后世所谓体、用。前者指"古之道术"的形上层面,后者则谓具体

---

① 关于"醇"之义,注家或训为"和",或训为"精醇"等。章太炎谓"醇"为"准"之假借,而钟泰从之(参见钟泰:《庄子发微》,第759页)。诸说相较,通"准"之说为善。

的典章制度、礼法仪则等,是"本数"的具体落实或现实表现。在《天下》中,"末度"即谓君子、百官所奉守的仁义①、礼乐、名法等,故曰:

> 以仁为恩,以义为理,以礼为行,以乐为和,熏然慈仁,谓之君子。以法为分,以名为表,以参为验,以稽为决,其数一二三四是也,百官以此相齿。

正因为本末一贯、体用相济,"内圣外王"之道方得昌明与发扬。其后,"天下大乱,贤圣不明,道德不一。天下多得一察,焉以自好"(《天下》),"道术"分裂为诸种"方术",于是有百家之学。百家之学虽皆为一方之术,"不该不遍"(《天下》),然百家自视其学却犹以为浑全无缺,尽得"古之道术"之髓,且亦自谓行己之术即可平治天下,成就"育万物,和天下,泽及百姓"之功。若此,百家之学同样也有"本数"与"末度"之分,其"末度"同样也会表现为各种各样的名教观念和相应制度。只不过,百家各以己之学为正,且"各为其所欲,焉以自为方",从而各执其术。故《天下》叹曰:"悲夫!百家往而不反,必不合矣。"所谓"不合",既是指百家之学彼此的"本数"之异,也是说其间的"末度"之别。又如若据《汉书·艺文志》,诸子之学皆出于"王官"之一守,如"儒家者流,盖出于司徒之官""道家者流,盖出于史官""阴阳家者流,盖出于羲和之官"等,且曰:

> 诸子十家,其可观者九家而已,皆起于王道既微。诸侯力政,时君世主好恶殊方。是以九家之术蜂出并作,各引一端,崇其所善,以此驰说,取合诸侯。

---

① 成玄英认为:"本数,仁义也。末度,名法也。"(参见郭庆藩撰,王孝鱼点校:《庄子集释》,第1068页)钟泰说:"'本数'者,道德仁义是也。'末度'者,法名参稽是也。"(参见钟泰:《庄子发微》,第759页)说皆未安。仁义与名法皆为道体之用,故皆为"末度"。至于"道德",若指《道德经》之"道德",自属于"体"或"本数";若就人伦日用之行而言,则如仁义名法一样皆属"末度"。

"王道"者,体用兼备,本末一贯。诸家既然皆"各引一端,崇其所善",其学虽各有所偏,然不碍其皆为体用兼备、本末一贯之学。故诸家之学实可相资,以成至治。《汉书·艺文志》又曰:"其言虽殊,辟犹水火,相灭亦相生也。""今异家者各推所长,穷知究虑,以明其指,虽有蔽短,合其要归,亦'六经'之支与流裔。使其人遭明王圣主,得其所折中,皆股肱之材已。"在此,《汉书·艺文志》之说与《天下》所论本质上是相通的。

其次,就学之鹄的而言,以老、庄为代表的道家虽辟仁义、斥礼法,乃至有隐逸之论,这并不意味着他们没有自己的现实关切及对世道人心的理想诉求,也不意味着其学没有提出相应的治世理念和名教设想。只不过,他们看到任何制度成规皆有凝滞、羁縻之弊,往往不仅不能据以成事,反而常致败道乱世之患。所以,他们深入反思事物本性与名教之理的关系,试图探寻一条成就理想社会的治理之道。

对于老子的名教思想,可从以下三个方面来看。

一、道的不可说性与名的有限性

在老子乃至整个道家思想中,道皆是处于最高或根本地位的范畴。曰其为"最高",是因为没有其他事物"高"乎其上、出乎其右,即一切其他事物皆为道所统摄或规定;曰其为"根本",乃在于一切其他事物皆是基于道而产生或存在的。故《老子·六十二章》曰:"道者,万物之奥。"对于此"奥",注家之训各有侧重:严遵谓"无有之形,无状之容"①,河上公说"奥,藏也。道为万物之藏,无

---

① 严遵撰,王德有点校:《老子指归》,第74页。

所不容也"①，王弼云"奥，犹暧也，可得庇荫之辞"②，吴澄曰"万物之最贵者"③等。诸训均通，且互为补充，皆是就道的相对于万物的最高性而言。又如《四章》曰："道冲而用之又不盈，渊兮似万物之宗……湛兮似或存。吾不知其谁之子，象帝之先。"这是言道之于万物的根本性或渊源性，其义犹王弼《老子指略》所说："夫'道'也者，取乎万物之所由也。"④

究竟该如何理解道？古往今来，学者释解纷纷。古人且不论，就今人而言，其说之异亦难以尽举，如或曰"'道'者，变化之总名"⑤，或曰道为"万物的共相"⑥，或曰道为"宇宙之母力"或"宇宙本体"⑦，或曰道是"创生万物的一种基本动力"⑧，或曰道指一种主观境界⑨，或曰道是"宇宙万物的总根源和总根据或世界之统一性的象征符号"⑩，或曰道兼具形而上的实存者、规律与人生准则之义⑪，或曰道"是最高的根本和根源，是最伟大的创造力"⑫，等等。庶几让人目不暇接。

上述诸说中，本根说或根源说影响最大。因为，从时间上、作为天地万物最初来源的角度视道，的确具有丰富的文献依据。老

① 王卡点校：《老子道德经河上公章句》，第241页。
② 王弼撰，楼宇烈校释：《王弼集校释》，第161页。
③ 黄曙辉点校：《道德真经吴澄注》，第90页。
④ 王弼撰，楼宇烈校释：《王弼集校释》，第196页。
⑤ 朱谦之撰：《老子校释》，第4页。
⑥ 冯友兰：《中国哲学史新编》（第二册），北京：人民出版社，1983年，第45页。
⑦ 高亨：《老子正诂》《老子注译》，《高亨著作集林》（第五卷），第26、257页。
⑧ 徐复观：《中国人性论史》（先秦篇），上海：上海三联书店，2001年，第290页。
⑨ 如牟宗三曰："（道家的道）不是客观的指一个实体——或像上帝，或像儒家的天命道体——来创生万物。从让开一步讲当然是主观的，'道生'是个境界，道就寄托于这个主观实践所呈现的境界。"（牟宗三：《中国哲学十九讲》，上海：上海古籍出版社，1997年，第106页）
⑩ 刘笑敢：《老子古今》，第87页。
⑪ 陈鼓应：《老子今注今译》，第23页。
⑫ 王中江：《道与万物的三种关系》，陈鼓应主编：《道家文化研究》（第三十一辑），北京：中华书局，2017年，第5页。

子以后的道家在探讨万物之源时,虽然或曰"一"(《文子·九守》、《鹖冠子·环流》、帛书《观》等),或曰"太一"(郭店楚简《太一生水》),或曰"恒先"(上海博物馆藏战国楚竹书《恒先》)或曰"恒先之初"(帛书《道原》),或曰"本根"(《庄子·大宗师》"夫道……自本自根"),或曰"精气"(《管子·内业》)等,实则皆与道关系密切。王中江以"一"和"太一"为例指出:"在老子之后,一方面'道'仍是道家的最高的概念,另一方面'一'也得到了引申并产生了合成词'太一',它们既是说明'道'的词汇,又与'道'具有类似性,被用来指称宇宙的根源。"①并说:"不管是'道'还是'一'、'太一'和'恒先',道家都是用它们去指称宇宙的根源和原初状态。"②此说诚是。然而,无论是以本根说还是上述其他诸说理解道家(特别是老子)之道,其义仍似未尽。

欲明老子所言之道,或许当结合"道"字的本义来看。《说文解字》曰:"道,所行道也。"据此,学界普遍以"路"解"道"。此说实似可商榷。"道"字首见于甲骨文,作"衜";在金文中,其或作"衜",或作"衜"③,前者当为本字,后者乃省文。观其形,上述诸"道"似皆重在言人之"行"义。又,《释名·释道》曰:"道,蹈也。"④"蹈"即踩踏,引申为践行。所以,若寻其本义,"道"当谓行走。人或鸟兽在其行走时必会留下踪迹,众迹汇聚,是为路或道路,故《释名·释道》又曰:"路,露也。言人所践蹈而露见也。"⑤显然,相应于其原始之"行"义,"道"之"路"义已属于第二层。

---

① 王中江:《出土文献与道家新知》,北京:中华书局,2015年,第7页。

② 王中江:《出土文献与道家新知》,第8页。

③ 参见戴家祥主编:《金文大字典》,上海:学林出版社,1995年,第4653—4654页。

④ 刘熙撰,毕沅疏证,王先谦补,祝敏彻、孙玉文点校:《释名疏证补》,北京:中华书局,2008年,第41页。

⑤ 刘熙撰,毕沅疏证,王先谦补,祝敏彻、孙玉文点校:《释名疏证补》,第41页。

道之作为"行",究竟意味着什么？就人类社会而言,此"行"表现为人伦日用、充满生机的生存实践;对于其他事物而言,此"行"表现为花红柳绿、鸡鸣犬吠、"鸢飞戾天,鱼跃于渊"(《礼记·中庸》)的生生流行之状。合而言之,道便指大化流行即天地万物生生不息的总体存在。《易传·系辞上》曰:"一阴一阳之谓道。""一阴一阳"者,谓生生流行中阴阳互生、乾坤并进之状。作为老子思想根本范畴的道,亦可作如是观。或者说,道虽然具有上引诸典籍所谓天地万物的最初来源之义,但万物产生以后,道便当被视为对其生生之体的概括。就此关系而言,道既是万物的存在根据,又是以万物的存在作为自己的"现身"方式。对于道的这种寓运化和生生为一体的独特内涵,老子说:

> 有物混成,先天地生。寂兮寥兮,独立而不改,周行而不殆,可以为天下母。吾不知其名,字之曰道,强为之名曰大。(《二十五章》)

"有物混成",谓大化流行之象①是浑沌、整全的。"先天地生",谓大化流行先于任何具体事物的存在,天地万物皆基于道而生成;"周行而不殆",谓道之化生遍及诸物,无有止息;"名曰大",谓天地万物既以道为存在前提,它们便皆"小"于或"低"于道。作为对生生之体的概括,道因而具有了"形上"的属性,且被赋予了价值、意义和信仰的意味,成为老子、道家乃至中国古典思想的根本性范畴。又,具体事物往往有形色声味等属性,道则"超越"于一切形色声味,可谓无形无色、无声无味(此非谓道是纯粹的空无或不存在)。老子说:

---

① "物"有"象"义,如《后汉书·逸民列传》:"严光……少有高名,与光武同游学。及光武即位,乃变名姓,隐身不见。帝思其贤,乃令以物色访之。"李贤注尾句云:"以其形貌求之。"(参见范晔撰、李贤等注:《后汉书》,北京:中华书局,1965年,第2763页)则此"物"谓形貌或容状,亦即"象(实通作'像')"义。

> 视之不见名曰夷，听之不闻名曰希，搏之不得名曰微。三
> 者不可致诘，故混而为一。一者，其上不皦，其下不昧，绳绳不
> 可名，复归于无物。是谓无状之状、无物之象，是谓惚恍。
> (《十四章》)

"惚恍"者，乃谓浑沌、运化之道在人们心中引发的暗昧不明、不可
言说的"模糊感受"。

相应于生生之道，语言亦为一"物"，是道之"凝聚"。任何言说
或思议都是基于道而生发的，它们皆"低"于道。故道不可言说，亦
不可思议。同时，言说皆须假以概念(即名)，而任何概念皆有其限
定性或指向性。因为，命名是对事物的一种界定，界定就是基于某
种标准、角度或立场来概括、展现所命名对象的相应属性、功能或
特点等。界定即为限制，它对于对象既有所揭示又有所遮蔽。且
越是具体或精确的命名，它对于对象的遮蔽也就越严重。而越是
浑然的或让人"看不清"的事物，也就越难以命名、形成具体的概
念。所以，老子说："道隐无名。"(《老子·四十一章》)"隐"通"殷"，
盛大之义①。"道殷无名"，即曰道大无名，义为道因其"至大性"而
不可命名。唯因其不可命名，故老子以"无名"称之(《老子·三十
二章》："道常无名。")。

---

① 关于世传本之"隐"，历来注家庶几皆以其为本字作训。独严遵释以"盛"义，
其解"道隐无名"曰"道盛无号"(严遵撰，王德有点校：《老子指归》，第16页)。待长
沙马王堆汉墓帛书《老子》出，此字帛乙本作"裛"(按：帛甲本文佚)。帛书整理组
认为：此字为"襃之异构"，"襃义为大为盛"，今本作"隐"乃人所改，并据上下文义疑
"隐"为"误字"(国家文物局古文献研究室编：《马王堆汉墓帛书[壹]》，第93页)。在
汉简本中，此字则作"殷"。汉简整理者认为："'殷'，郭简残，帛乙作'襃'，世传本作
'隐'。'襃'、'殷'皆有'盛大'之义，故可通用，'隐'乃'殷'之同音假借。"(北京大学
出土文献研究所编：《北京大学藏西汉竹书[贰]》，上海：上海古籍出版社，2012年，
第125页)以上诸说中，作"殷"者是。世传本以"隐"通"殷"，非为误字，帛乙则以同义
字"襃"抄"殷"。

尽管作为"先天地生"的"混成"之道是任何事物包括言说^①与思议的前提,且言说或思议皆不能超越于道而展开(这意味着道之于语言或思议,始终是晦暗不明的),但道毕竟深切于天地万物的存在,人们必须面对它、体悟它,并据此而"演绎"自己的生命实践(其实,人类也正是通过自己的言说、思议和实践参与着道的"生成"或"建构")。因此,虽然"不知其名",也要勉强而为,"字之曰道""名之曰大"。"道"或"大"均是对"晦暗的"生生之体的命名。虽然有此命名,"道"或"大"的内涵却显得空洞而含混,缺乏寻常之名的充实性与指定性。也正是由于这种空洞与含混,才使得道之名不会因为流俗之变而"过时",成为"常名"。相反,那种越是"言之有物"的命名也就越不能呈现对象的丰富内容,且越容易随着流俗之变而"过时"。

名的有限性表明:命名不仅不能通达于道,它对于普通事物同样具有遮蔽和限定作用。因为,物之作为物,其所谓本质、存在意义等皆是在人们的生活世界中得以显现的。它们是否显现、如何显现以及显现何如,皆与其是否以及如何"进入"人们的生活世界息息相关。人类的命名实践标志着世界由浑沌走向清明、由蒙昧走向文明,通过命名,人类将事物纳入自己的生活世界,赋予其秩序与意义。正因为这种纳入与赋予,事物失去了其自在性。在

---

① 这里所谓的"言说",乃是就其通俗意义而言,即立足于概念、逻辑等具有公共沟通功能的人类语言。在古人那里,尚有一种"天之言"或"天地之言"。如孔子曰:"天何言哉?四时行焉,百物生焉,天何言哉?"(《论语·阳货》)"四时行""百物生"即是"天之言"的表现。又,《庄子·知北游》曰:"天地有大美而不言,四时有明法而不议,万物有成理而不说。"正是在"四时行""百物生"中,天地之"大美"、四时之"明法"、万物之"成理"才能尽情呈现。上述之"言"亦可谓"道说",它本真地彰显着道,是道的无蔽性的"敞开"。因此,《知北游》又说:"圣人者,原天地之美而达万物之理。是故至人无为,大圣不作,观于天地之谓也。"圣人善"观",他正是通过"原察"这种"道说"("天地之美"。在此处,"天地之美"是从"天地之言"的角度立意的)而洞达万物的本性("达万物之理")。

此过程中,事物固然基于某种标准、角度、欲求等显现出某种本质、属性或特点,但这种显现同时也是一种遮蔽,即事物本身在某种程度上也隐退不彰了。所以,老子说:"天下皆知美之为美,恶已;皆知善之为善,斯不善已。"(《二章》)"唯与阿(引按:通"呵",呵斥之义),相去几何? 美与恶,相去何若?"(《二十章》)事物本无美丑、善恶之别,标准立,则美丑、善恶(以及相应之名)等观念亦成矣。王弼进而指出:"美者,人心之所乐进也;恶者,人心之所恶疾也。"①逐"美"远"恶",本为人情之自然。若追逐而不休、驰骋而不返,则诸害生也。

　　老子又说:"朴散则为器。"(《二十八章》)"朴(樸)"本谓未斫之木,老子常用它比喻事物的原初状态,这种状态既意味着事物如其所是的存在,也意味着道的自然呈现。相应的,"器"可有二义:若"朴"谓道的自然呈现,"器"喻具体的人伦日用之行;若"朴"谓事物的浑然之在,"器"指具有某种特定功能或属性的器物(即基于某种标准或用途对事物进行加工而成)。故王弼注曰:"朴,真也。真散则百行出、殊类生,若器也。"②无论"器"之喻指为何,其皆为"朴"之丧失("散")所致。由"朴"(如原木)而为"器"(如桌子),事物必然经历了某种"离析"式的"伤害"。唯有承受这种"伤害",事物才成为符合某种标准、具有相应用途的可用之"器"。其虽可用,却是以限定性的方式存在的。吕惠卿说:

　　　　朴者,真之全而物之混成者也。唯其混成而未为器,故能
　　大能小,能曲能直,能短能长,能圆能方,无施而不可,则无极
　　不足以言之也……朴散则为器。器之为物,能大而不能小,能

――――――――――

　　① 王弼撰,楼宇烈校释:《王弼集校释》,第 6 页。按:"乐进",原作"进乐",此据楼宇烈说正。
　　② 王弼撰,楼宇烈校释:《王弼集校释》,第 75 页。

曲而不能直，能短而不能长，能圆而不能方。①

由浑然之"朴"而为有形、有用之"器"，亦可谓道或事物经历了由"无名"而至"有名"的过程。在此过程中，命名固然使道或事物的面目变得清晰可辨了，但这种清晰性恰也限制了它们存在的丰富性与开放性。

不仅如此，由于治世之故，治者也需将庶民众物纳入一定的伦理政治秩序中，这种纳入主要也是通过赋予其相应的名号实现的。命名既然有遮蔽事物的"本来面目"之嫌，则诸名（名分、名位、名誉）及其所构成的名教体系（伦理政治体系）便有束缚事物本性、扼杀其生命力之虞。若此，则名与名教的功用便与道的生生性相背离。因此，在治道上，老子便主张"无为而治"。至于如何"无为"，老子同样引入了"朴"的概念，曰："道常无为。侯王若能守之，万物将自化。化而欲作，吾将镇之以无名之朴。无名之朴，夫亦将不欲。不欲以静，天下将自定。"（《三十七章》）吴澄释云："无名之朴，谓此无为之道也。欲作之时，必将以此无名之朴镇压②其有心之欲，以道自治也。"③可见，"侯王"的"无为"是与"万物自化""天下自定"相对应的；而"自化""自定"，实皆万物"以道自治"的表现与结果。

"无为"者何义？它真的意味着"侯王"治世应当绝对地无所作为吗？老子所谓"无名"真的意味着他拒斥或消解任何形式的命名

---

① 张钰翰点校：《老子吕惠卿注》，第33页。
② 注家释"镇"，庶几皆以其为本字作训，多解以"镇压""压服"之义。说似未善。此字郭店简作"贞"，帛甲佚，帛乙作"圓"，汉简作"實"。上述四字音近可通，考经义，当以"贞"为本字。《广雅·释诂》："贞，正也。"则"贞"有端正之义。据此，"贞"与本章尾句"天下将自定"（王弼、郭店简等本）或"天下将自正"（西汉简帛、傅奕等本）之说正相对应。唐陆希声本虽亦作"镇"，然其训以"奠正"，曰："苟利欲之情有萌兆，吾必以此大道之质奠而正之，使无得动矣。"（陆希声：《道德真经传》，《道藏》第十二册，第130页）可谓卓识。
③ 黄曙辉点校：《道德真经吴澄注》，第53页。

吗？凡此问题，皆需明辨。

二、命名的必要性及其意义

既然命名对于事物总是有所遮蔽，且名与名教又有限制事物存在乃至扼杀其本性之患，拒斥命名、消解所名岂不是对待事物的最好方式？然而，事情没有如此简单。

首先，诚如上文所言：人类命名能力的产生及其命名实践，标志着世界由浑沌走向清明、由蒙昧走向文明。万物"无名"，不仅意味着人类尚处于与其他事物浑然无别的存在状态和生命层次，即人尚未成其为"人"，而且也意味着世界一片浑沌，万物尚未成为真正的"物"或"事物"，不具有任何存在意义。

其次，圣人"衣养万物"万物，不能不对事物有所命名。前引《庄子·天下》指出：作为"无乎不在"的"古之道术"，具有"配神明，醇天地，育万物，和天下，泽及百姓"之用。因"道术"本末一贯、内外一体，《庄子·天下》遂以"内圣外王"之道称之。其后，"道术"尽管分而为诸方之术（"方术"）、"官学"裂而为百家之学，"内圣外王之道"由是"暗而不明，郁而不发"，但其本末一贯、修己成物的精神仍为后者所继承，且百家皆自视其学尽得"古之道术"之髓，可成就平治天下之功。如《易传·系辞上》论易道曰："夫易，圣人所以崇德而广业也。""易与天地准，故能弥纶天地之道……与天地相似，故不违；知周乎万物而道济天下，故不过；旁行而不流，乐天知命，故不忧；安土敦乎仁，故能爱。范围天地之化而不过，曲成万物而不遗。"又美之曰："显诸仁，藏诸用，鼓万物而不与圣人同忧。盛德大业，至矣哉！"在《礼记·中庸》那里，上述精神被概括为儒家的"赞天地化育"的"至诚"之道，曰："唯天下至诚，为能尽其性。能尽其性，则能尽人之性。能尽人之性，则能尽物之性。能尽物之性，则可以赞天地之化育。可以赞天地之化育，则可以与天地参矣。”
以“赞天地化育”作为立学宗旨，道家亦然。如老子论道之功用说：
“道泛兮，其可左右。万物恃之而生而不始，成功而不名有，衣养万
物而不为主。”（《三十四章》）从而论“玄德”曰：“生之畜之。生而不
有，长而不宰，是谓玄德。”（《十章》）又以水之性喻“玄德”或“至德”
的表现说：“上善若水。水善利万物而又静，处众人之所恶，故几于
道。居善地，心善渊，与善天，言善信，正善治，事善能，动善时。”
（《八章》）所谓“生之”“畜之”以及诸“善”者，皆是言圣人“赞天地化
育”之所为与善为。这些种种所为和善为不可能在浑沌中展开，必
有对于事物的相应命名与分别。

复次，老子固然赞赏“无名”之于事物本性的呵护作用，他也同
样肯定“有名”的化育事物之功。首章曰：“无名，万物之始；有名，
万物之母。”[1]“始”与“母”对言。《说文解字》：“始，女之初也。”章
太炎云：“‘女之初’者，女人初生儿之时也。”“谓初成胎。始、胎皆
从台声。”[2]则“始”有最初、原初之义，引申为事物的原初状态或本
来面目。故“无名”可谓天地万物浑然一体、无所分别的状态。此
时，万物固因“无名”而保持其本来面目，人也因此未得成其为
“人”。又，《说文解字》：“母，牧也……一曰象乳子形。”段注：“牧
者，养牛人也，以譬人之乳子。引申之，凡能生之以启后者皆曰
母。”[3]是以“母”不仅指生产者，亦有养育之义。同样，名之设立既
是为了方便与事物打交道，也可能是为了抚育万物。后一种名中，

---

① “万物”，世传本俱作“天地”。然西汉简、帛本（郭店简本无本章）在此均作“万
物”，《史记·日者列传》亦引本句作“无名者，万物之始也”。而观王《注》：“凡有皆始于
无，故未形无名之时，则为万物之始。”（王弼撰，楼宇烈校释：《王弼集校释》，第1页）是
王本原即作“万物”，同西汉简、帛本。则今本“天地”，乃后人讹抄。因为世传本之误，注
家解经多嫌于玄虚，今人亦喜以所谓“宇宙论”或“本体论”之说演绎经义。说均未安。

② 章太炎讲授，朱希祖、钱玄同、周树人记录：《章太炎说文解字授课笔记》，第
515页。

③ 许慎撰，段玉裁注：《说文解字注》，第614页。

即有礼乐刑政之属,皆为名教。名教之设,意味着人以自己的实践参与到生生大化中,影响甚至决定事物的存在。名教之设是为了"赞助"万物化育,其界限是不遮蔽、障碍事物的存在。但命名不可避免地会对事物有所遮蔽和限制,故而老子又提出了"虚""无"之说,冀以通过这一工夫与实践化解命名及名教之弊。

再次,从现实的角度看,世界的分化既是存在的必然,也是历史的事实。基于此必然性和事实性,命名之为与名教的产生便也是不得已之事和不可避免的现象。老子曰:"道生一,一生二,二生三,三生万物。"(《四十二章》)此处经义,注家历来多从宇宙生成论的角度解释,而且异说纷纭。如关于"一",学者便有"道""气""元气""冲气"等说之别(兹不具引)。对此,张舜徽尝辟之说:"自来读《老子》者,解一、二、三,纷纭不一。大抵坠入玄虚,纠纷难理。"①其言固是。然张氏所谓"道"即君道、"一"喻人君独擅君道以及"一生二"义为"君臣各有其道"云云②,亦嫌于臆断。在古典思想中,"一"含蕴丰富:它既是计数之始,又意味着事物的源起;既可谓"纯一不杂",又意味着一物之所以为其所是者;既可指一体不分,又意味着浑沌暗昧。而"二"作为"一"的衍变,意味着事物的"生长";"三"作为"二"的衍变,意味着事物"生长"的延续。在此过程中,世界由一体而趋于分化,由单一走向杂多,由浑沌变得清晰。《二十八章》曰"朴散则为器",即有此意。所谓"事物"者,不仅指人伦日用中的具体之物,更包括语言、观念、社会关系乃至文明形态等。"器成"与"朴散"是一个同向展开的过程,器物愈"完善"、愈"成熟","朴"亦"散"之愈甚。事物愈"发展",便也愈僵化,其与他物之间的分别、对峙便也愈严重。老子之所以尚"反复"(如《四十

---

① 张舜徽:《老子疏证》,《张舜徽集·周秦道论发微》,武汉:华中师范大学出版社,2005年,第103页。

② 参见张舜徽:《老子疏证》,《张舜徽集·周秦道论发微》,第103页。

章》曰"反者道之动")、崇柔弱(如《四十章》曰"弱者道之用"、《四十三章》曰"天下之至柔,驰骋于天下之至坚"),就是欲以此消解上述分化所导致的种种僵化、对峙等凝滞之弊。

以上几方面皆表明:"朴散"而为"器",实有其不可避免性和无可奈何性。对此,治者当予以正视,因应而为,不可简单地进行否定或排斥,更不可执"朴"而不通、凝滞而不变。故继"朴散则为器",老子又说"圣人用则为官长"(《二十八章》)。"用"者,因也。蒋锡昌云:"'因''用'一声之转,谊可相通。"①是以王弼释曰:"圣人因其分散,故为之立官长。以善为师、不善为资,移风易俗,复使归于一也。"②"立官长"与"移风易俗",皆谓圣人面对"朴散"之状的有所作为之举,而非漠然任之。王弼所谓"以善为师、不善为资",乃是引用《二十七章》"故善人,善人之师;不善人,善人之资"之说。此章又曰:"是以圣人常善救人,而无弃人,物无弃财。是谓袭明。""救"谓援、助,"财"通"材"。所谓"常善救人,而无弃人"与"物无弃财",其义互言,指圣人既不弃人,亦不弃物,皆因其性而助之,使人尽其材、物致其用。《中庸》云:"故天之生物,必因其材而笃焉。"亦是此义。正是基于这一思想,老子又说:"人之不善,何弃之有? 故立天子,置三公。虽有拱之璧以先驷马,不如坐而进此。"(《六十二章》)关于"三公",古有两说:古文家谓其指太师、太傅、太保,今文家谓其指司徒、司马、司空。无论是何说,"立天子,置三公"云云皆强调了圣人治世不可不赖名教之设。且所谓"故立天子,置三公",是承接上文"不善之人,何弃之有"之意,"欲使教化不善之人"(河上公语)③。范应元也说:"谓自有生民,不可无道,故

① 蒋锡昌:《老子校诂》,上海:商务印书馆,1937年,第191页。
② 楼宇烈校释:《王弼集校释》,第75页。
③ 王卡点校:《老子道德经河上公章句》,第242页。

立天子以主道,置三公以迪道,则可以化民反善,不善者皆归于
善也。"①

所以,在老子看来,命名之为与名教之设既是面对"朴散"之状
的不得已之举,也是顺应现实需要的自觉之为。同时,这种作为也
展现了老子思想中包容、悲悯的人文品格:人固有善与不善之分,
对于"善人"自不待言,对于"不善之人"亦当本着济人成物的精神
而教化、引导之,并尽其才、致其用,以彰显其存在价值和生命
意义。

三、"悠兮其贵言":命名与名教的二重性及"有名"与"无名"之间的张力性

上文已明"朴散"而为"器"实为不可避免的存在趋势和历史事
实,因于这一不可避免性设名立教以化民导俗,既是圣人顺应现实
的无奈之举,又是其济人成物的必然之责。然而,老子毕竟又曰
"大制无割"(《二十九章》)②。"大制",即谓"大治"③,指"至治"或
完美之治。《说文解字》:"割,剥也。""剥,裂也。"则"割"本谓剥离

---

① 范应元撰,黄曙辉点校:《老子道德经古本集注》,第 109 页。
② 在世传本中,此句(作"故大制无割")均隶于《二十八章》之末。帛书本于经文
未分章(句作"夫大制无割"),汉简本属之(作"大制无割")于《七十章》(即世传本《二十
九章》)之首(按:郭店简本无今本《二十八章》《二十九章》之文)。考其义,此句与《二十
八章》有所不贯,而与《二十九章》"将欲取天下而为之"之说相通达,理当系于后一章。
而观《二十九章》下文王《注》曰"凡此诸'或',言物事逆顺反覆,不施以执、割也"(王弼
撰,楼宇烈校释:《王弼集校释》,第 77 页),则王本原即属此句于本章。今本属之于上
章之末,乃抄者误为。
③ "制"本谓裁制衣服,引申有制作、宰制等义。本句("大制无割")若如世传本隶
属于上章,则"制"当释作裁制、制作(按:历来注家多取此义),亦与前句"圣人用则为官
长"之说相应。今既据汉简本和王注证本句当隶属于二十九章之首,察其下文("将欲取
天下而为之,吾见其不得已""为之者败之,执之者失之")及全章之旨,当以"治"释"制"。
实则,"大制"与"大治"义本相通,如蒋锡昌云:"此指圣人统治天下以制百物而言,故'大
制'犹云大治。"蒋锡昌:《老子校诂》,第 192 页。

或分解,其于事物自然有所毁伤或残害,本亦含有"害"义。段玉裁说:"'割'谓残破之",且"割"与"害"古音义皆同①,可互用。在"大制无割"中,"割"喻治者妄加"割裂"庶民众物的"有为"之行,有"割"则必有所伤害;相反,"无割"喻"无为","大制无割"义即大治无为。既曰"无割",故大治无害于庶民众物。然而,命名乃属"有为",而以命名为基础的名教体系(即一定的伦理政治制度和教化体系)更是系统化"有为"的结果。如此,老子的"圣人用则为官长"与"大制无割(大治无为)"二说岂非自相矛盾?

上述"矛盾"亦属于表象。"圣人用则为官长"是顺应"朴散"而为"器"的不得已之举,"大制无割"则是对治道的理想期许。这种期许意味着治道的展开应尊重、呵护事物的本性,拒斥"割裂"的伤害事物之行。且"无割"虽喻"无为"②,然"无为"并非意味着绝对的无所作为,而是指顺应事物本性之为。二章曰:"是以圣人处无为之事,行不言之教。""无为之事"亦属"事","不言之教"也是"教"。相对于此意义下的"无为"与"不言","有为"和"有言"则有忽略或漠视事物本性之嫌,从而有"割""害"之弊。因此,关于命名和名教,在老子那里实有二重意味:一是属于"无为""不言"的,一是属于"有为""有言"的。唯有前者,方合于"大制(治)"的要求。

由是,关于命名与名教,老子提出了"知止"之说。《三十二章》曰:

> 道常无名。朴虽小,天下弗敢臣也。侯王若能守之,万物将自宾。天地相合,以降甘露,民莫之令而自均。
>
> 始制有名。名亦既有,夫亦将知止。知止所以不殆。譬

---

① 参见许慎撰,段玉裁注:《说文解字注》,第 180 页。

② 蒋锡昌虽谓"'大制'犹云大治",然又曰"'无割'犹云无治"(蒋锡昌:《老子校诂》,第 192 页)。以"无治"解"无割",义有未安。

　　道之在天下,犹小谷之与江海。

此章之义分为二层:前段言道的"无名性"、"质朴(浑沌)性"及其化育流行的神妙之功。老子在此指出:道虽质朴微眇①,天下却无人敢宰制它。天地之气和合而降甘露,因其顺应自然之道,虽无人指使,却自能均平地润泽万物。同样,"侯王"治世亦当守质朴、顺自然,如此方得成就万物自来宾服以及"民莫之令而自均"式的大化之功。后段则说:若人类质朴、浑沌的生存状态"消散"之后,便需创制名号。王注:"始制,谓朴散始为官长之时也。始制官长,不可不立名分以定尊卑,故始制有名也。"②因"制"本谓"裁制",含适宜之义,故此时"朴"虽已"散",然"制名"尚非妄为,仍本于事物之宜。不仅如此,名号产生之后,还应知道适可而止。所谓"知止"者,乃谓创制名号为治世济物的权宜之为,不可执名争利,亦不可徇名悖实。唯有如此,方无危殆之患。是以王弼又说:

　　　　过此以往,将争锥刀之末,故曰"名亦既有,夫亦将知止"也。遂任名以号物,则失治之母也,故"知止所以不殆"也。③

正由于顺应了"朴散"的事实、注重"制名"的裁制之宜以及"制名"而又不拘泥于名,"侯王"同样取得了"万物将自宾"的至治之功。因此,本章结语曰:"譬道之在天下,犹小谷之与江海。""小谷"者,小川(河)也。小河归宗于海,乃自然而然之为;"侯王"若循上述"制名"而"知止"之道,其虽"有为"而又"无为"④,故其行

----

　　① 前文已言:"朴"常喻事物未被改变或遮蔽的原初状态,此喻道的浑然质朴性;"小",喻微眇无形。
　　② 王弼撰,楼宇烈校释:《王弼集校释》,第82页。
　　③ 按:"此"谓上文"始制有名"。王弼撰,楼宇烈校释:《王弼集校释》,第82页。
　　④ 曰其"有为",是因其有"制名"之为;曰其"无为",是因其"制名""用名"皆顺物自然。

道之于天下运化,就像小河流向江海,自然而然①。

所以,"知止"之说展现了老子名教思想中"无名"与"有名"之间的深刻张力:一方面,因于"朴散"之状,"侯王"当顺势而为、因物制宜,设名立教,以"赞天地之化育"。此为由"无名"而"有名"之不得已。另一方面,名教既立,"侯王"宜谨慎施用,顺物自然,以防其束缚事物本性乃至扼杀其生命力;且为应对现实的流变之状,亦宜"随时"消解凝滞之名和扞格之教。此为由"有名"而"无名"之所应然。

基于"无名"与"有名"之间的这一张力,老子提出了"悠兮其贵言"(《十七章》)之说。"悠兮",慎思、迟疑之貌;"贵"者,慎重之状,犹珍爱而欲不示;"言"者,谓"号令教诏"(林希逸语)②。所谓"悠兮其贵言",乃曰"侯王"发号施令时的犹疑慎重之状,"恐离道失自然也"(河上公语)③。此说将"侯王"发号施令时的矛盾心理、迟疑之状和戒惧之情,可谓尽以昭彰。王注:"无物可以易其言,言必有应,故曰'悠兮其贵言'也。居无为之事,行不言之教,不以形立物。"④"无物可以易其言",谓"有名"之必要性;"言必有应",谓名或名教之适宜性;至于"居无为之事"云云,则曰以"虚"或"虚无"之心与方法消释"有名"的凝滞性。经此消释,虽"有名"亦若"无名"。承接"悠兮其贵言"之说,《十七章》最后赞叹道:"功成事遂,而百姓谓我自然。"种种事、功,表面上似乎皆是百姓自己所成就的("我自然"),实则本为"侯王""悠兮其贵言"之所致,唯百姓不知此耳。故

---

① 本章尾句"譬道之在天下,犹小谷之与江海",世传本多"小"讹为"川"、"与"误作"于"。此据郭店简本、西汉简帛本及王《注》正。王《注》曰:"小谷之与江海,非江海招之,不招不求而自归者也。行道于天下者,不令而自均,不求而自得,故曰'犹小谷之与江海'也。"(王弼撰,楼宇烈校释:《王弼集校释》,第82页)其得经意。

② 林希逸撰,黄曙辉点校:《老子鬳斋口义》,上海:华东师范大学出版社,2010年,第19页。

③ 王卡点校:《老子道德经河上公章句》,第69页。

④ 王弼撰,楼宇烈校释:《王弼集校释》,第41页。

王注："功成事遂，而百姓不知其所以然也。"①吴澄也说："及其功既成、事既遂，而百姓皆谓我自如此，不知其为君上之赐也。"②"侯王"能达此境界，自然非为俗君，实已为圣王，亦即本章首句所谓的"太上之君"："太上，下知有之。""下"即百姓或下民。王注："太上，谓大人也……大人在上，居无为之事，行不言之教，万物作焉而不为始，故下知有之而已。言从上也。"③对于这种"侯王"无为天下反而得以化育的至治之状及其原因，五十七章更有详论：

> 以正治国，以奇用兵，以无事取天下。吾何以知其然哉？夫天下多忌讳而民弥贫，民多利器而国家滋昏，人多智而奇物滋起，法物滋彰而盗贼多有。是以圣人之言云：我无为而民自化，我好静而民自正，我无事而民自富，我欲不欲而民自朴。

"无事"义即"无为"，与本章"以无事取天下"相应。《二十九章》《四十八章》皆曰："将欲取天下而为之，吾见其不得已。天下神器，不可为也。为之者败之，执之者失之。""取天下常以无事。及其有事，又不足以取天下。"唯有"我（圣人、侯王）"做到"无为""好静""无事""欲不欲"，下民方得以"自化""自正""自富""自朴"。上述诸"自"，皆百姓"功成事遂"之"自然"的具体表现。

显然，老子所谓的"无为而治"，其核心且首要之义在于人君"无为"。因治道的展开须臾离不开命名与名教，所谓人君"无为"的核心且首要之处，又在于如何处理好"无名"与"有名"之间的张力问题。人君能否处理好这一关系，不仅在于其心是否臻于洞达之明，还在于其平正与否。心臻于洞达方能体察物性，平正方能端正应物。实则，心之洞达与平正是一体之两面的关系，可统曰心之

---

①　王弼撰，楼宇烈校释：《王弼集校释》，第41页。
②　黄曙辉点校：《道德真经吴澄注》，第22页。
③　王弼撰，楼宇烈校释：《王弼集校释》，第40页。

"德"。欲成就此德,自然要做修道工夫。《四十八章》云:"为学者日益,为道者日损。损之又损,以至于无为。无为而无不为。"此处之"学"非谓明道之学,而指为满足世俗之知所必需或为实现名利欲求所必备,故越"多"越"好";相反,"为道者"欲明道成德,恰是要减损上述之"学",且以"损"而无所"损"为目标。待此"无为"工夫至乎其极,则俗学尽绝、伪知尽弃,内心虚明。唯心虚明,方能"无心"。"无心"非谓心绝对地"空无",是指心不陷溺、执着于任何内外之"物"。《四十九章》曰:"圣人常无心,以百姓之心为心。"圣人因其恒常地"无心",无师心自用之蔽,不以己之是非为是非,故能真正地敞开自己,容受、倾听万物,因物性、法自然,"以百姓之心为心"。所以,"无为而治"既表现为人君在心性修养上的"虚无"工夫,也表现为其应物方式上的"虚无"之道。无论从思想关联还是从实践层面上看,后一种"虚无"皆是以前一种"虚无"为逻辑前提的①。

"无名"与"有名"的张力性关系也说明,名的立与破皆不可少:唯立不破,则有胶滞之病;唯破不立,则有虚无之弊。故曰"悠兮其贵言",良有以也。由是,关于老子何以辟仁义、非礼乐等名教观念及相应制度,其理亦明。老子说:"绝圣弃智,民利百倍;绝仁弃义,民复孝慈;绝巧弃利,盗贼无有。"(《十九章》)又曰:"夫礼者,忠信之薄而乱之首。"(《三十八章》)这些批判皆是就已沦为僵化、形式性的仁义礼乐而言,是应当予以消释的凝滞之名或名教。诚如《庄子·天地》所言:"至德之世,不尚贤,不使能,上如标枝,民如野鹿。端正而不知以为义,相爱而不知以为仁,实而不知以为忠,当而不知以为信,蠢动而相使不以为赐。""至德之世"之民既得遂性自然,

---

① 关于老子的"虚无"思想,参见第一章之"一、老子的虚静思想及其'内圣外王'之道"。

又非野蛮蒙昧,其人伦日用中自有"仁(相爱)""义(端正)""忠(实)""信(当)"等品格在。这些品格虽无"仁""义""忠""信"之名,却有其实。此种诸实,恰是"大道之行"的自然展现。故林希逸曰:"大道行,则仁义在其中,仁义之名立,道渐漓矣,故曰'大道废,有仁义'。譬如智慧日出,而后天下之诈伪生;六亲不和,而后有孝慈之名;国家昏乱之时,而后有忠臣之名。"①苏辙也说:

> 未有仁而遗其亲者也,未有义而后其君者也,仁义所以为孝慈矣。然及其衰也,窃仁义之名以要利于世,于是子有违父、而父有虐子。此则仁义之迹为之也,故"绝仁弃义,则民复孝慈"。巧所以便事也,利所以济物也,二者非以为盗。盗贼不得则不行,故"绝巧弃利,盗贼无有"也。②

林、苏二氏之说析理甚明,兹不赘言。徐梵澄指出:"道家诚亦'灭裂仁义',灭裂仁义之虚名,非灭裂仁义之实事也。"③徐先生此言,诚为肯綮之论。

---

①　林希逸撰,黄曙辉点校:《老子鬳斋口义》,第 20 页。
②　苏辙:《道德真经注》,《道藏》第十二册,第 299 页。
③　徐梵澄:《老子臆解》,第 98 页。

第九章 庄子的名实论
及其治道思想

庄子思想诚以逍遥为宗旨。所谓逍遥，并非意味着纯粹的主观境界或心理体验。欲致逍遥，也非意味着遗世隐居或精神退缩①。《庄子·德充符》"受命于天，唯舜独也正。幸能正生，以正众生"之说也表明："圣人"（或曰"至人""神人""真人"等）因能"正生"，故亦得"正众生"。且《逍遥游》曰："藐姑射之山，有神人居焉……其神凝，使物不疵疠而年谷熟。""神人"②"神凝"自能展现和天下、育万物之功③。又，《应帝王》曰："明王之治，功盖天下而似不自己，化贷万物而民弗恃。有莫举名，使物自喜；立乎不测，而游于无有者也。"所谓"明王之治"，正是从王业或事功的角度彰显"圣人"或"神人"之德的。可见，深探治世之道以成圣王之功，实为庄子思想的基本内容之一。

笼统地看，庄子论治亦推本自然、崇尚无为，其说显为秉承老

---

①　参见陈徽：《庄子的"不得已"之说及其思想的入世性》，《复旦学报（社科版）》2019 年第 3 期。

②　《逍遥游》："至人无己，神人无功，圣人无名。"则"神人"之"神"，可以说是就"圣人"功业之神妙不测而言。

③　陆西星："其神凝，则中致而和亦致矣，故天地自位，万物自育；和气熏蒸，物无疵疠，而年谷熟。"陆西星撰，蒋门马点校：《南华真经副墨》，第 8 页。

子。不过,这只是事情的一方面。庄子的治道之说内涵丰富、表现多样,深刻地关联着其思想的逍遥之旨、齐物之论、论道之言和养德之方等,常发老子所未言。因此,在治道思想上,庄子对于老子既有所继承又多有推进,体现了先秦道家政治哲学演进的连续性与复杂性。考察庄子的治道思想,自然有不同的理论进路。其中,从名实关系的角度以辨其说,目前学者或有所忽略,或论难深入。然欲准确、全面地把握庄子的治道思想,不能不深入考察他的名实之论。

因为,任何一种治道的落实皆离不开名实之用。名为能指,既谓名称、名分、名声、名誉,又有名物、名法等义;实为所指,乃名之内涵或意义的承载者,既可指生活世界中的实有之物,也可谓人们时时所面对的职守、是非、美丑、善恶、赏罚等事。在现实生活中,诸如事物的命名与指引、道德的教化与范导、典章的制定与实施等,皆涉及如何处理好相应的名实关系问题。是以论治道,不可不言名实。在此方面,道家亦然。即便是老子论"无为而治"时曰"圣人处无为之事,行不言之教"(《老子·二章》),也离不开对于名实的关注与思考:"无为之事"亦属"事","不言之教"也是"教"。此"事"、此"教"皆指向一定的名实内涵。庄子论治也多涉名实之言,且较老子更为丰富。故基于名实之论以窥其治道之要,可以说是了解庄子政治哲学思想的一个重要途径。

在庄子那里,命名与言说的边界何在?它们和道、物的关系如何?名实关系在其治道思想中又有何意义?诸如此等问题,留待下文考察。

一、道的存在性与物的流变性

人生在世离不开言说,言说则须假以概念(即名),总有其所指(即实)。在生活世界中,任何言说或概念总是有所揭示或呈现,但揭示或呈现的同时也是对对象的某种遮蔽。因为，事物是否"显现"、如何"显现"以及"显现"何如，是与它们是否以及如何"进入"人们的生活世界息息相关的。对此，古人深有体察，《礼记·大学》曰："心不在焉，视而不见，听而不闻，食而不知其味。"《荀子·解蔽》也说："心不使焉，则白黑在前而目不见，雷鼓在侧而耳不闻。"并列举诸种遮蔽之事曰："故为蔽：欲为蔽，恶为蔽，始为蔽，终为蔽，远为蔽，近为蔽，博为蔽，浅为蔽，古为蔽，今为蔽。"同样，庄子也深明言说与概念对于事物揭示和遮蔽的双重性。较之于其他诸子，庄子在此方面的思想表现得尤为丰富与深邃，并深刻地关联着其治道之论。

　　（一）道的存在性与言说的二重性。 在庄子的思想里，道是一个兼具本根与本体内涵的复杂概念。曰其为"本根"，是就道作为天地万物的最终来源而言。《大宗师》云："夫道，有情有信，无为无形；可传而不可受，可得而不可见；自本自根，未有天地，自古以固存；神鬼神帝，生天生地；在太极之先而不为高，在六极之下而不为深，先天地生而不为久，长于上古而不为老。"基于道的这种创生的原始性或本根性，庄子又称之为"造物者"（参见《大宗师》《应帝王》等篇）。由于当时流行天地生物的观念（如《易传·系辞下》："天地之大德曰生。"），且万物无不为天地所覆载，庄子有时又以"天"①或"天地"②言道。

　　曰其为"本体"，是就道作为天地万物存在的根据或本质而言。这一意义的道与万物的关系，犹后世所谓体用关系：道不可见，皆以万物存在作为其"现身"的方式，并且也是万物存在的最终根据。

---

　　① 如《养生主》："公文轩见右师而惊曰：'何人也？恶乎介也？天与？其人与？'是曰：'天也，非人也。天之生是使独也；人之貌，有与也。以是知其天也，非人也。'"《德充符》更是以"道"与"天"对言："道与之貌，天与之形，无以好恶内伤其身。"
　　② 如《逍遥游》曰："若夫乘天地之正，而御六气之辩，以游无穷者，彼且恶乎待哉！"此处"天地"，与"道"义通。

关于道与万物的这种关系,《庄子·知北游》的"道在屎溺"一节可谓为典型之论。对于道的本体性内涵,李大华指出:

> 在《庄子》那里已经初现这样的端倪:体用、本末在两种意义上使用了,一是个体性的本与体、个别性的用与末,二是普遍的、抽象的本与体、泛指所有的用与末。在第一种意义下,体用、本末只是指称实体、物体与表相、功用;在第二种意义下,它们指称的是宇宙的本体(道)与现象。①

相应于道的本体性内涵,万物及其存在皆可谓"道"之"说"。这种"言说"意味着:道是以万物存在的方式"现身"的。《庄子·知北游》曰:"天地有大美而不言,四时有明法而不议,万物有成理而不说。"所谓"大美""明法"和"成理"皆是"道"之"说"的表现。其实,"道说"之论非为庄子所独有,孔子已有言:"天何言哉? 四时行焉,百物生焉。"(《论语·阳货》)人生天地之间,既为万物之一,又异于其他事物:因为人具有领会的能力,并基于领会而建构自己的生存世界。海德格尔说:

> 大道(Ereignis)乃作为那种道说(Sage)而运作,在此种道说中语言向我们允诺它的本质。语言之允诺(Zusage)并非是漫无边际,空空如也。这种允诺已经切中其目标。它切中的目标除了人之外还能是谁呢? 因为人之为人,只是由于人接受语言之允诺,只是由于人为语言所用而去说语言。②

---

① 李大华:《关于老庄"道根"与"道本"问题的追问》,陈鼓应主编:《道家文化研究》(第三十一辑),第44—45页。
② 孙周兴指出:"Ereignis 一词是后期海德格尔思想的基本词语。海德格尔努力超出形而上学传统,一直十分谨慎地想摒弃'存在'(Sein)这个形而上学范畴,而终于思得 Ereignis 一词。这个词几不可译。据了解,日本的学者们已提供了七种以上的译法。"(孙周兴:《在通向语言的途中·译后记》)本文认为将 Ereignis 译为"大道",颇得海氏思想神韵,且亦可与中国古典思想相映照。(德)海德格尔,孙周兴译:《在通向语言的途中》,北京:商务印书馆,1997 年,第163页。

文中的"语言"，皆谓"道说"（Sage）。对于这种"语言"或"道说"（Sage），庄子称之为"至言"或"大言"。如《知北游》说："至言去言，至为去为。""至道若是，大言亦然。"

由是，在庄子的思想里有两种言说：一种是作为道之"现身"的言说，即"至言"或"大言"；一种是作为人们生活世界中的日常语言，即上引《知北游》"去言"（"至言去言"）之"言"。这两种言说本质不同而又关系密切。首先，前一言说为"道之言"，它意味着天地万物的自然流行，其"说"也自然不需要概念或命名；后一言说为"人之言"，其"说"则需要概念或命名。其次，前一言说是后一言说产生与存在的基本前提：没有"道说"即天地万物的化育流行，没有人对于这种"道说"的生存领会，也就不可能有对这种领会的言说。诚如海氏所云："因为人之为人，只是由于人接受语言之允诺，只是由于人为语言所用而去说语言。"

尽管"人之言"源自对于"道之言"（"大言""至言"）的领会，并试图尽彰后者，却永不能达于"道之言"。因为，道体无限，包囊万物，浑然不测，而人则有其限度。一方面，心量有限，总有其所蔽（如前引荀子《解蔽》所论），难以体道；另一方面，即便是修道成德，也难以将此境界"说"出来：人欲有所说则必借助于诸名，而任何命名都是对事物的一种界定，界定即为限制，它对于对象既有所揭示又有所遮蔽。关于道的不可命名性和不可言说性，《老子》已有明论，如《四十一章》说："道隐无名。""隐"通作"殷"，盛大之义①。"道殷无名"，即曰道大无名，义为道因其"至大性"而不可命名。既然不可命名，道便恒常"无名"（《三十二章》："道常无名。"）。既然恒常"无名"，道便不可得而说之。故《一章》曰："道可道，非常道。"可道之道，为非"常道"。庄子继承了老子的这一思想，且言之更详，如：

> 道不可闻,闻而非也;道不可见,见而非也;道不可言,言而非也。知形形之不形乎!道不当名。(《知北游》)

> 夫大道不称,大辩不言……道昭而不道,言辩而不及……孰知不言之辩、不道之道?(《齐物论》)

所以,"不言之辩"方为"真辩","不道之道"才是"常道"。但人生在世需时时与道打交道,皆需通过领悟道而展开自己的生存实践,知其不可而为之,故《老子》又说:"吾不知其名,字之曰道,强为之名曰大。"(《二十五章》)当然,此"道"或"大"的内涵是空洞而含混的,缺乏寻常事物之名的充实性和指定性。也正是由于这种空洞与含混,才使得"道"之名不会因为流俗之变而"过时",成为"常名"。既得勉强而命名,则亦可以言说(命名本身便属于言说)之。这种言说当然"说"不出道的具体内涵,但此"说"很重要:它既可激发、引导人们对于道的生存领会,又便于人们相互沟通、深化各自的领会。进而一种整体的、基于对道[①]的领会与信仰的生活世界才有可能建立。

(二)物的流变性及其"本质"的复杂性。 在庄子那里,物通常指生活世界中的具体事物,《达生》尝概括说:"凡有貌、象、声、色者,皆物也。"这是从自然属性的角度言物,也是从人们最熟悉的角度言物。除此之外,物尚有其他属性,这些属性更展现了物之作为物的之所是。这种之所是常被视作物的"本质"。对于物的这些属性,姑且称之为物的"存在属性",因为它们所体现的物之作为某物的功用、价值、意义等皆是在人们的生活世界中显现出来的。对于物的这后一属性,庄子亦有论及。如:

> 惠子谓庄子曰:"魏王贻我大瓠之种,我树之成而实五石。

---

① 在"道"的观念产生之前,则有"帝""天"等观念。

以盛水浆，其坚不能自举也。剖之以为瓢，则瓠落无所容。非不呺然大也，吾为其无用而掊之。"庄子曰："夫子固拙于用大矣。宋人有善为不龟手之药者，世世以洴澼絖为事。客闻之，请买其方百金。聚族而谋之曰：'我世世为洴澼絖，不过数金。今一朝而鬻技百金，请与之。'客得之，以说吴王。越有难，吴王使之将。冬，与越人水战，大败越人，裂地而封之。能不龟手一也，或以封，或不免于洴澼絖，则所用之异也。今子有五石之瓠，何不虑以为大樽而浮乎江湖，而忧其瓠落无所容？则夫子犹有蓬之心也夫！"（《逍遥游》）

惠子所种之瓠的果实不可谓不大，此大显为其自然属性的表现。但也正因为太大，此瓠之实脆而不坚，且若"剖之以为瓢"，瓢也因其大而无容器可以容之。在惠子看来，此瓠之实因其大而实无所用。既无所用，惠子就砸了它。庄子则认为，正因为瓠之实如此之大，才能用来助人"浮乎江湖"。就此而言，若论瓠之实的"本质"或存在意义，便是能够助人"浮乎江湖"的用具。同样，"有善为不龟手之药"的宋人，因其世世代代以漂洗丝絮为业，故仅将此药作为其族人的护手之物；此药为吴王所得，则成其"大败越人"的水战辅助"利器"；对于献药之客来说，此药又是其获取富贵的凭资。同为不龟手之药，在不同的人那里具有不同的"本质"或意义。正由于同一物可以展现出不同的"本质"或意义，与此物有关之人的、内涵各异的生存方式及其生活世界也随之呈现出来。当然，庄子本欲借助这两个寓言指出破除"成心"①的重要性，但它们确实也反映了庄子关于物之为物及其"本质"的开放性态度。

　　无论从哪个角度看，物之为物都处于流变的状态，没有所谓固

---

　　① 钟泰说："'蓬之心'，犹《孟子》言'茅塞子之心'。心中有物，则失其虚灵之用，如蓬茅丛生，故曰蓬心。"（钟泰：《庄子发微》，第24页）是"蓬心"义通于《齐物论》所言之"成心"。

定不移的本性。首先，由于物的"本质"或存在意义会因人、因地、因势而异，它便没有稳固不变的存在属性。《逍遥游》举例说："宋人资章甫而适越，越人断发文身，无所用之。"宋人为殷人之后，有服"章甫"（殷冠名）之俗。在宋国，贩卖"章甫"自可使人致富。但对于"断发文身"的越人来说，"章甫"实为无用之物。一为致富之资，一为无用之物，究竟哪个才是"章甫"的"本质"？《逍遥游》又载：

> 惠子谓庄子曰："吾有大树，人谓之樗。其大本拥肿而不中绳墨，其小枝卷曲而不中规矩。立之涂，匠者不顾……"庄子曰："……今子有大树，患其无用，何不树之于无何有之乡、广莫之野，彷徨乎无为其侧，逍遥乎寝卧其下。不夭斤斧，物无害者，无所可用，安所困苦哉！"

惠子对于大树（樗）种种无用之处的揭示，说明其心始终执着于物的所谓"有用性"。庄子则认为：正因为此树无用，才堪为"大用"，如可供人"彷徨乎无为其侧，逍遥乎寝卧其下"。更重要的是，倘若以僵滞的眼光视物，拘泥于它的某种"本质"，还可能致自己于险地。因以物为可用而用之，则必有伤物之行；伤物者，亦将为物所伤。相反，与物相处若不汲汲于其所谓"可用"与否，自然没有为其所伤之患："圣人处物不伤物。不伤物者，物亦不能伤也。"（《知北游》）

其次，即便是物的所谓自然属性也是流变无常的。《知北游》曰："通天下一气耳。"道虽为天地万物的本根，在具体论说物的生灭变化时，庄子常据一气流变而言之：万物皆为一气流变的不同表现，它们皆源于气之凝聚，又亡于气之消散，没有什么固定之物，更无什么恒定的物性。《齐物论》有云：

> 物固有所然，物固有所可。无物不然，无物不可。故为是举莛与楹，厉与西施，恢诡谲怪，道通为一。其分也，成也；其成也，毁也。凡物无成与毁，复通为一。

既然事物始终处于流变之中,没有任何恒定之性,因而也是不可说的。《齐物论》说:"夫言非吹也,言者有言,其所言者特未定也。"言有所指,物却不定,能指(言)与所指(物)之间似乎隔着一条永远无法逾越的鸿沟。《养生主》还从生之有限与知之无限的角度叹道:"吾生也有涯,而知也无涯。以有涯随无涯,殆已!"现实中,某物之所以作为某物而存在,与它所处的特定的生存状态有关。故物之"然"或"不然",皆取决于人们如何"谓之"①。不仅如此,由于立场不同、旨趣有异,人们对于物的判定取舍的标准常也不同,其间便存在真伪、是非、美丑等观念之别。有差异,则生分歧;有分歧,则生争辩;有争辩,则不免于意气。故分辨越甚则言说越多,言说越多则纷争亦甚。分辨、言说以至争论不仅难以通达道、澄清物,反而会使事情越来越糟。在《齐物论》中,上述之理多得阐发,如:

> 道恶乎隐而有真伪?言恶乎隐而有是非?道恶乎往而不存?言恶乎存而不可?道隐于小成,言隐于荣华。故有儒墨之是非,以是其所非而非其所是。
>
> 是非之彰也,道之所以亏也。道之所以亏,爱之所以成。
>
> 自我观之,仁义之端、是非之涂,樊然淆乱,吾恶能知其辩!

物的流变性与不可言说性表明如何应对事物是没有特定标准的,真正的无为而治应该表现为绝对地顺应事物的流变性,任何对于事物的命名以及基于命名而确立的名教制度本质上都束缚了其"身"、戕害了其"性"。倘若如此,无为而治岂非意味着绝对的无所作为?《应帝王》所谓"明王之治"之说,岂非也是毫无意义的? 为释此诸疑,尚需考察命名的必要性和庄子的名实思想。

---

① 《齐物论》:"道行之而成,物谓之而然。恶乎然?然于然。恶乎不然?不然于不然。"

二、命名的必要性和庄子的名实思想

物虽始终处于流变之中，但对其命名（言说）又是必不可少的。对于这种必然性，至少可从以下三个方面来看。

首先，人类命名（言说）能力的产生及其命名（言说）实践，标志着世界由浑沌走向清明、由蒙昧走向文明。人生在世必有所领会：只有有所领会，世间之物才会呈现出"它的"意义，才成其为某物，历史文化也才得以展开。否则，世界浑沌隐晦，人也蒙昧不明。庄子尝说："天地一指也，万物一马也。"（《庄子·齐物论》）吕惠卿释道：

> 是故天地虽大，无异一指，以其与我并坐而同体也，无我则莫知其为天地矣；万物虽众，无异一马，以其与我为一而同类也。无我则莫知其为万物矣。天地万物犹待我而后有，则物之可乎可，而不可乎不可，其孰自哉？[①]

"天地万物犹待我而后有"，义为"天地万物"皆待"我"而成其为"天地万物"。与此相应的是，"我"也待"天地万物"而成其为"我"。曰"天地万物"，即已属命名（言说）。其实，即便是说"天地一指也""万物一马也"，也已经是有所命名（言说）了，尽管此名（言）尚显浑沦笼统。所以，命名（言说）是人们关于物之领会的重要呈现方式。基于各种形式的命名，事物得以"进入"人们的生活世界：它们不仅可以被描述、界定、区分、评判，且也因其名彼此发生各种联系，形成相应的存在秩序。即使那些不可被命名的"无名"之物（如《老子·十四章》所谓"绳绳不可名"之"道"），也因为这种"不可命名

[①] 汤君集校：《庄子义集校》，北京：中华书局，2009年，第31页。

性"属于且范导着人类的生活世界。对于事物来说,其被命名与否以及命名前后,它们的存在意义和彼此关系是有着本质不同的。

其次,基于上一点,名之于事物便不仅仅意味着一种称谓,也不仅仅意味着作为人们认识事物的一种必要媒介,而更具有深刻的伦理政治意蕴。本书第七章已指出:通过命名,人们得以确立各自的身份、地位、职分等,展示、规范人与人、人与物之间的关系,从而建构一定的世间人伦体系;而治世之道的展开,往往也表现为对于各种名的辨析和厘定(即正名),以明确人们各自的名分,维护相应的政治制度和社会秩序。在伦理政治生活中,对于号令的拟定、发布以及事物名位的规定等形成了名教体系,表现且支撑其政教之道。故治道之所以以"正名"为先,乃在于"名"之"正"是以厘定、规范现实的伦理政治秩序为指向的,故"正名"即"正实",亦可曰"正形",《尹文子·大道上》说:"名也者,正形者也。形正由名,则名不可差。故仲尼曰'必也正名乎! 名不正则言不顺'也。"①

再次,本书第八章中已说过,从现实的角度看,世界的分化(即由浑沌而清明、由蒙昧而文明)既是存在的必然,也是历史的事实。面对这种必然性和事实性,命名便是不得已之事,名教的产生亦为不可避免的现象。这种"有名"与"无名"之间的深刻张力,不仅蕴含在老子的治道思想中②,也显著地表现在庄子的论治之说里,二者之间的内在关联是不言而喻的。

就理想状态而言,庄子是反对对事物进行命名的。上节关于道的存在性、物的流变性以及命名的局限性的考察已说明了这点。但又如上文所说,无论从历史性还是现实性的角度看,命名之于事物又是不可避免的。如何看待名实问题,以及如何看待名与名教

---

① 详见第七章之"一、名之何谓? 谁得命名?"与"二、名实(形)关系与正名问题"。

② 详见第八章之"二、命名的必要性及其意义"。

在治道中的作用和地位，便是庄子不得不面对的理论问题。对此，庄子可谓思之深而论之精，其说多发先秦诸子所未言。关于后一问题，留待下节讨论。这里，先从两个方面来看庄子的名实思想。

其一，名实关系及其复杂性。鉴于当时正名之说的盛行及其在现实生活中的重要作用，庄子自然也是主张名当副实的，故曰"名者，实之宾也"（《逍遥游》）。但又据他所论，绝对的名实相副是不可能的，在伦理政治生活中，追求所谓的名实相副还容易产生虚伪不实之弊。如《大宗师》以孟孙才"善丧"之例喻云：

> 颜回问仲尼曰："孟孙才，其母死，哭泣无涕，中心不戚，居丧不哀。无是三者，以善处丧盖鲁国，固有无其实而得其名者乎？回壹怪之。"仲尼曰："夫孟孙氏尽之矣，进于知矣。唯简之而不得，夫已有所简矣。孟孙氏不知所以生，不知所以死，不知就先，不知就后，若化为物，以待其所不知之化已乎？且方将化，恶知不化哉？方将不化，恶知已化哉？吾特与汝其梦未始觉者邪？且彼有骇形而无损心，有旦宅而无情死。孟孙氏特觉，人哭亦哭，是自其所以乃。且也相与吾之耳矣，庸讵知吾所谓吾之乎？且汝梦为鸟而厉乎天，梦为鱼而没于渊。不识今之言者，其觉者乎？其梦者乎？造适不及笑，献笑不及排，安排而去，化乃入于寥天一。"

父母离世，人子哀恸本为常情。因属至亲，其恸之发不能自已，故有泣涕哀戚之行。有些人还因孝心甚重、情意甚深，遂发常人所不能之哀。如《礼记》载乐正子春居丧"五日而不食"（《檀弓下》），又记曾子"水浆不入于口者七日"（《檀弓上》），以及高子皋"泣血三年，未尝见齿"（《檀弓上》）等。对于儒家而言，这些哀恸之举因过常情，人难跂及，不仅不应鼓励，反而当受批评。儒家论制礼与守礼以人情之宜为要，《礼记·坊记》说："礼者，因人之情而为之节文。"丧礼之所以定为三年,也是"称情而立文"(《礼记·三年问》)的结果。过情固属逾制,情若不及自然也不合礼,遑论"哭泣无涕,中心不戚,居丧不哀"? 又,鲁国礼乐氛围浓厚,鲁人的礼乐修养也普遍很高,春秋晚期尚得"周礼尽在鲁矣"(《左传·昭公二年》)之赞。孟孙才虽"无是三者",却"以善处丧盖鲁国"。此诚为"颜回"所不解,遂谓孟孙才"无其实而得其名",即空有"善丧"之虚名。"孔子"却认为孟孙才已尽了丧礼之实。顺"孔子"之意,倘若孟孙才有"是三者",反倒是不合其"善丧"之名了。显然,此处存在一个悖论:表面上,孟孙才居丧因"无是三者"而无丧礼(即名)所要求之实(即"实不副名");但也正因为这种无其实,孟孙才的居丧之行才真正通达丧礼之义,又可谓"实副其名"。对于孟孙才的这种因"实不副名"而得以"实副其名"的居丧之行,通晓礼制的鲁人也深达其意。孟孙才因而为鲁人所重,"以善处丧盖鲁国"。名实之相悖,竟至于此!

　　孟孙才之事诚为寓言,庄子借以表明:世俗中以名实相副为指向的名实观具有很大的局限性,不可坚执之。依庄子,命名是为了应事接物,有其必要性,却又不能为名所困,"无为名尸"(《应帝王》)。真正的名实相副不在于拘泥于名之规定,也不在于执着于实之当何,而在于能否在人伦日用中与世俯仰,随化而迁。以孟孙才之"善丧"为例,其能入于世间(如亦从流俗守丧:"人哭亦哭"),而又出于世间("无是三者"),不拘于虚仪,一任自然,不滞于物变("不知所以生,不知所以死,不知就先,不知就后,若化为物,以待其所不知之化已乎"),不溺于情伤。故其能与造化沉浮,与道为一("化乃入于寥天一")。所以,名固然不可予以拘泥,即便是实也不可对其有所执着。因为,造化之变倏然而至,天机之逝遽然而起("造适不及笑,献笑不及排")。面对此状,命名何以可能? 求实亦何以可得? 在现实生活中,若固执某种名实关系,必将导致僵化的形式主义或虚伪不实之弊。这种弊病恰恰是人们强调礼乐刑政时常难避免的。

其二,追逐名实之害。不达名实关系之弊尚不止于此。如就庸众来说,由于他们常为眼前事物所蔽,不能真正通达名实关系的本来面目,往往昧于某种表象而有所陷溺。《齐物论》载:

> 狙公赋芧,曰:“朝三而暮四。”众狙皆怒。曰:“然则朝四而暮三。”众狙皆悦。名实未亏而喜怒为用,亦因是也。

“朝三而暮四”与“朝四而暮三”似乎有异,实非别异。倘不困于此“名”之所谓异,自然也不会惑于其“实”之所谓别。众狙不达于此理,为“名”所困,惑于其“实”,以致枉生喜怒之情。林疑独说:“世人不通至理者,与众狙同乎喜怒。”①为喜怒所左右,尚属自愚。关键是众狙之愚为狙公所利用,被其玩于股掌之中而不知。此例中,“众狙”与“狙公”之所喻是显而易见的。钟泰说:“‘名实未亏,而喜怒为用’,狙固愚矣。然狙公则诚何心哉?曰‘亦因是也’者,言此‘因是’假其用以济其奸。”②所以,困于名实而溺于诸情,致使自己成为他人“济其奸”的工具,才是真正悲哀的事。

庸众昧于名实之理,固易被奸人所利用。对于大人君子来说,其昧于名实之害将会更大。在此,庄子分别从逐名之弊与求实之害两个方面展开其说。先来看逐名之弊。上举“狙公赋芧”所言之名,主要属于认识领域。在现实生活中,各种属于人伦关系或道德领域的诸如名分、名位、名誉、名声等名与人们的关系更为密切。这些名或者仅具有道德褒奖或精神鼓励的意义,或者其背后牵涉着各种利害关系。无论是哪种,众名对于世人皆具有很大的吸引力,常致其沉沦于诸如逐善扬美、求誉争贤等处境而不知。倘若如

---

① 褚伯秀撰,方勇点校:《南华真经义海纂微》,第64页。
② 钟泰:《庄子发微》,第43页。

此,其弊便不可胜言:轻者引人殉名丧德,重者使人彼此争夺,以至罹难受祸。故《大宗师》说:"行名失己,非士也。"《人间世》进而曰:

> 德荡乎名,知出乎争。名也者,相轧也;知也者,争之器也。二者凶器,非所以尽行也。
>
> 且昔者桀杀关龙逢,纣杀王子比干,是皆修其身以下伛拊人之民,以下拂其上者也,故其君因其修以挤之。是好名者也。

如果说上条的"德"与"知"之所指尚可包含庸庸大众,下条所言的关龙逢、比干已属大贤。二人"修其身以下伛拊人之民",未必有以此显名之意。但二人之行因逆于其君之为,既有彰己之美之嫌,亦为其君所嫉。故二人见杀,亦可谓"好名"之所致。不仅如此,若人君好名,为追求贤君圣主之称,推行所谓的嘉礼美德、良俗善法,其种种逐名之弊必将殃及一国或天下:不仅人君囿于诸名不得无为逍遥,庶民万物亦将为诸名所苦,不得自适于世间。正如《大宗师》所言:"夫尧既已黥汝以仁义,而劓汝以是非矣。汝将何以游夫遥荡恣睢转徙之涂乎?"[1]所以,无论是修身、养生,抑或治世理物,庄子皆提出了"无名"之说,以破有名、逐名之弊。如其论保身、全生等方曰:"为善无近名,为恶无近刑,缘督以为经,可以保身,可以全生,可以养亲,可以尽年。"(《养生主》)又论如何应物处世曰:"无为名尸,无为谋府,无为事任,无为知主。体尽无穷,而游无朕。尽其所受乎天,而无见得,亦虚而已!至人之用心若镜,不将不逆,应而不藏,故能胜物而不伤。"(《应帝王》)

至于大人君子的求实之害,更易为人所知。因其所求者,往往

---

① 引按:此是"许由"答"意而子"之言。此处虽仅是言"尧"以仁义是非"黥""劓"(即戕害)"意而子"(喻臣民),致使后者被"拘束性情",不复"能遨游自得、逍遥放荡、从容自适于变化之道"(成玄英语。郭庆藩撰、王孝鱼点校:《庄子集释》,第279页),实则也是说"尧"因此而不得逍遥自适。因为,未有臣民性情拘束、生命困厄而其君能逍遥也。

为土地、财货、人民、权势等。倘若囿于此实，追逐不已，则必为其所困，甚而有身死国灭之患。《人间世》举例说："昔者尧攻丛枝、胥、敖，禹攻有扈。国为虚厉，身为刑戮。其用兵不止，其求实无已，是皆求名实者也。"丛枝、胥、敖与有扈四国之君皆贪婪无度，乃至于用兵以求实，剿掠他人（国）。盖不忍四国恣肆其虐行，为天下除害，圣人（尧、禹）遂灭之。四国之君因求实不已而"国为虚厉，身为刑戮"，其下场固然可悲，尧、禹的除暴之行又何尝不属于逐名求实（如欲为仁君圣主）？因此，他们与上述四君，"是皆求名实者也"。且其假兵除暴，虽为不得已，毕竟不免伤害良众。所以，庄子最后总结道："名实者，圣人之所不能胜也。"圣人于名实尚且不能胜，更遑论庸常之众？

统而言之，在名实问题上，庄子虽也主张实主名宾，有似于其他诸子。从根本上看，庄子乃接续了老子的"无名"思想而又有所推进。在他那里，唯有"无名"方能真正地顺应事物之变，与世俯仰，但绝对的"无名"又有遗落世事、逃避现实之嫌。且老子曰"朴散则为器"，由"朴"至"器"既为历史文化演变的必然之势，顺应此势以建立相应的名实体系便也是当然和自然之事了。何况对于芸芸众生而言，其充实的生存状态和稳固的信念体系也离不开名与名教之立。所以，以虚怀无执之心应对世事物情，有所命名而又不粘滞于名、便宜于名实之设而又有所超越，可谓庄子名实思想的主要特点。

三、"无名"之治与"有名"之为

在庄子的治道思想中，也蕴含着"无名"与"有名"的深刻张力。关于这一张力，可从以下两个层面来看。

（一）就理想的层面而言，"无名"之治方为"至治"。在此，庄子是有明确之说的。《应帝王》有寓言曰：

　　天根游于殷阳,至蓼水之上,适遭无名人而问焉,曰:"请
问为天下。"无名人曰:"去!汝鄙人也,何问之不豫也!予方
将与造物者为人,厌,则又乘夫莽眇之鸟,以出六极之外,而游
无何有之乡,以处圹埌之野。汝又何帠以治天下感予之心
为?"又复问,无名人曰:"汝游心于淡,合气于漠,顺物自然而
无容私焉,而天下治矣。"

此段文字含蕴丰厚,意味深长,其"无名"之旨甚得昭彰。

　　首先,从名象上看,所谓"无名人""莽眇之鸟""六极之外""无
何有之乡"和"圹埌之野"固然直揭"无名"之义①,而"天根"之
"根"②、"殷阳"之"阳"③、"蓼水"之"蓼"④以及"造物者"(即道)无不
是从本根的角度立言,同样寓不可说("无名")之意。

　　其次,"天根"之"游",本喻逍遥。因五行与方位相配,水属北

---

　　① "莽眇"音义皆通于"茫渺(芒眇)",喻广远暗昧。成玄英言其"深远之谓","鸟
则取其无迹轻升";陆德明《经典释文》:"莽眇,轻虚之状也。崔云:猛眇之鸟首也,取其
行而无迹。"(郭庆藩撰,王孝鱼点校:《庄子集释》,第293页)说皆相通,均有无可名
状之义。《释文》又曰:"圹埌,无滞为名也。崔云:犹旷荡也。"(郭庆藩撰,王孝鱼点校:
《庄子集释》,第293页)林希逸曰:"无何有之乡,圹埌之野,皆言太虚无极之地也。"(周
启成校注:《庄子鬳斋口义校注》,第128页)故"圹埌之野""无何有之乡"与"六极之外"
一样,皆喻超乎言语之外的无可命名之域。
　　② 上文已云:庄子常以"天"与"道"对言,且亦以"天"言"道",而二者又通于"造
物者"。"天根"者,谓天之根也。吕惠卿曰:"而天之根者,道也。盖其才足以应帝王者,
非天根、王倪不可与有至也。"(汤君集校:《庄子义集校》,第156页)吕说是。
　　③ "殷阳"义为"殷之阳",且"阳"指乾阳之"阳",喻"元"或"始",故"殷阳"曰天地
万物之元始或本原。《易传·乾·彖传》:"大哉乾元,万物资始,乃统天。"《九家易》曰:
"……乾者纯阳,众卦所生,天之象也。观乾之始,以知天德。惟天为大,惟乾则之,故曰
'大哉'。元者,气之始也。"(转引自李道平撰,潘雨廷点校:《周易集解纂疏》,第35页)
李道平亦引诸说证"万物资始"之义:"《说文解字》曰:'惟初太始,道立于一,造分天
地,化成万物。'……董子曰'元为万物之本',何休《公羊注》曰'元者,天地之始',皆此义
也。"(李道平撰,潘雨廷点校:《周易集解纂疏》,第36页)万物之始超乎形象,亦非语言
所可描摹。
　　④ "蓼"通作"寥",有玄远、空寂、虚无之义。此"蓼(寥)"与《大宗师》"……于讴闻
之玄冥,玄冥闻之参寥,参寥闻之疑始"以及上引"化乃入于寥天一"之"寥"义同。陆德
明曰:"高邈寥旷,不可名也。"(郭庆藩撰,王孝鱼点校:《庄子集释》,第257页)故玄冥、
寥旷之境亦超乎名相。

方,为阴,故"蓼水"之"水"亦可谓阴之象,其与"殷阳"之"阳"暗相
呼应。所谓"天根游于殷阳,至蓼水之上",与《逍遥游》"若夫乘天
地之正,而御六气之辩,以游无穷者,彼且恶乎待哉"之说正相通:
"天地之正"即"阴阳之正",唯有"乘天地(阴阳)之正",方能"御六
气之辩,以游无穷";而所谓的"游无穷",实即曰游于阴阳运化之无
穷,正以喻逍遥之义。也因为"天根"有此逍遥之游,才得以"适遭
无名人":"无名人"者,圣人也①,是以"适遭"之"适"(按:此"适"既
谓正好、恰巧,又有适意地之义),非为苟且之语,它不仅点明了"天
根"先前之游发于自然的本来面目,也映衬了其后动乎机心之问的
鄙陋性。

　　复次,"天根"之问,盖有喻修道非一劳永逸之义。"天根"既以
喻"自然之本",理应与"无名人""莫逆于心"而"相与为友"②,却为
何而发令后者"不豫"的"(何以)为天下"之问?经文未加明言,注
家也多略过不解。此疑若不得释,经义总有未得尽揭之憾。宋人
试图弥补此憾,且多以"盛而明"或"盛明"训"阳",如吕惠卿③及赵
以夫、褚伯秀等④。细味经文,此说恐为不确。因经文分明是说
"天根游于殷阳,至蓼水之上",并非曰"出晦以趋明"(陈祥道
语)⑤;且其若有"自显以求有为"(即"趋明"之所喻)之意,则已堕
入矜恃、有为之地,又何得而可曰"游"?考经文所论,"天根"之
"游"固无问题,有问题的是其"为天下"之问。"天根"之所以发作
此问,盖一见"人(无名人)"而机心发动,失其根本("根")。至于

---

　　① 《逍遥游》:"圣人无名。"林疑独:"天根,自然之本,无名,指圣人。"褚伯秀撰,方
勇点校:《南华真经义海纂微》,第314页。
　　② 《大宗师》:"子祀、子舆、子犁、子来四人相与语曰:'孰能以无为首,以生为脊,
以死为尻,孰知死生存亡之一体者,吾与之友矣!'四人相视而笑,莫逆于心,遂相与
为友。"
　　③ 汤君集校:《庄子义集校》,第156页。
　　④ 褚伯秀撰,方勇点校:《南华真经义海纂微》,第314—315页。
　　⑤ 褚伯秀撰,方勇点校:《南华真经义海纂微》,第314页。

"天根"何以会失其根本,庄子或据此以明守道不易之义。同时,观"无名人""汝又何帠以治天下感予之心为"之诘,所谓机心之动皆因感之非正所致,即虽达道,倘物动其心,依然会有天机沦丧之忧。所以,修道固为不易,守道亦属艰难。

再次,作为"至治"的"无名"之治,主要表现为"天下自治",蕴含着公天下的思想。面对"天根"的"为天下"之问,尽管"无名人"斥之曰"去！汝鄙人也"和"何问之不豫也",试图破除"天根"有为于天下之心。然"天根"机心已动,未达其意,"又复问","无名人"只好直言道:"汝游心于淡,合气于漠,顺物自然而无容私焉,而天下治矣。""顺物自然而无容私",即说无为而治。就其本质来说,无为之治亦可谓"无名"之治。一方面,任何有为之治的展开都离不开相应的名与名教之设,故有为与"有名"、无为与"无名"之间往往是一而二、二而一的关系;另一方面,作为基本方法或主要途径的无为之治,其所达到的理想的治世状态亦可曰"无名"(谓圣王功德的无可名状性)。此义之"无名",即《应帝王》论"明王之治"时所谓"有莫举名"。据"无名人"所答,唯有无为("无名")而治,方能实现"天下治"。"天下治"者,义为"天下自治"(林希逸、陆西星语)[1],乃曰天下万物自生自化。故"圣人(侯王)"无为,是天下得以自治的前提。由圣人无为而天下自治之说,庄子还提出了"藏天下于天下"(即公天下)的观点,认为圣人唯有公天下,才不会失去天下[2]。庄子之世名曰战国,人心奔竞,豪强觊觎天下,而生民涂炭。面对此状,庄子论治倡以无为("无名"),且援以公天下之说,其忧深,其思邃,其于贪得之行、孤陋之执的批判态度亦堪昭昭。

---

[1]　分别参见周启成校注:《庄子鬳斋口义校注》,第 128 页、陆西星撰,蒋门马点校:《南华真经副墨》,第 115 页。
[2]　详见第二章之"三、'各正性命'与'藏天下于天下':庄子的'齐物'论和治道思想"。

最后,无为("无名")之治是否能得实现,在于治者能否明心见道、自正其性。"无名人"所说的"顺物自然"和公天下之治是有其前提的,此即"汝游心于淡,合气于漠"。文中之"汝"虽谓"天根",而实指侯王。所谓"游心于淡,合气于漠",是说治者的心性工夫及其境界。成玄英说:"可游汝心神于恬淡之域,合汝形气于寂寞之乡,唯形与神,二皆虚静。"①以"虚静"概括庄子的心性工夫论,实为至当。在道家那里,虚与静内涵相通、义相互摄,它们既意味着事物自然而然的存在状态,也意味着随性自然、无所执着的生存境界。同时,虚、无也有工夫论的意味,以及指向顺其自然的应物方式和治世之道。因此,虚、静贯穿于道家"内圣外王"思想的整个过程。在老子,上述特点集中体现于十六章"致虚极,守静笃"及"知常容,容乃公,公乃王,王乃天,天乃道"等说;在庄子,其又以"心斋""坐忘"之说以及"逍遥"思想的引入而丰富、深化了道家的虚静之论②。由是,治者能否明心见道、自正其性,便决定了其能否真正地实现无为("无名")而治。对此,庄子屡屡强调,以彰其意。如《人间世》说:"夫道不欲杂,杂则多,多则扰,扰则忧,忧而不救。古之至人,先存诸己而后存诸人。"《应帝王》更明确地指出:"夫圣人之治也,治外夫? 正而后行,确乎能其事者而已矣。"

(二) 从现实的层面来说,"有名"之治实为不得已之为。无为("无名")之治既表现为"天下自治"或"任物自化",自然须破名与名教之立,避免礼、乐、刑、政对于万物本性的束缚,以成其自在无碍的生命境界。然而,《大宗师》又论"真人"的功德曰:

> 古之真人,其状义而不朋,若不足而不承;与乎其觚而不坚也,张乎其虚而不华也;邴邴乎其似喜乎! 崔乎其不得已

① 郭庆藩撰,王孝鱼点校:《庄子集释》,第294页。
② 道家的虚静思想,参见第一章"先秦道家虚静思想及其演变"。

乎！滀乎进我色也，与乎止我德也；厉乎其似世乎，謷乎其未可制也；连乎其似好闭也，悗乎忘其言也。以刑为体，以礼为翼，以知为时，以德为循。以刑为体者，绰乎其杀也；以礼为翼者，所以行于世也；以知为时者，不得已于事也；以德为循者，言其与有足者至于丘也，而人真以为勤行者也。

此段文字义分二层。其一，自"其状义而不朋"至"悗乎忘其言也"，皆言"真人"的容貌德行不可测之状。其说之要，谓"真人"处事得宜（"义"）、和而不流（"不朋"），守虚至柔若无可承受（"若不足而不承"），应物有方（"觚"者，方也）而无所执着（"坚"者，执也），包容有度（"张乎其虚"）而不炫于世（"华"者，花也，此谓浮华、显耀），似有世人之喜（"邴邴"，喜貌）而不溺于情，应感以动而不容乎已（"崔乎不得已"），等等。其中，"滀乎进我色也，与乎止我德也"，乃曰"真人"德臻于道境，自有和泽化物之功；"厉乎其似世乎，謷乎其未可制也"，乃曰"真人"勤勉于行虽"同乎世俗之所为，所谓与人为徒也"，而又"非世俗所可羁制，所谓独成其天也"（钟泰语）[1]；"连乎其似好闭也，悗乎忘其言也"，乃谓"真人"之德莫可窥测，而发乎自然。成疏："自此以前，历显真人自利利他内外德行。"[2]成玄英此说，对于上述数句的义旨多有彰显。其二，自"以刑为体"至文末，乃"明真人利物为政之方也"（成玄英语）[3]。令人惊异的是：所谓"真人"的"利物为政之方"，庄子仍将其归纳为"刑""礼""知""德"。若此，"真人"治世岂非仍赖名教之设，而与上文所谓无为（"无名"）之治之说相悖哉？

　　实际上，此处庄子所谓的"刑""礼""知""德"亦有喻义。首先，所谓的无为（"无名"）之治不是空无所依，而必有其所托。其所托

① 钟泰：《庄子发微》，第 138 页。
② 郭庆藩撰，王孝鱼点校：《庄子集释》，第 238 页。
③ 郭庆藩撰，王孝鱼点校：《庄子集释》，第 238 页。

者,借用世俗之名,亦可谓"刑""礼""知""德"。这表明无为("无名")而治并非意味着"真人"绝对地无所作为或消极以待,而是有其顺物自然之所为的。其次,这种顺物自然之所为,亦须依托"刑""礼""知""德"。此所谓"刑""礼""知""德"非是从名号或形式上的仪则、法规的角度而言,乃就其实质或"本来面目"来说的。欲明本篇"刑""礼""知""德"之义,可结合《天地》①论"天下均治"之说来看。

> 门无鬼与赤张满稽观于武王之师。赤张满稽曰:"不及有虞氏乎! 故离此患也。"门无鬼曰:"天下均治,而有虞氏治之邪? 其乱而后治之与?"赤张满稽曰:"天下均治之为愿,而何计以有虞氏为! 有虞氏之药疡也,秃而施髢,病而求医。孝子操药以修慈父,其色燋然,圣人羞之。至德之世,不尚贤,不使能,上如标枝,民如野鹿。端正而不知以为义,相爱而不知以为仁,实而不知以为忠,当而不知以为信,蠢动而相使不以为赐。是故行而无迹,事而无传。"

《天地》先是比较了武王与有虞氏(即舜)的功德高下:武王率师讨伐不义,武功虽美,毕竟有所杀伤,故不及有虞氏以文教治天下为善。而有虞氏的文教之治,主要表现为以仁义为核心的教化之治。文教之治虽美,尚非"天下均治"。以《天地》之见,有虞氏之治乃"乱而后治",犹如"秃而施髢,病而求医",属事后工夫;且以仁义治天下,仍属有为,乃托迹而行,弃本循末。治之托迹循末,不仅不能从根本上去乱成治,还会产生毁伤万物、"刻雕众形"

---

① 《天地》虽属外篇,其义理则精邃通达,可作为考察庄子思想的重要依据。陆西星说:"此篇言王者法天,天法道,道法自然,故其所论圣德圣治,一以无为自然为宗……邵子有云:'敢于世上明开眼,肯向人前浪皱眉?'二老千古疏放豪迈之气,于此亦可想也。"(陆西星撰,蒋门马点校,《南华真经副墨》,第167页)则陆氏以此篇为庄子自作。船山曰:"此篇畅言无为之旨,有与《应帝王》篇相发明者。于外篇中,斯为邃矣。"(王夫之撰,王孝鱼点校,《庄子解》,第101页)船山虽未断此篇为庄子自作,对于其义旨却颇为推崇。

而为巧的后果①。"天下均治"义犹《应帝王》所谓"天下治",亦即"至治"。《应帝王》论有虞氏与泰氏的治道之别说:"有虞氏不及泰氏。有虞氏其犹藏仁以要人,亦得人矣,而未始出于非人。""出于非人"谓出于天或自然。"天下均治"之治是治于世之未乱,乃本乎道体而发,其所成即为"至德之世"。"至德之世"之民一方面皆得遂性自然,其德不离;另一方面,其"虽如野鹿",不知贤能,却并非蒙昧愚钝,而自有"仁""义""忠""信"之行。虽有上述"美行",他们却并无"仁""义""忠""信"等观念,更不懂诸如此类之名。故"至治"之民质朴而不愚昧,通达而无"智慧"。在道家看来,道德观念的产生、彰显以及文教的推行,皆是道体沦丧、世风浇薄之后的救世之举。《天地》论有虞氏之治,即是此意。

又,林疑独从仁义忠信产生之本的角度说:

> 庄子之意,欲如太古之世,使人各安其性命之情……端正者,义之本;相爱者,仁之本;仁义者,端正相爱之名迹也。实者,忠之本;当者,信之本。世俗所谓实当者,求忠信之名耳。盖至德之世,以仁义忠信与性为一体,未尝离而求其名迹也。蠢动而相使,言各任其性,交相使役不以为赐,亦适然耳。行而无迹,事而无传,无意于行事故也。②

"以仁义忠信与性为一体,未尝离而求其名迹也",正是说"至治"之民一任本心而无名实观念之状,故《天地》有四"不知"之说。褚伯秀曰:"此四不知,乃所以同归于道,俱化于兼忘之域。仁、义、忠、信,特世人分别之迹也。"③

---

① 相反,《大宗师》说:"吾师乎!吾师乎!齑万物而不为义,泽及万世而不为仁,长于上古而不为老,覆载天地、刻雕众形而不为巧。此所游已!"
② 褚伯秀撰,方勇点校:《南华真经义海纂微》,第542—543页。
③ 褚伯秀撰,方勇点校:《南华真经义海纂微》,第545页。

《大宗师》所谓"刑""礼""知""德"亦是如此。其仅是借用世俗"刑""礼""知""德"之名,非谓"真人"果赖此等名物行治。若依上引林疑独之说,此处的"刑""礼""知""德",亦可谓世俗的刑礼知德产生的根据。"真人"之所以能有上述功德,实因其已与道体流转、于物无所滞溺之故。如《大宗师》说:"古之真人,不知说生,不知恶死;其出不欣,其入不距;翛然而往,翛然而来而已矣。"又指出(此时,文中又称"真人"为"圣人"):

> 若然者……(其)与物有宜而莫知其极。故圣人之用兵也,亡国而不失人心;利泽施乎万世,不为爱人。故乐通物,非圣人也;有亲,非仁也;天时,非贤也;利害不通,非君子也;行名失己,非士也;亡身不真,非役人也。

所以,"真人(圣人)"治世固当无为,但其无为中处处隐含着有为之行。由于这种有为均能顺应造化之运、因循事物之性,从而既能遂物之化,又无羁縻其性之患。在此过程中,敦厚之教、质朴之俗因是而成。民众生于其间,对此风教日用而不知,一切所为皆若自然。故《天地》又曰:"大圣之治天下也,摇荡民心,使之成教易俗,举灭其贼心,而皆进其独志,若性之自为,而民不知其所由然。"无为之治并非意味着摒弃教化之行、排挤风俗之变,只不过这种风教的推行与变易不是有虞氏式的(即道废之后的仁义教化之施)。同时,"举灭其贼心,而皆进其独志,若性之自为"之说也表明:蒙此风教熏染,民众既质朴敦厚又不颟顸野蛮,既各彰己性又无所桎梏。

上述之治虽美,毕竟是"真人(圣人)"之所为和所能为。对于世俗治者而言,此治便显得邈远难及。况且,对于芸芸众生而言,"真人"的诸种无为之举因其无名之故常也显得空无所依、难以"把捉"。因此,从无为之治的现实可能性的角度看,《大宗师》所谓的

"刑""礼""知""德"就不仅仅是借用世俗之名,而仍有其从俗所设之实。且此"刑""礼""知""德"的产生是基于道体而发,并因乎造化而变,而非是僵化凝滞、不通物情的。于是,"刑""礼""知""德"与道体之间便构成了末与本或用与体的关系:末(用)发于本(体),显现本(体),并以本(体)为归依(是为"反复"或返本);本(体)作为末(用)的存在根据,决定末(用)的表现形式及其流变。如《天道》①论本、末曰:

> 本在于上,末在于下;要在于主,详在于臣。三军五兵之运,德之末也;赏罚利害,五刑之辟,教之末也;礼法度数,刑名比详,治之末也;钟鼓之音,羽旄之容,乐之末也;哭泣衰绖,隆杀之服,哀之末也。

文中作为"本"的所谓"德""教""治""乐""哀"等,皆是从不同的角度言道或道体。《老子·三十八章》尝描述道废德衰下人们弃本逐末、舍质尚文的不断"失落"之状曰:"故失道而后德,失德而后仁,失仁而后义,失义而后礼。夫礼者,忠信之薄而乱之首。"相对于仁、义,礼更多地已表现为繁缛之仪,世俗也多以遵循此等仪条为合礼。若此,则礼意已多被遮蔽,宜乎其为"忠信之薄而乱之首"!《天道》亦有类似的分判之言,且更为具体,同时也更加突出了形名礼法等作为治世的权宜之具的地位。其曰:

---

① 关于《天道》篇的定性,学者之间有所分歧。王夫之谓其"盖秦汉间学黄老之术、以干人主者之所作也"(王夫之撰,王孝鱼点校:《庄子解》,第114页);钟泰则曰:"此下《天地》《天道》《天运》三篇,盖自为一类……为庄子自作无疑。"(钟泰:《庄子发微》,第244页)如果说,船山与钟泰意见之异尚属儒者之争的话,南宋道士褚伯秀(参见褚伯秀撰,方勇点校:《南华真经义海纂微》,第610—611页)、明代道士陆西星则皆盛赞此篇义理之精,自然不疑其出自庄子。如陆氏曰:"此篇言帝王之道,以天地为宗,以道德为主,以自然为用,以虚静恬淡寂寞无为为道之本,皆极醇醰无疵之语。尝谓《庄子·天道篇》,辞理俱到,有蔚然之文、浩然之气、苍然之光。学者更当熟读。"(陆西星撰,蒋门马点校:《南华真经副墨》,第193页)细审其文,此篇和《天地》皆义理深邃,与内篇相通。故此二篇虽未必为庄子自作,仍不妨将其视为理解庄子治道思想的重要参考。

　　是故古之明大道者,先明天而道德次之,道德已明而仁义
次之,仁义已明而分守次之,分守已明而形名次之,形名已明
而因任次之,因任已明而原省次之,原省已明而是非次之,是
非已明而赏罚次之,赏罚已明而愚知处宜,贵贱履位,仁贤不
肖袭情。必分其能,必由其名。以此事上,以此畜下,以此治
物,以此修身,知谋不用,必归其天。此之谓大平,治之至也。
故书曰:"有形有名。"形名者,古人有之,而非所以先也。古之
语大道者,五变而形名可举,九变而赏罚可言也。骤而语形
名,不知其本也;骤而语赏罚,不知其始也。倒道而言,迕道而
说者,人之所治也,安能治人! 骤而语形名赏罚,此有知治之
具,非知治之道。可用于天下,不足以用天下。此之谓辩士,
一曲之人也。礼法数度,形名比详,古人有之。此下之所以事
上,非上之所以畜下也。

在此,《天道》称"至治"曰"太平(之治)",其与《天地》"天下均治"之
说内涵相通。欲成"太平之治",则以诸"明"为前提。明者,通达之
谓。唯有诸"明"得立,"天""道德""仁义""分守""形名""因任""原
省""是非""赏罚"等方才本末条贯、首尾通达,而皆各展其功、各彰
其用。其中,"形名"即曰"名实"。此处"形名(名实)"是从狭义的
角度而言,是指具体的礼法典章之名及其对应之实,故下文以"礼
法数度"与"形名比详"并言。注家多以广义的角度言此"形名",不
确。"形名(名实)"之前,尚以体道明德为主;"形名(名实)"之后,
则以仪则法度为要。倘知诸种仪则法度的来源或所本,自不会拘
泥于此,为其所窒。倘若不知仪则法度的来源或所本,以其为终极
圭臬,则必为其所窒,僵化执着而伤及众物。故《天道》曰:"骤而语
形名,不知其本也;骤而语赏罚,不知其始也。倒道而言,迕道而说
者,人之所治也,安能治人!"若据此说,可以发现:法家片面地强

调形名（名实）之说，将其视为人主专执的驭下之术，以及考订赏罚的主要根据，遂成其刻薄寡恩之治，遗祸天下；儒家则执着于仁义的道德观念和礼仪典章制度，遂有以"仁义是非"而"黥劓"万物之害。

四、结语

总之，据庄子之论，治道当以无为（"无名"）为本，现实中，则亦当据世事人情而假以有为（"有名"）之用。无为（"无名"）应道流转，其与有为（"有名"）之间可谓为本末、体用的关系。无为（"无名"）的现实展开固然可以表现为形名法度之用，但不可混淆二者之间的本、末（或体用）关系。故不可舍本而逐末，亦不可蔽本而彰末。《老子·五十二章》说："天下有始，以为天下母。既得其母，以知其子；既知其子，复守其母，没身不殆。"若将本末、体用以"母子"喻之的话，"明王"既须通达无为（"无名"）而有为（"有名"）的必要性，也须明了有为（"有名"）而无为（"有名"）的反复性。如此，"太平之治"的目标庶几可及也。

第十章　黄老道家的正名和无为思想

　　正名之说始于孔子,并被他视作"为政"的次第之先①。其后儒家论治,皆不能不明正名的重要性。而"为先"之说也为诸儒所常言,以至董仲舒说:"治天下之端,在审辨大。辨大之端,在深察名号。名者,大理之首章也。""《春秋》大元,故谨于正名。"(《春秋繁露·深察名号》)所谓"端""元"者,皆有首、始之义,与"先"相通。无为而治则是道家治道思想的标志性主张。既曰"标志性",无为便为一些儒者所讳言,以至被"逐出"儒家的治道思想之外。其实,若公允地看,在先秦诸子那里,论治尚无为者不仅仅有道家,儒家与法家亦然。至于治主正名,实为百家之通论,当然老、庄又当别论。对于周秦诸子来说,可谓无名不言治②。

　　尽管皆主正名,诸子关于形名关系的思考毕竟各有侧重,观点不一。同样,虽然皆视无为为至治的典范,无论是道家、儒家还是

---

① 至少对于当时的卫国而言是如此。《论语·子路》载:子路问:"卫君待子而为政,子将奚先?"夫子曰:"必也正名乎!"指出:"名不正则言不顺,言不顺则事不成,事不成则礼乐不兴,礼乐不兴则刑罚不中,刑罚不中则民无所错手足。故君子名之必可言也,言之必可行也。"
② 关于名的功用以及晚周诸子的正名之说,参见第七章"名之何谓? 正名何为? ——先秦时期的正名思想及名学理论之分化"。

法家,他们对于无为的理解也存在本质之别。即便是儒家或道家的各自内部,在此方面也颇显思想分歧。就道家来说,基于正名而论无为,且将正名作为无为之治的主要展开方式,则是黄老道家治道思想的典型特征。

一、何谓无为？儒道法关于无为而治的思想之别

对于无为之治,儒道法皆有明说。如《论语·卫灵公》载:"子曰:'无为而治者,其舜也与! 夫何为哉？ 恭己正南面而已矣。'"《老子·三章》曰:"弗为也①,则无不治。"《韩非子·主道》亦云:"人主之道,虚静以为宝。不自操事而知拙与巧,不自计虑而知福与咎。是以不言而善应,不事而善增。"②"虚静""不言""不事"云云,皆指无为。倘就字面的意思看,以上三说之间似皆相通。特别是《主道》之说,若谓其为《老子》的无为之义作疏解,也未尝不可。实际上,这三种无为各有其独特的内涵,蕴含着不同的治世方式和治世目标,故当予以分辨。只有深辨诸说,作为本章考察主题的黄老道家无为思想的独特性才能更清楚地呈现出来。

(一) 儒家论无为及其思想分歧。观诸儒之说,其所谓无为大致可分为三义。其一,无为义即不为,且此"不为"乃是特指舜因循尧道,故所谓无为实曰"无易"或"不易"。持此论者,主要是汉代的今文家。如董仲舒说:"故王者有改制之名,无易道之实。孔子曰:'无为而治者,其舜乎!'言其主尧之道而已。此非不易之效与!"

---

① "弗为也",通行本作"为无为"。此据帛本《老子》及北京大学藏西汉竹书本《老子》订正。

② "虚静",原作"静退";"不事"之"事",原作"约",此据王先慎说正。参见王先慎撰,钟哲点校:《韩非子集解》,第 31—32 页。

（《春秋繁露·楚庄王》）①苏舆尝总结道："以循尧道为无为，亦今文家说。《白虎通·三教篇》：'舜之承尧，无为易也。'"②

其二，作为至治表现的无为之治。此义之"无为"，本质上是儒家德治理想的最终实现。这一观念流传甚早，《中庸》论圣人"至诚"之德的外化之功时已说："故至诚无息……如此者，不见而章，不动而变，无为而成。"郑玄注曰："言其德化与天地相似，可一言而尽，要在至诚。"③朱子解《中庸》亦顺承郑说，强调盛德之验④。这种理解也是汉代以来儒者阐释《论语·卫灵公》"无为而治"之说的主要表现。注家往往还将此说与孔子的"为政以德，譬如北辰，居其所而众星共之"（《论语·为政》）之言相提并论，以彰"圣人德盛而民化"⑤的不测之功⑥。其中，朱子在阐释"为政以德"章时，进一步结合孔子的"政者，正也"（《论语·颜渊》）之说论道：

　　　　政之为言正也，所以正人之不正也。德之为言得也，得于

———————————

　　①　对于改制与循道的关系，董子又说："故孔子曰：'亡为而治者，其舜虖！'改正朔、易服色，以顺天命而已。其余尽循尧道，何更为哉！故王者有改制之名，亡变道之实。"（《汉书·董仲舒传》）不过，在今本《春秋繁露》中，《立元神》《保位权》《离合根》等篇又有像黄老道家乃至法家式的"无为"之说。如《立元神》："故为人君者……志如死灰，形如委衣，安精养神，寂寞无为。"《保位权》："为人君者居无为之位，行不言之教，寂而无声，静而无形，执一无端，为国源泉。因国以为身，因臣以为心。以臣言为声，以臣事为形……故为君虚心静处，聪听其响，明视其影，以行赏罚之象。其行赏罚也……揽名考质，以参其实。赏不空施，罚不虚出，是以群臣分职而治，各敬其事，争进其功，显广其名，而人君得载其中，此自然致力之术也。"《繁露》之所以有此文字，或许表明董子的君道思想亦不免受到黄老道家的影响。或者，上述诸篇本非董子所著，乃他人之作掺入。因其篇名与其他诸篇之名颇有不类，其旨亦有失端庄正大之象（特别是《保位权》云云）。

　　②　苏舆撰，钟哲点校：《春秋繁露义证》，第19页。

　　③　郑玄注、孔颖达疏：《礼记正义》，第1451页。

　　④　如朱子曰："此皆以其验于外者言之。郑氏所谓'至诚之德，著于四方'者也。存诸中者既久，则验于外者益悠远而无穷矣。"朱熹撰：《四书章句集注》，北京：中华书局，1983年，第34页。

　　⑤　此为朱子释《卫灵公》"无为"语，参见朱熹撰：《四书章句集注》，第162页。

　　⑥　参见何晏注、邢昺疏：《论语注疏》，北京：北京大学出版社，1999年，第14页；皇侃撰，高尚榘校点：《论语义疏》，北京：中华书局，2013年，第22—23页；朱熹撰：《四书章句集注》，第53页。

心而不失也。北辰，北极，天之枢也。居其所，不动也。共，向也，言众星四面环绕而归向之也。为政以德，则无为而天下归之，其象如此。程子曰："为政以德，然后无为。"①

朱子此解既广摄夫子诸说，又涵纳众儒之论，同时也高扬了儒家关于王者的"天下所归往之"（《说文解字》）的价值期许，堪为儒家以德治论无为的经典之论。且若平心视之，朱子此解也是符合孔子的无为之义的。但强调德治并非意味着无为之治纯赖人君的道德感召便可成就，而是指在修身彰德的基础上，人君知人善任，使官得其人，人尽其职。如此，则主逸臣劳：主逸者，人君"无事"，"恭己正南面而已矣"；臣劳者，官皆尽其职，人皆安其分。所以，孔子既言"无为而治""为政以德"，又曰"君君，臣臣，父父，子子"（《论语·颜渊》），并感叹唐虞之世人才的盛美之况（参见《论语·泰伯》"舜有臣五人而天下治"章）。同样，后儒在解释舜何以能"无为而治"时，也突出了"任官得人"的重要性。如邢昺说："所以无为者，以其任官得人。夫舜何必有为哉？但恭敬己身，正南面向明而已。"②又如朱子："独称舜者，绍尧之后，而又得人以任众职，故尤不见其有为之迹也。恭己者，圣人敬德之容。既无所为，则人之所见如此而已。"③"君君，臣臣，父父，子子"固为"正名"，使官得其人、人尽其职亦属于"正名"。所以，舜的"无为而治"之所以可能，以以两点为前提：一为其德高，故天下钦慕而归往之；一为其善于正名，故官皆尽其职，人皆安其分。

其三，无为义即不为，且此"不为"真的意味着无所作为。以此

---

①　朱熹撰：《四书章句集注》，第53页。
②　何晏注、邢昺疏：《论语注疏》，第208页。邢昺还结合《尚书·舜典》论曰："案《舜典》命禹宅百揆，弃、后稷、契作司徒，皋陶作士，垂、共工，益作朕虞，伯夷作秩宗，夔典乐教胄子，龙作纳言，并四岳十二牧，凡二十二人，皆得其人，故舜无为而治也。"
③　朱熹撰：《四书章句集注》，第162页。

观点理解无为的,主要有王夫之、毛奇龄、焦循、黄式三等①。他们将此意义的无为等同于老子或黄老道家所说的"清静无为",并因此否定孔子也有无为而治的思想。如王夫之曰:"若更于德之上加一无为以为化本,则已淫入于老氏无为自正之旨。"②毛奇龄也说:"包氏无为之说,此汉儒搀和黄老之言……夫为政以德,正是有为。夫子已明下一'为'字,况为政尤以无为为戒。"③近人程树德亦循此论,进而批评朱子"不察",沿袭先儒解经混淆黄老之学与孔子"为政以德"之说的谬误,"殊失孔氏立言之旨"④。然而,《卫灵公》明载"子曰:'无为而治'"云云,若说无为是老氏论治的"思想专利",又当如何看待孔子之言?对此,诸儒也曲为之说。如王夫之曰:"三代以上,大经大法皆所未备,故一帝王出则必有所创作以前民用……其聪明睿知苟不足以有为,则不能以治著。唯舜承尧而又得贤,则时所当为者尧已为之,其臣又能为之损益而缘饰之,舜且必欲有所改创以与前圣拟功,则反以累道而伤物",故"舜之无为,与孔子之不作同",是"因时而利用之,以集其成也"⑤。又如焦循说:"伏羲、神农之治,在使民有所知",故需有为,如"伏羲定人道而民知男女之有别,神农教耒耜而民知饮食之有道";及民智已开,诈伪之心起,则"黄帝、尧、舜之治,在不使民知。不使民知,所以无为",故"无为者,无一定之好尚,无偏执之禁令,以一心运天下而不息,故能通其变使民不倦、神而化之使民宜之也"⑥。以上辩说,既误会了道家所谓的无为之义(道家所谓的无为或"清静无为"并非

---

①　参见程树德撰,程俊英、蒋见元点校:《论语集释》,第82—84、1371页。

②　程树德撰,程俊英、蒋见元点校:《论语集释》,第83—84页。

③　引按:"包氏"谓包咸,黄侃《论语义疏》作"郑玄"(参见皇侃撰,高尚榘校点:《论语义疏》,第23页)。程树德撰,程俊英、蒋见元点校:《论语集释》,第82页。

④　程树德撰,程俊英、蒋见元点校:《论语集释》,第83页。

⑤　程树德撰,程俊英、蒋见元点校:《论语集释》,第1370页。

⑥　程树德撰,程俊英、蒋见元点校:《论语集释》,第1370页。

意味着绝对的无所作为),也曲解了孔子之言。

(二) 道家的无为之说及其分化。道家论治好言且崇尚无为,乃人所共知。也因此之故,后世学者遂有视无为而治为道家所独有的思想倾向,以至王夫之、毛奇龄、焦循等明确否定或曲解夫子的"无为"之说。"道家"之名为汉人所创,本指今所谓黄老道家,司马谈称其术"采儒墨之善,撮名法之要"(《论六家要指》),则黄老道家俨然如杂家。只因其学尊崇黄老,"其术以虚无为本,以因循为用",故仍当归属道家。论及先秦道家,学界一般有老子、庄子和黄老道家之分,而老子之学又是后二者的思想之源。

司马谈云:"道家无为,又曰无不为。"其说虽主要是针对黄老道家而言,实也可作为对整个道家无为思想的精辟概括。尽管如此,对于何谓无为以及如何无为,老、庄之间,特别是老、庄和黄老道家之间却有着不同的看法。总体而言,老、庄论无为可谓小异而大同,二者之说与黄老道家的无为思想可谓小同而大异。

首先,无论是老、庄,还是黄老道家,作为人君治术主要展开方式的无为并非指绝对的无所作为,而均有顺物自然、因应物变之义。故老子曰:"圣人常无心,以百姓之心为心。"(《老子·四十九章》)庄子亦曰:"汝游心于淡,合气于漠,顺物自然而无容私焉,而天下治矣。"(《庄子·应帝王》)至于黄老道家,《论六家要指》也概其术说:"与时迁移,应物变化,立俗施事,无所不宜。"

其次,老、庄主无为而治,皆以成物为宗旨。老子有言:"道常无为。侯王若能守之,万物将自化。"(《老子·三十七章》)又曰:"是以圣人……以辅万物之自然,而不敢为。"(《老子·六十四章》)庄子亦有"神人""其神凝,使物不疵疠而年谷熟"(《庄子·逍遥游》)之喻。虽然,老、庄论治仍有区别。在老子,无为意味着人君持道虚静,"观复""知常"(参见《老子·十六四章》),尽可能不去干预事物的存在,充分尊重它们的自我成就能力,其思想颇彰复朴与守静之象①；在庄子，无为固亦有老子的持虚守静之义，其"依乎天理""因其固然"之说（《庄子·养生主》）却也展现了尊重、欣赏事物个性或独特性的精神，是以至治之成便表现为治者如何使天下万物各尽其性的过程②。

复次，黄老道家论无为，尽管也多彰因循物性、顺其自然之义，其治道的宗旨则非如老、庄以成物为鹄的，而是指向如何富国强兵乃至一统天下的目标，具有鲜明的现实性和功利性。相应的，关于名法之用（的必要性），老、庄与黄老道家之间也存在根本的分歧：在老、庄，其对名法之用皆持警惕或批判态度③；在黄老道家，所谓无为而治正是通过"名正法备"体现出来的，正如《管子·白心》所说："名正法备，则圣人无事。"

（三）作为驭臣之术的法家无为。 在法家那里，无为已彻底沦为一种人主以阴制阳、以静制动的驭臣之术。《韩非子·主道》明确地指出："道在不可见，用在不可知。虚静无事，以暗见疵。见而不见，闻而不闻，知而不知……函掩其迹，匿其端，下不能原；去其智，绝其能，下不能意。"在此，无为（"虚静无事"）既非儒家所说的人君"敬德之容"（朱子语），也非道家所谓的顺物自然、因应物变之义，而是指人君如何掩匿其意、隐藏其迹，使自己"大不可量，深不可测"（《主道》），以杜绝臣下的窥视、迎合之行。《主道》又说：

> 道者，万物之始，是非之纪也。是以明君守始以知万物之源，治纪以知善败之端。故虚静以待，令名自命也，令事自定也。虚则知实之情，静则为动之正……君无见其所欲，君见其

---

① 详参第三章之"一、'归根'与'知常'：老子论治的复朴和守静倾向"。

② 详参第三章之"二、'依乎天理'与'因其固然'：庄子治道思想中的顺物精神"。

③ 对于名法之用，老、庄皆持警惕乃至否定的立场，认为它们会割裂事物、烦数伤民等，如《老子·五十七章》："法令滋彰，而盗贼多有。"又如《庄子·大宗师》："夫尧既已黥汝以仁义，而劓汝以是非矣。""仁义"已有此害，法令更不必说。在庄子后学那里，道德礼法等更成为激烈的批判对象（参见《骈拇》《马蹄》等文所论）。

> 所欲,臣将自雕琢;君无见其意,君见其意,臣将自表异。故
> 曰:去好去恶,臣乃见素;去旧去智,臣乃自备……故曰:寂乎
> 其无位而处,漻乎莫得其所。明君无为于上,群臣竦惧乎下。①

是以唯有"虚静无事",人君才不会因为臣下的投其所好而被蒙蔽,臣下也因为人君的高深莫测而自守其正。人君之意既不可测度,其又处于独尊的势位,掌刑罚之柄,"虚静无事"便也成为人君恐吓臣下、使其顺服的重要方式("明君无为于上,群臣竦惧乎下")。如此"无为",其弊其害自不待言。

法家之所以有此无为之说,原因在于:一方面,其谓人性自私而不可信(《韩非子·外储说左上》:"[人]皆挟自为心也。"),故人君欲使臣下顺服,不得不以术制之;另一方面,其谓唯有张大君权,方能高效地整合一国的各种资源,以在当时激烈的国际竞争中取得优势地位。当然,法家的无为之说亦有所继承:黄老道家对于阴术之用已有所论述。《管子·心术上》尝曰:"人主者立于阴,阴者静,故曰'动则失位'。阴则能制阳矣,静则能制动矣,故曰'静乃自得'。"《尹文子·大道上》更是指出:"术者,人君之所密用,群下不可妄窥……人君有术而使群下得窥,非术之奥者。"黄老道家与法家在思想上的亲缘关系,于此而见。

二、黄老道家论正名

在追溯法家无为之术的理论渊源时,学者常推至老子,视其为

---

① "虚静以待"原作"虚静以待令",据文义及松皋圆之说(参见《韩非子》校注组编写、周勋初修订:《韩非子校注》,第32页),"令"当为衍文。"静则为动之正"原作"静则知动者正"。"为",据俞樾说正;"之",据张榜本改(参见王先慎撰,钟哲点校:《韩非子集解》,第28页)。前"将自"原作"自将",此据卢文弨说正。参见王先慎撰,钟哲点校:《韩非子集解》,第28页。

阴术之祖。如章太炎说:"《老子》云:'鱼不可脱于渊,国之利器不可以示人。'此二语是法家之根本。唯韩非子能解老、喻老,故成其为法家矣。"故"法家者,道家之别子耳"①。钱穆亦云:"老子下启法。"认为"老子则务实际,多期求,其内心实充满了功利与权术","而老子之所用则尽属人谋也"②。这种判定似有一定的道理,且韩非借老子之说大张其"虚静""无为"之术,亦属事实。但若因此而谓老子的无为思想开后世阴术之源,则似有未安③。况且,倘若以阴谋家的立场解老,《老子》五千言的思想与文化意义也必将大为消解。

上节简略的疏理也表明:对于无为,道、法二家之说固然多有分歧,其间仍存在深刻的思想关联。这种关联乃是学术"畸变"的结果。如果说,老子(乃至庄子)之说意味着关于无为的纯正立场的话(此仅就道、法二家之说的关系而言),法家的无为说已沦为一种纯粹的阴术之论。介于上述二说之间且"推动"这一"畸变"的,即是黄老道家的无为说。此说上承老子之道,下开法家之术,在道、法无为思想的演变中发挥着转折性的作用。进而言之,欲明这种作用是如何发生的,又不可不明黄老道家的正名思想。因在黄老道家看来,正名正是无为之治主要的展开方式。

统观晚周诸家的形名说(或名实说),其所谓正名之义大体可分为两脉:一为知识论的,一为伦理政治义的。知识论的正名主要具

---

① 章太炎:《国学十八篇》,第 218、244 页。

② 钱穆:《庄老通辨》,第 123、121 页。

③ 如对于学者常据以为论老子权术的《三十六章》"将欲弱之,必固强之;将欲废之,必固举之"云云,以及所谓"鱼不可脱于渊,国之利器不可以示人"之说,注家多从"道法自然""反者道之动"或乘理守弱等角度予以解说,以免误读。(参见苏辙:《道德真经注》,《道藏》第十二册,第 306 页。吴澄:《道德真经注》,《道藏》第十二册,第 798 页。范应元撰,黄曙辉点校:《老子道德经古本集注》,第 63—64 页)今人高亨也辩曰:"此诸句言天道也。或据此斥老子为阴谋家,非也。老子戒人勿以张为可久,勿以强为可恃,勿以举为可喜,勿以与为可贪也。故下文曰:'柔弱胜刚强'也。"高亨:《老子正诂》《老子注译》,《高亨著作集林》(第五卷),第 120 页。

有以下功用：通过核查形（实）、名关系，或者据以验证形（实）名相副与否，或者据以驳斥诡辩之说①，或者据以彰显事物的存在之理②等。知识论的正名固然重要，后一义（即伦理政治义）的正名更加值得关注（当然，这两种正名之间本来就存在很密切的关系），因为，唯有通过后者，人们各自的身份、地位、职分等方得厘定，人与人、人与物之间的关系方得展示和规范，而一定的制度、秩序等也方得有效地建构或维系。就此而言，正名与其说是整治、端正事物之"名"，不如说是规范、端正作为名之所指的诸"形（实）"。《荀子·正名》曰：

> 故王者之制名，名定而实辨，道行而志通，则慎率民而一焉……故知者为之分别，制名以指实，上以明贵贱，下以辨同异。贵贱明，同异别，如是则志无不喻之患、事无困废之祸，此所为有名也。

荀子此处虽是主要论"制名"的必要性，实则也有助于理解何以正名或正名的目的，即"名定而实辨，道行而志通"，从而"率民而一焉"。荀子之说不仅仅代表了儒家的观点，实通于百家之论，正如《吕氏春秋·审分览》所言："正名审分，是治之辔已……故至治之务，在于正名。"

　　关于伦理政治义的正名，诸家皆有精辟之论。相较而言，黄老道家之说尤为详备。它立足现实，融汇诸家之说，以功利为导向，既对形名关系和正名的功用进行了深入的辨析，也揭示了正名与"法治"的一体相关性。黄老道家还借正名之义张君权、尚权谋，引

---

① 如为辟当时颇为流行的"白马非马"论，《韩非子》举例说："兒说，宋人，善辩者也，持'白马非马'也服齐稷下之辩者。乘白马而过关，则顾白马之赋。故籍之虚辞则能胜一国，考实按形不能谩于一人。"（《外储说左上·说二》）

② 如《尹文子·大道上》将"有名以检形，形以定名"与"名以定事，事以检名"统一起来，以作为彰显事物之理不可或缺的方式。其曰："形而不名，未必失其方圆白黑之实。名而无形（引按：'无形'，据孙诒让说补。参见陈高佣：《公孙龙子·邓析子·尹文子今解》，第157页），不可不寻名以检其差。故亦有名以检形，形以定名；名以定事，事以检名。察其所以然，则形名之于事物，无所隐其理矣。"

发了道家无为内涵的重要转变。关于黄老道家的正名思想之要，可从以下三点来看。

（一）正名的前提："众有必名"。在命名问题上，黄老道家与老、庄之间既有着思想的相通性，也存在立场之别。曰其相通性，是指他们均严持道物之辨，均认为作为万物的本原或存在根据的道是不可言说、不可命名的。在此，老、庄之说自无需赘言，而黄老道家亦有显明之论。如帛书《道原》从本原的角度论曰："恒先之初，迥同太虚。虚同为一，恒一而止……故无有形，大迥无名。"①《管子·内业》也说："道也者，口之所不能言也，目之所不能视也，耳之所不能听也。"虽然不可言说、不可命名，道对于人们在世生存和安顿万物来说又是须臾不可离的②。不得已，人们只好勉强命名、言说之，是即"道"。因此，《内业》又曰："凡道，无根无茎，无叶无荣，万物以生，万物以成，命之曰道。"《文子·道原》也说："有物混成，先天地生，惟象无形，窈窈冥冥，寂寥淡漠，不闻其声，吾强为之名，字之曰道。"以上言语，显皆衍自《老子·二十五章》"有物混成，先天地生……可以为天下母。吾不知其名，字之曰道"之说。曰其立场之别，是指在事物能否被命名、是否应被命名的问题上，老、庄与黄老道家之间有着不同的态度。在老、庄，他们对于名的有限性及其遮蔽性有着清醒的认识，认为真正的无为之治即是无名之治。只因为《老子·二十八章》所谓"朴散则为器"的事实，人君才应顺势而为，设名立教，以行其治，然仍应"知止"③。在黄老道家，他们不仅认为万物应该被命名④，

---

　　①　裘锡圭主编：《长沙马王堆汉墓简帛集成（肆）》，第189页。

　　②　如《内业》："道也者……所以修心而正形也，人之所失以死、所得以生也，事之所失以败、所得以成也。"

　　③　关于老、庄此说，详见第八章之"三、'悠兮其贵言'：命名与名教的二重性及'有名'与'无名'之间的张力性"、第九章之"三、'无名'之治与'有名'之为"。

　　④　如《尹文子·大道上》："大道不称，众有必名。"

也能够被命名①，且圣人正是通过命名而通达事物之实的②，命名既能通达事物之实，圣人之于天下便可据名而治之③。这种据名而治天下之法，即为黄老道家的"正名"之术。

（二）正名之展开："名以检形，形以定名"和"名以定事，事以检名"。上文尝言：伦理政治意义上的正名，实为"正形（实）"（即据其名而正其形）。严格说来，此说尚不严谨。因为，欲以名正形，先须名正。名若不正，何以正形？所以，《尹文子·大道上》指出："名也者，正形者也。形正由名，则名不可差。故仲尼云'必也正名乎！名不正则言不顺'也。"观黄老道家的正名思想，其对于何以"正名"以及如何"正形"均有着系统、深入的论述，而《尹文子》之说颇堪完备。正因为尹文子在形名思想上的突出成就，他又常被称为形名家④。兹即据其说，以彰黄老道家正名思想之大略。

首先，"形以定名"与"名以检形"。这是就形、名二者的本原关系而言的，即形主名宾、名以别形。正名的前提是"众必有名"。"众"即众形，尹文子又曰"群形"，指生活世界的实存之物。对于形、名二者的关系，尹文子认为形是名产生的基础，名是针对形而得命的。《大道上》说："大道不称，众有必名。生于不称，则群形自得其方圆。名生于方圆，则众名得其所称也。""生于不称"，谓"群形"皆源自"不称"之道。虽然有着共同的来源，"群形"又各得其

---

① 如《管子·心术上》："物固有形，形固有名，名当谓之圣人。"

② 如《申子·大体》："名者，天地之纲，圣人之符。张天地之纲，用圣人之符，则万物之情无所逃之矣。"据顾立雅（Herrlee Glessner Creel）校文。参见顾立雅著，马腾译：《申不害——公元前四世纪中国的政治哲学家》，南京：江苏人民出版社，2019年，第285页。

③ 如《心术上》："名者，圣人之所以纪万物也。""纪"即理义。

④ 所谓的形名与道、法的关系均很密切，可据其思想特点和立论宗旨将具体的思想家归为道家或法家之列。尹文子当属黄老道家之一脉，其学宗老的色彩甚为明显，故《大道上》有言："[以]大道治者，则名法儒墨自废。以名法儒墨治者，则不得离道。老子曰：'道者万物之奥，善人之宝，不善人之所宝。'是[以]道治者，谓之善人；籍名法儒墨者，谓之不善人。善人之与不善人，名分日离，不待审察而得也。"括号内二"以"，皆据王启湘和陈高傭之说补。参见陈高傭：《公孙龙子·邓析子·尹文子今解》，第155页。

"方圆"。"方圆"者,谓"群形"各有其属性或特点,存在各种差别。这些差别或属性,正是"群形"之名得以产生的前提。通过命名,"群形"与"众名"互相对应,是为"众名得其所称也"。对于形和名的这一关系,《大道上》概之为"形以定名"。"定名"亦属"正名",即确定端正之名。"群形"之名产生以后,便具有辨察、区分乃至规范其对应之形的功用。对此,《大道上》概之为"名以检形",是为通常意义的"正名"。《大道上》论曰:

> 有形者必有名,有名者未必有形。形而不名,未必失其方圆白黑之实。名而无形,不可不寻名以检其差。故亦有名以检形,形以定名。

"有名者未必有形"及"名而无形"之"形",皆谓形象(状)。"未必有形"或"无形"者,指仁义道德等抽象之"物"。所谓"名而无形,不可不寻名以检其差",说明事物之名一旦产生,它便具有帮助人们认识、辨察、区分诸种事物(特别是抽象之物)的重要作用。因此,对于形、名之间的相关性以及正名之功,《大道上》总结道:

> 名者名形者也,形者应名者也①……无名,故大道无称;有名,故名以正形。今万物具存,不以名正之则乱;万名具列,不以形应之则乖。故形名者,不可不正也。

所谓"以名正之""以形应之",即"名以检形""形以定名"之义,皆为正名的具体表现。

其次,"名以定事"和"事以检名"。关于正名,《大道上》又曰:"名以人定事,事以人检名。"如果说,"名以检形,形以定名"可以涵摄认识论意义的正名的话,"名以定事,事以检名"主要是从伦理政

---

① 就此形主名宾的关系,帛书《称》也论曰:"有物将来,其形先之。建以其形,名以其名。"(参见裘锡圭主编:《长沙马王堆汉墓简帛集成(肆)》,第175页)

治的层面论述如何正名。此所谓"名"，主要指名分、名位等；"事"主要指与此"名"相应的职责、功效等。在黄老道家那里，以"名""事"关系为主要内容的正名具有极其重要的治世功用。其一，正名是厘定君臣关系、明晰君臣职分的必要方式。《大道上》说：

> 庆赏刑罚，君事也；守职效能，臣业也。君料功黜陟，故有庆赏刑罚；臣各慎所任，故有守职效能。君不可与臣业，臣不可侵君事。上下不相侵与，谓之名正。

"上下不相侵与"（"名正"），即"君事"和"臣业"各得其正。这意味着：一方面，君臣皆能各守其分，互不逾界，有利于各尽其责、各展其能（特别是对臣下来说）；另一方面，良好稳定的君臣关系和上下尊卑秩序得以有效地维护或巩固。不仅如此，作为道法之转关，黄老道家皆有张大君权的思想倾向。其张大之方，也包括这种正名。如《大道上》又说："术者，人君之所密用，群下不可妄窥；势者，制法之利器，群下不可妄为……大要在乎先正名分，使不相侵杂。然后术可秘，势可专。"其二，"名定分明"是规范人心、稳定社会秩序的基本保障。对此，《大道上》论之甚明，曰："名定则物不竞，分明则私不行。物不竞非无心，由名定，故无所措其心；私不行非无欲，由分明，故无所措其欲。然则心欲人人有之，而得同于无心无欲者，制之有道也。"其又引彭蒙之说曰："雉兔在野，众人逐之，分未定也；鸡豕满市，莫有志者，分定故也。"所以，"物奢则仁智相屈，分定则贪鄙不争"①。其三，"名以定事"与"事以检名"的交互运用，也

---

① 此论与"彭蒙之说"在《商君书·定分》中亦有所呈现："一兔走，百人逐之，非以兔为可分以为百，由名之未定也。夫卖兔者满市，而盗不敢取，由名分已定也。故名分未定，尧、舜、禹、汤且皆如鹜焉而逐之；名分已定，贪盗不取。"这一"名分"之论概已为当时通说。又，对于名分之正的现实意义，帛书《称》也以例释云："故立天子[者，不]使诸侯拟焉；立正嫡者，不使庶孽拟焉；立正妻者，不使婢妾拟焉。拟则相伤，杂则相妨。"裘锡圭主编：《长沙马王堆汉墓简帛集成(肆)》，第 178 页。

是人君考核、奖惩臣下是否尽其职责的重要方式。上引《大道上》"庆赏刑罚,君事也;守职效能,臣业也。君料功黜陟,故有庆赏刑罚"云云,不仅仅是阐释何为"上下不相侵与"的"名正"之理,也蕴含着人君如何考核、奖惩臣下是否尽职之义。故《大道上》又说:"以名稽虚实,以法定治乱……"对于如何"以名稽虚实",惜乎今本《尹文子》未得展开,似嫌于空泛。其后,《韩非子·二柄》有论曰:"人主将欲禁奸,则审核刑名。刑名者,言与事也。为人臣者陈而言,君以其言授之事,专以其事责其功。功当其事、事当其言,则赏;功不当其事、事不当其言,则罚。"观韩非之说,当渊源有自。其所谓"审核刑(形)名"者,盖即由《大道上》"以名稽虚实"的正名之方演绎而来。但韩非将此正名之方彻底地法家化,使其成为人君掌控臣下、强化独裁统治的重要方式("术")①,则亦为道法转关的一大消极结果。

(三)正名与"法治"。论及黄老道家的无为之术,尚不可不明其"法治"思想。正名与"法治"实乃黄老道家无为之术不可分割之两翼,正所谓"名正法备,则圣人无事"(《管子·白心》)。限于篇幅和论题重心,这里不对黄老道家的"法治"思想详加考察,仅举其要。首先,黄老道家之所谓"法",其义有二:一曰自然之法,如"道生法"之"法"②。此"法"指天地万物的存在法则或运行规律,乃道之体现③,

---

① 如对于人君如何"审核形名",《二柄》进而又曰:"故群臣其言大而功小者,则罚。非罚小功也,罚功不当名也。群臣其言小而功大者,亦罚。非不说于大功也,以为不当名也。害有甚于大功,故罚。"又,《韩非子·定法》曰:"术者,因任而授官,循名而责实,操杀生之柄,课群臣之能者也。此人主之所执也……君无术则弊于上,臣无法则乱于下,此不可一无,皆帝王之具也。"

② 帛书《经法·道法》:"道生法。法者,引得失以绳,而明曲直者殹。"裘锡圭主编:《长沙马王堆汉墓简帛集成(肆)》,第127页。

③ 故《鹖冠子·环流》有"道之用法"之说:"斗柄东指,天下皆春;斗柄南指,天下皆夏;斗柄西指,天下皆秋;斗柄北指,天下皆冬。斗柄运于上,事立于下;斗柄指一方,四塞俱成。此道之用法也。"

因而是客观普遍的。二曰人为之法，此法为"执道者"（即圣人）所立、且为众人所奉行之法，如《经法·道法》又说："故执道者，生法而弗敢犯殴，法立而弗敢废［殴］。"①既称作"法"，表明人为之法也具有客观普遍性，当为人人所奉行。但此法既为人所立，又不能不体现立法之人（人君或圣人）的主观意志或目的动机等。当然，理想的状态是人为之法乃据自然之法而立②。如此，所谓主观与客观之别自然消弭。其次，圣人欲成至治，唯有任法而为。法既为道之体现，欲成至治便须奉行"法治"。帛书《经法·君正》曰："法度者，正之至也。而以法度治者，不可乱也。而生法度者，不可乱也。精公无私而赏罚信，所以治也。"③《管子·任法》也说："圣君任法而不任智，任数而不任说，任公而不任私，任大道而不任小物，然后身佚而天下治。""数"即法数④，"公"是言法度之正，《任法》此处实将"任法"与"任大道"等而视之，故又曰："故法者天下之至道也，圣君之实用也。"《鹖冠子·环流》甚至认为："一之法立，而万物皆来属。"

然"法治"理想的真正落实，须臾离不开正名。一方面，圣人立法须以正名或定名为前提，名正则法亦明。对于此理，黄老道家有着深刻的理解，且从天地生物之法亦须正名的层面予以论之。如帛书《九主》："后曰：'天范何也？'伊尹对曰：'天范无□，覆生万物，生物不物，莫不以名，不可为二名。此天范也。'"⑤"天范（法）"，即

---

①　裘锡圭主编：《长沙马王堆汉墓简帛集成（肆）》，第 127 页。

②　如《文子·道德》："是故不法其已成之法，而法其所以为法者，与化推移。"又如《尹文子·大道下》："圣法者，自理出也。"

③　裘锡圭主编：《长沙马王堆汉墓简帛集成（肆）》，第 132 页。

④　"任数"，即黎翔凤所谓"但任法数"。参见黎翔凤撰、梁运华整理：《管子校注》，第 900 页。

⑤　"范"原作"金"，本为"法"之古文。因帛书此篇已有"法"字，编者为示区别，故释之以"范"。"范"与"法"义通。裘锡圭主编：《长沙马王堆汉墓简帛集成（肆）》，第 97 页。

上天生化万物之法。"覆生万物",义犹《老子·三十四章》"衣养万物";"生物不物",盖犹《老子·十章》(或《五十一章》)论述"玄德"时所谓"生而不有"之义;"莫不以名",谓"天范(法)"生物是基于其名而展开的;而"不可为二名",则指出了名之于其所对应之物的独特性和唯一性。万物之名的这种独特性与唯一性,既是"定名"的结果,也是"正名"的前提。又,《九主》此文表面上是解释何谓"天范(法)",立意的重心实则落在"天范(法)"生物的"莫不以名,不可为二名"上。"天范(法)"既如此,圣人欲行法治以正天下,舍定名与正名而何为? 另一方面,"法治"的展开本就是通过正名实现的。如果说"天范(法)"生物是以大道运行的方式展开的,"法治"则须人力推行(当然在圣人主导下)方得成就。无论是抽象的、作为原则或基本标准的法则,还是具体的法令制度,它们之被奉行或得到落实皆离不开各种层次、各种形式的"审核形名"(正名)。如帛书《十六经·成法》说:

> (黄帝:)请问天下有成法可以正民者? 力黑曰:然。昔天地既成,正若有名,合若有形,□以守一名。上廄之天,下施之四海。吾闻天下成法,故曰不多,一言而止:循名复一,民无乱纪。[①]

"一言而止",义犹一言而尽之;"循名复一,民无乱纪",谓若能做到形名合一,天下自然秩序井然。又如《经法·名理》曰:"天下有事,必审其名。名□□。循名究理之所之,是必为福,非必为灾。是非有分,以法断之。虚静谨听,以法为符。"[②]其据正名以论"法治"之理甚明。对于"法治"与正名之间相辅相成、一体不分的关系及其

---

① "循名复一",义犹循名而形应之,即形名合一。裘锡圭主编:《长沙马王堆汉墓简帛集成(肆)》,第165页。

② 裘锡圭主编:《长沙马王堆汉墓简帛集成(肆)》,第147页。

治世之功，《尹文子·大道上》亦有精辟之论：

> 定此名分，则万事不乱也。故人以度审长短，以量受少多，以衡平轻重，以律均清浊，以名稽虚实，以法定治乱，以简治烦惑，以易御险难。以万事皆归于一，百度皆准于法。归一者简之至，准法者易之极。如此，顽嚚聋瞽可与察慧聪明同其治也。

文中"度""量""衡""律"与"法"，皆属于"法"（广义之法）。"以万事皆归于一，百度皆准于法（亦广义之法）"，正是正名与"法治"所成之效。若此，治世自为"至简""极易"之事（"一者简之至，准法者易之极"）。

以正名与"法治"并言之，非黄老道家之专属。如《商君书·定分》也说：

> 故圣人为法，必使之明白易知、名正，愚知遍能知之。
>
> 人主为法于上，下民议之于下，是法令不定、以下为上也。
>
> 此所谓名分之不定也。夫名分不定，尧、舜犹将皆折而奸之，而况众人乎？

然法家之所谓"法治"，一则其以天下为人君之私产，故主人君独裁；一则其所谓"法"，多谓苛刻法令及刑罚惩治之律，多失行法达道之意。相反，黄老道家之所谓"法治"则不乏公天下之心[1]，且亦有据法度道术以限君权之义[2]。此间差别，又不可不辨。

---

① 如《吕氏春秋·贵公》："凡主之立也，生于公……天下，非一人之天下也，天下之天下也。"又，《文子·上义》："是故公道行而私欲塞也。"

② 如《文子·上义》："古之置有司也，所以禁民，使不得恣也；其立君也，所以制有司，使不得专行也。法度道术，所以禁君，使无得横断也。人莫得恣，即道胜而理得矣。故反朴无为。"

三、无为与君道

欲达黄老道家的无为思想,仅知其正名之理仍有不备,尚需考察其君道(或"君术")之论。因无为之治虽主要通过正名的形式展开,实现"名正法备"的枢要则是人君能否持守君道。

表面上看,道家论至治之成皆以人君无为为前提。关于何为至治,老、庄之间以及老、庄与黄老道家之间却有着不同的理解。在老子,至治之境可以"小国寡民"为象征,展现出质朴、静谧的精神气质(参见《老子·八十章》)。在庄子,他以"藏天下于天下"[①]以喻至治,主张顺物自然,公而无私("藏天下于天下",实谓对于天下无有所藏,亦即公天下);在黄老道家,至治则表现为"名正法备"和天下一统[②],其名法森严与包吞宇内之象宛然。三者对于至治的理解既有如此差异,关于人君如何无为也必有不同的思考。老、庄之说在此不论,兹仅对黄老道家的、构成其君道核心内涵的无为思想稍述其要。

(一)"无为"。此义之"无为"义犹"不为"(即下文所引《吕氏春秋》所谓"不为""不诏""不代"等),可称之为"消极的无为"。在道家那里,"不为"之"无为"("消极的无为")又有二义:一谓人君清虚自守、不妄造作,"无所事事";一谓人君抱道执度,不侵夺臣下之职事,唯审核形名以责臣下。前一"不为"是针对君民关系而言,后一"不为"是针对君臣关系而言。前一"不为"多为老、庄所强调,因为人君唯有清虚自守,"无所事事",万物才能自成、自正,各遂其性;后一"不为"尤为黄老道家所强调,因为人君唯有抱道执度,以形

---

① 《庄子·大宗师》:"若夫藏天下于天下而不得所遁,是恒物之大情也。"
② 帛书《道原》:"抱道执度,天下可一也。"裘锡圭主编:《长沙马王堆汉墓简帛集成(肆)》,第189页。

名课责臣下,臣下才会积极"有为"(即奉其职、尽其责),以成事功。

关于后一种"无为(不为)"以及与之相应的"有为"的内涵及其治世之功,上文论正名时已据《尹文子·大道上》"庆赏刑罚,君事也;守职效能,臣业也"之说进行了阐释。从正名的角度凸显君臣之别以及君道"无为(不为)"的重要性,非《尹文子》一家之说,乃黄老道家之通论。如:

> 美恶有名,逆顺有形,情伪有实,王公执□以为天下正。(帛书《经法·四度》)①

> (圣王)得道之本,握少以知多;得事之要,操正以正奇。前知太古,后□精明。抱道执度,天下可一也。(帛书《道原》)②

> 人主好为示能,以好唱自奋,人臣以不争持位,以听从取容,是君代有司为也,是臣得后随以进其业。君臣不定,耳虽闻不可以听,目虽见不可以视,心虽知不可以举,势使之也……君臣易操,则上之三官者废矣。亡国之主,其耳非不可以闻也,其目非不可以见也,其心非不可以知也,君臣扰乱,上下不分别,虽闻曷闻?虽见曷见?(《吕氏春秋·任数》)③

> 故有道之主,因而不为,责而不诏,去想去意,静虚以待,不代之言,不夺之事,督名审实,官使有司,以不知为道,以奈何为宝。(《吕氏春秋·知度》)④

---

① 裘锡圭主编:《长沙马王堆汉墓简帛集成(肆)》,第138页。
② 裘锡圭主编:《长沙马王堆汉墓简帛集成(肆)》,第189页。
③ "人主好为示能"之"为"原作"暴",兹据毕沅、王念孙说正。"是君代有司为也"之"为"后原有"有司",兹据陶鸿庆说删。参见许维遹撰、梁运华整理:《吕氏春秋集释》,第443—444页。
④ "代"原作"伐",兹据王念孙、陶鸿庆说正;"有司"之"有"原作"自",兹据许维遹说正;"宝"原作"实",兹据毕沅、俞樾等说正。参见许维遹撰、梁运华整理:《吕氏春秋集释》,第456页。

当然,人君之所以能基于正名以别君臣之分,行"无为(不为)"之术,前提是其德已臻于道境,非勉强而为之。此即帛书《道原》"抱道"之所喻。《文子·道德》也说:"君执一即治,无常即乱。君道者,非所以有为也,所以无为也……一也者,无适之道也,万物之本也。"

君"无为(不为)"而臣"有为",也是一种主逸臣劳之状。此状与前述儒家所推崇的主逸臣劳之境("舜无为而治"之所喻)既有相通之处,也存在本质之别。其相通者,二者皆重正名,倡君臣之分;其相异者,儒家主道德教化、重人君的道德感召意义,黄老道家则主法度之立、张人君虚静以待之功。至法家,后者的这种主逸臣劳之说遂一转而为人主的驭臣之术。

(二)因应(无为)。除了上面所说的"不为"之义,道家言无为还常指"因应",即顺物自然、因应事变的处世(或应物)之方。相对于"不为"之"无为"("消极的无为"),"因应"可称之为"积极的无为"。在黄老道家那里,"因应"也是其所论君道的重要内涵,相关论述可谓俯拾即是。如:

> 无为之道,因也。(《管子·心术上》)
>
> 欲知得失情,必审名察形。形恒自定,是我(引按:"我"谓人君,下同)愈静;事恒自施,是我无为。静翳不动,来自至,去自往。(帛书《十六经·顺道》。按:此是结合正名以论无为的因应之法)[1]
>
> 执道以御民者,事来而循之,物动而因之。(《文子·道原》)
>
> 执一无为,因天地与之变化。(《文子·道德》)
>
> 古之王者,其所为少,其所因多。因者,君术也;为者,臣道也。为则扰矣,因则静矣。因冬为寒,因夏为暑,君奚事哉!

---

① 裘锡圭主编:《长沙马王堆汉墓简帛集成(肆)》,第172页。

故曰君道无知无为,而贤于有知有为,则得之矣。(《吕氏春秋·任数》)

只要稍加留意,便很容易地发现:以上引文不仅以"因"释无为,而且多以"因"论君道。这种关于无为与"因"的看法影响深远,以至司马谈论"道家(黄老道家)"之无为时,也说:"其术以虚无为本,以因循为用。""因者,君之纲。"(《论六家要指》)以"因"为"君(道)之纲"或"君术"(《吕氏春秋·任数》),可见因循(因应)内涵在黄老道家君道思想中的重要地位。诚如《鹖冠子·天则》所言:"田不因地形,不能成谷,为化不因民,不能成俗。"《吕氏春秋·贵因》更是强调:"三代所宝莫如因,因则无敌。"

以"因"释无为,表明黄老道家的无为之说既上接老子思想,也有着新的理论推进。老子虽未言及"因"字,其无为概念自含此义。如《老子·八章》"动善时",显谓因时而动。又如《四十九章》"圣人常无心,以百姓之心为心",亦显谓圣人之治当因应百姓之"心"。然老子论无为,常通之以无执、自然、虚静等义[1],其尚柔、崇弱、不争之说[2]又使他的思想多呈"消极退缩"之象。"因"之说则不同:它在秉承老子无为的无执、虚静等义的同时,又展现出积极应世的思想姿态。如《管子·心术上》论无为与"因"的关系说:"无为之道,因也。因也者,无益无损也。"所谓"无益无损",即"不怵乎好,不迫乎恶,恬愉无为,去智与故"[3]。因此,"因也者,舍己而以物为

---

[1]　如《老子·五章》:"天地不仁,以万物为刍狗;圣人不仁,以百姓为刍狗。天地之间,其犹橐籥乎?虚而不屈,动而愈出。""天地'不仁',谓天地自然流行,无所执着,空无所依("虚无")。

[2]　如《四十三章》:"天下之至柔,驰骋于天下之至坚。"《七十六章》:"故坚强者死之徒,柔弱者生之徒……强大处下,柔弱处上。"《二十二章》:"夫唯不争,故天下莫能与之争。"

[3]　《心术上》还进而释其义曰:"人迫于恶则失其所好,怵于好则忘其所恶,非道也。故曰:'不怵乎好,不迫乎恶。'恶不失其理,欲不过其情,故曰:'君子恬愉无为。''去智与故',言虚素也。"

法者也"(《心术上》)。但"因"不是一味地迎合或顺承，而更谓"感应之发"和"缘理之动"("感而后应，非所设也。缘理而动，非所取也")。对此无为或因应之法，《心术上》名之曰"静因之道"。在帛书《经法》等篇中，"因"之说可谓充斥其间，且多显进取之意。兹举几例，如：

> 天有死生之时，国有死生之正政。因天之生也以养生，谓之文；因天之杀也以伐死，谓之武。[文]武并行，则天下从矣。(《经法·君正》)

> 恃地气之发也，乃萌者萌而孳者孳，天因而成之。弗因则不成，[弗]养则不生……君臣上下，交得其志，天因而成之。(《十六经·观》)

> 圣人之功，时为之庸。因时秉□，是必有成功。圣人不达刑，不襦传，因天时，与之皆断。当断不断，反受其乱。(《十六经·兵容》)①

特别在"争"与"不争"上，不同于老子对于"不争"的片面强调，帛书并无厚此薄彼的褒贬立场，而一以其是否"顺天"(亦是"因"的表现)为断，故曰："作争者凶，不争亦无以成功。顺天者昌，逆天者亡。"(《十六经·姓争》)②为明此理，帛书还举以黄帝灭蚩尤之例③。黄帝之说起于战国，其为诸家所尊，而道家尊之尤甚。黄帝战无不胜，观象制作、"垂衣裳而天下治"(参见《易传·系辞下》)，

---

① 裘锡圭主编：《长沙马王堆汉墓简帛集成(肆)》，第132、152、164页。
② 裘锡圭主编：《长沙马王堆汉墓简帛集成(肆)》，第161页。
③ 《十六经·五正》："(阉冉：)'今天下大争，时至矣，后能慎勿争乎？'……黄帝于是出其锵钺，奋其戎兵，身提鼓枹，以遇蚩尤，因而擒之。帝著之盟，盟曰：反义逆时，其刑视蚩尤。反义倍宗，其法死亡以穷。"裘锡圭主编：《长沙马王堆汉墓简帛集成(肆)》，第155页。

是远古一统天下、无为而治之君的完美典范。战国以来,天下苦乱久矣,人心思定。黄老道家之所以高扬"黄帝"之名,自亦有以其说助时君弭争求一之意。可以说,借助于"因"的概念,黄老道家不仅抉发出老子无为思想的积极义蕴,也为时君如何统合天下提供了方法论的依据。

(三)虚静。此所谓虚静乃就工夫论和境界论而言。以工夫境界论虚静,始于老子。《老子·十六章》曰:"致虚极,守静笃。""致虚""守静"可视之为工夫;若"虚"致乎其极、"静"守乎其笃,即为纯粹虚、静的境界。虚与静为一体之两面的关系:心虚而方静,亦静而方虚。心地虚静,空乏无执、静定不扰,自能因"观复"而得"知常"之"明"(意味真正的智慧);"明"则能包容万物,无偏私之弊,从而公正顺物,以成王道("知常容,容乃公,公乃王")。所谓王道应天,恒久之道也("王乃天,天乃道,道乃久")。所以,基于虚、静概念,十六章提出了一种"内圣外王"之说。此说对后世影响极大,且不仅仅局限于道家(兹不具论)。就黄老道家而言,其虚静思想虽更显具体和生动,用词也更为丰富,基本的致思理路仍是沿袭老子之说。如其曰:

> 虚其欲,神将入舍。扫除不洁,神乃留处。人皆欲智,而莫索其所以智乎……夫正人无求之也,故能虚无。(《管子·心术上》)

> 能正能静,然后能定。定心在中,耳目聪明,四枝坚固,可以为精舍。(《管子·内业》)

> 故静漠者,神明之宅;虚无者,道之所居。(《文子·九守》)

心地虚静而无所不容,亦无所执着(如《文子·九守》:"虚静为主,虚无不受,静无不持[1]。"),自然能行因应之道。《管子·心术上》

---

[1]　此"持",犹《庄子·庚桑楚》"灵台者有持"之"持"。郭注:"有持者,谓不动于物耳,其实非持。"参见王利器撰:《文子疏义》,第153页。

曰:"君子之处也若无知,言至虚也。其应物也若偶之,言时适也,若影之象形、响之应声也。故物至则应,过则舍矣。舍矣者,言复所于虚也。""其应物也若偶之",既是说"因"之应物的"时适性",也是说"因"之应物的"反映性"。"反映"者,谓如其所是地显示事物的本来面目。"反映"事物自有多方,其中之一即是以名明之,《心术上》曰:"以其形,因为之名,此因之术也。"名既得反映事物的本来面目,圣人治世便可据名而为之,《管子·白心》说:"是以圣人之治也,静身以待之,物至而名自治之。"黄老道家之所以常以正名论无为,原因即在于此。无论是命名还是正名,皆以执道者心地虚静为前提,故虚静实为治世的根本。对于此理,帛书多有明论。如:

> 上虚下静而道得其正。信能无欲,可为民命;上信无事,则万物周遍。分之以其分,而万民不争;授之以其名,而万物自定。不为治劝,不为乱懈。(《道原》)[1]

> 见知之道,唯虚无有;虚无有,秋毫成之,必有形名;形名立,则黑白之分已。故执道者之观于天下殹,无执殹,无处也,无为殹,无私殹。(《经法·道法》)[2]

显然,在上述君道之三术(或无为之三义)中,其间还存在一种体用或本来的关系,即虚静为体(本)而"无为(不为)"、因应为用(末),唯有心地虚静,君道的不为、因应之术方才有其真正的发用之本[3]。在司马谈的无为之说("其术以虚无为本,以因循为用")中,其所谓"虚无"当是从心上言,"虚无"亦即虚静。所以,关于黄

---

[1]　引按:所谓"上虚下静"有上行下效之喻。裘锡圭主编:《长沙马王堆汉墓简帛集成(肆)》,第189页。

[2]　裘锡圭主编:《长沙马王堆汉墓简帛集成(肆)》,第127页。

[3]　如在帛书《十六经·五正》中,其记黄帝灭蚩尤之前,即经历了"上于博望之山,谈卧三年以自求"的修道工夫。裘锡圭主编:《长沙马王堆汉墓简帛集成(肆)》,第155页。

老道家的君道思想,可一言以蔽之曰:无为;若细而分之,无为又主要分为三术,即不为、因应和虚静;进而言之,三术之间又存在着体用或本末的关系。至于司马谈的无为之说何以未及不为之义,盖为仅言其要耳。对于道家的无为诸义及其思想关系,可以下图示之:

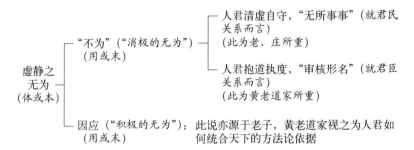

虚静既为君道无为之本,老子"致虚""守静"的工夫论便不可废,其治世本于治身的"内圣"而"外王"的先后之序亦不容淆乱。《吕氏春秋·先己》曰:"凡事之本,必先治身,啬其大宝……昔者,先圣王成其身而天下成,治其身而天下治。故善响者不于响于声,善影者不于影于形,为天下者不于天下于身。"其斯之谓也。

参考文献

一、道家经典传世文献及相关研究著述

蒋锡昌：《老子校诂》，上海：商务印书馆，1937年。

朱谦之：《老子校释》，北京：中华书局，1984年。

顾欢：《道德真经注疏》，《道藏》第十三册，北京：文物出版社、上海：上海书店、天津：天津古籍出版社，1988年。

陆希声：《道德真经传》，《道藏》第十二册，北京：文物出版社、上海：上海书店、天津：天津古籍出版社，1988年。

吕惠卿：《道德真经传》，《道藏》第十二册，北京：文物出版社、上海：上海书店、天津：天津古籍出版社，1988年。

苏辙：《道德真经注》，《道藏》第十二册，北京：文物出版社、上海：上海书店、天津：天津古籍出版社，1988年。

王卡点校：《老子道德经河上公章句》，北京：中华书局，1993年。

严遵撰，王德有点校：《老子指归》，北京：中华书局，1994年。

高亨：《老子正诂》，《高亨著作集林》（第五卷），北京：清华大学出版社，2004年。

张舜徽：《老子疏证》，《张舜徽集·周秦道论发微》，武汉：华中师范大学出版社，2005年。

陈鼓应：《老子今注今译》，北京：商务印书馆，2006年。

释德清撰，黄曙辉点校：《道德经解》，上海：华东师范大学出版社，
　　2009年。

范应元撰，黄曙辉点校：《老子道德经古本集注》，上海：华东师范
　　大学出版社，2010年。

黄曙辉点校：《道德真经吴澄注》，上海：华东师范大学出版社，
　　2010年。

林希逸撰，黄曙辉点校：《老子鬳斋口义》，上海：华东师范大学出
　　版社，2010年。

奚侗撰，汪福润点校：《老子集解》，《老子注三种》，合肥：黄山书
　　社，2014年。

张钰翰点校：《老子吕惠卿注》，上海：华东师范大学出版社，
　　2015年。

陈高傭：《公孙龙子·邓析子·尹文子今解》，北京：商务印书馆，
　　2017年。

黄克剑：《老子疏解》，北京：中华书局，2017年。

徐梵澄：《老子臆解》，武汉：崇文书局，2018年。

王夫之撰，王孝鱼点校：《庄子解》，北京：中华书局，1964年。

王先谦撰，沈啸寰点校：《庄子集解》，北京：中华书局，1987年。

周启成校注：《庄子鬳斋口义校注》，北京：中华书局，1997年。

郭庆藩撰，王孝鱼点校：《庄子集释》，北京：中华书局，2004年。

汤君集校：《庄子义集校》，北京：中华书局，2009年。

释德清撰，黄曙辉点校：《庄子内篇注》，上海：华东师范大学出版
　　社，2009年。

陆西星撰，蒋门马点校：《南华真经副墨》，北京：中华书局，
　　2010年。

褚伯秀撰，方勇点校：《南华真经义海纂微》，北京：中华书局，

2018 年。

王弼撰,楼宇烈校释:《王弼集校释》,北京:中华书局,1980 年。

王琯:《公孙龙子悬解》,北京:中华书局,1992 年。

孙诒让撰,孙启治点校:《墨子间诂》,北京:中华书局,2001 年。

黎翔凤撰,梁运华整理:《管子校注》,北京:中华书局,2004 年。

《韩非子》校注组编写,周勋初修订:《韩非子校注》,南京:凤凰出
　　版社,2009 年。

王利器:《管子疏义》,北京:中华书局,2009 年。

王利器:《文子疏义》,北京:中华书局,2009 年。

许维遹撰,梁运华整理:《吕氏春秋集释》,北京:中华书局,
　　2009 年。

王先慎撰,钟哲点校:《韩非子集解》,北京:中华书局,2013 年。

许富宏:《慎子集校集注》,北京:中华书局,2013 年。

黄怀信:《鹖冠子校注》,北京:中华书局,2014 年。

蒋礼鸿:《商君书锥指》,北京:中华书局,2014 年。

陈鼓应注译:《黄帝四经今注今译》,北京:中华书局,2016 年。

汪继培辑,魏代富疏证:《尸子疏证》,南京:凤凰出版社,2018 年。

何宁:《淮南子集释》,北京:中华书局,2021 年。

蒋锡昌:《庄子哲学》,上海:上海书店,1992 年。

白奚:《稷下学研究——中国古代的思想自由与百家争鸣》,北京:
　　生活·读书·新知三联书店,1998 年。

钱穆:《庄老通辨》,北京:生活·读书·新知三联书店,2002 年。

钟泰:《庄子发微》,上海:上海古籍出版社,2002 年。

刘笑敢:《老子古今——五种对勘与析评引论》,北京:中国社会科
　　学出版社,2006 年。

王叔岷:《先秦道法思想讲稿》,北京:中华书局,2007 年。

蒙文通：《佛道散论》，北京：商务印书馆，2011年。

陈鼓应主编：《道家文化研究》（第二十九辑），北京：生活·读书·
　　新知三联书店，2015年。

陈徽：《老子新校释译——以新近出土诸简、帛本为基础》，上海：
　　上海古籍出版社，2017年。

李凯：《庄子齐物思想研究》，北京：中国社会科学出版社，
　　2017年。

陈鼓应主编：《道家文化研究》（第三十一辑），北京：中华书局，
　　2018年。

李笑岩：《先秦黄老之学渊源与发展研究》，上海：上海古籍出版
　　社，2018年。

陈少明：《〈齐物论〉及其影响》，北京：商务印书馆，2019年。

（美）顾立雅著，马腾译：《申不害——公元前四世纪中国的政治哲
　　学家》，南京：江苏人民出版社，2019年。

郑开：《道家政治哲学发微》，北京：北京大学出版社，2019年。

陈赟：《〈庄子·逍遥游〉的阐释》，杭州：浙江大学出版社，2020年。

刘笑敢：《庄子哲学及其演变》（修订版），北京：中国人民大学出版
　　社，2020年。

罗根泽：《罗根泽讲管子》，南昌：百花洲文艺出版社，2021年。

裘锡圭：《老子今研》，中西书局，2021年。

二、其他传世文献与相关研究著述

范晔撰，李贤等注：《后汉书》，北京：中华书局，1965年。

朱熹：《四书章句集注》，北京：中华书局，1983年。

皮锡瑞撰，盛冬铃、陈抗点校：《今文尚书考证》，北京：中华书局，
　　1989年。

孙希旦撰，沈啸寰、王星贤点校：《礼记集解》，北京：中华书局，
　　1989 年。

刘宝楠撰，高流水点校：《论语正义》，北京：中华书局，1990 年。

苏舆撰，钟哲点校：《春秋繁露义证》，北京：中华书局，1992 年。

李道平撰，潘雨廷点校：《周易集解纂疏》，北京：中华书局，
　　1994 年。

李学勤主编：《十三经注疏》，北京：北京大学出版社，1999 年。

阎振益、钟夏校注：《新书校注》，北京：中华书局，2000 年。

班固撰，颜师古注：《汉书》，上海：上海古籍出版社，2003 年。

程颢、程颐撰，王孝鱼点校：《二程集》，北京：中华书局，2004 年。

朱熹撰，廖名春点校：《周易本义》，北京：中华书局，2009 年。

王利器：《新语校注》，北京：中华书局，2012 年。

皇侃撰，高尚榘校点《论语义疏》，北京：中华书局，2013 年。

王先谦撰，沈啸寰、王星贤点校：《荀子集解》，北京：中华书局，
　　2013 年。

程树德撰，程俊英、蒋见元点校：《论语集释》，北京：中华书局，
　　2014 年。

司马迁撰，裴骃集解，司马贞索隐，张守节正义：《史记》（点校本二
　　十四史修订本），北京：中华书局，2014 年。

袁珂校注：《山海经校注》（最终修订版），北京：北京联合出版公
　　司，2014 年。

黄晖撰：《论衡校释（附刘盼遂集解）》，北京：中华书局，2017 年。

冯友兰：《中国哲学史新编》（第二册），北京：人民出版社，1983 年。

（德）海德格尔著，孙周兴译：《在通向语言的途中》，北京：商务印
　　书馆，1997 年。

牟宗三：《中国哲学十九讲》，上海：上海古籍出版社，1997 年。

徐复观：《中国人性论史》（先秦篇），上海：上海三联书店，2001 年。

钱穆：《先秦诸子系年》，石家庄：河北教育出版社，2002 年。

梁启超：《论中国学术思想变迁之大势》，载《清代学术概论》，北京：中国人民大学出版社，2004 年。

钱穆：《秦汉史》，北京：生活·读书·新知三联书店，2004 年。

金春峰：《"德"的历史考察》，《陕西师范大学学报（哲学社会科学版）》，2007 年第 6 期。

陈苏镇：《〈春秋〉与"汉道"——两汉政治与政治文化研究》，北京：中华书局：2011 年。

傅斯年：《性命古训辨证》，上海：上海古籍出版社，2012 年。

郭沫若：《十批判书》，北京：人民出版社，2012 年。

（以色列）尤锐著，孙英刚译：《展望永恒的帝国——战国时代的中国政治思想》，上海：上海古籍出版社，2012 年。

章太炎：《国学十八篇》，北京：中国华侨出版社，2013 年。

中国社会科学院历史研究所《中国历史年表》课题组编撰：《中国历史年表》（修订珍藏本），北京：中华书局，2014 年。

（美）斯蒂芬·B·史密斯著，贺晴川译：《耶鲁大学公开课：政治哲学》，北京：北京联合出版公司，2015 年。

曹峰：《中国古代"名"的政治思想研究》，上海：上海古籍出版社，2017 年。

杨儒宾：《五行原论：先秦思想的太初存有论》，台北：联经出版事业股份有限公司，2018 年。

贡华南：《从形名、声名到味名：中国古典思想"名"之演变脉络》，《哲学研究》2019 年第 4 期。

白奚：《帛书〈黄帝四经〉的阴阳思想及其思想史地位》，《文史哲》，2021 年第 2 期。

苟东锋：《名教与名学：儒家价值理想的实践机制研究》，北京：商务印书馆,2023 年。

(古希腊）亚里士多德著,吴寿彭译：《政治学》,北京：商务印书
馆,2023 年。

三、出土文献及相关研究著述

国家文物局古文献研究室编：《马王堆汉墓帛书[壹]》,北京：文物
出版社,1980 年。

荆门市博物馆编：《郭店楚墓竹简》,北京：文物出版社,1998 年。

复旦大学出土文献与古文字研究中心：《出土文献与古文字研究》
第一辑,上海：复旦大学出版社,2006 年。

北京大学出土文献研究所编：《北京大学藏西汉竹书[贰]》,上海：
上海古籍出版社,2012 年。

裘锡圭主编：《长沙马王堆汉墓简帛集成(叁)》,北京：中华书局,
2014 年。

裘锡圭主编：《长沙马王堆汉墓简帛集成(肆)》,北京：中华书局,
2014 年。

高明：《帛书老子校注》,北京：中华书局,1996 年。

崔仁义：《荆门郭店楚简〈老子〉研究》,北京：科学出版社,1998 年。

魏启鹏：《楚简〈老子〉柬释》,《道家文化研究》第十七辑(《郭店楚
简》专号),北京：生活·读书·新知三联书店,1999 年。

赵建伟：《郭店楚简〈老子〉校释》,《道家文化研究》第十七辑(《郭
店楚简》专号),北京：生活·读书·新知三联书店,1999 年。

彭浩校编：《郭店楚简〈老子〉校读》,武汉：湖北人民出版社,
2000 年。

武汉大学中国文化研究院编：《郭店楚简国际学术研讨会论文

集》，武汉：湖北人民出版社，2000 年。

陈锡勇：《郭店楚简老子论证》，台北：台湾里仁书局，2005 年。

刘钊：《郭店楚简校释》，福州：福建人民出版社，2005 年。

曹峰：《上博楚简思想研究》，台北：万卷楼图书股份有限公司，
　　2006 年。

李零：《郭店楚简校读记》（增订本），北京：中国人民大学出版社，
　　2007 年。

丁四新：《郭店楚竹书〈老子〉校注》，武汉：武汉大学出版社，
　　2010 年。

王中江：《简帛文明与古代思想世界》，北京：北京大学出版社，
　　2011 年。

陈丽桂：《近四十年来出土简帛文献思想研究》，北京：中华书局，
　　2015 年。

王中江：《出土文献与道家新知》，北京：中华书局，2015 年。

北京大学出土文献研究所编：《古简新知：西汉竹书〈老子〉与道家
　　思想研究》，上海：上海古籍出版社，2017 年。

曹峰：《文本与思想：出土文献所见黄老道家》，北京：中国人民大
　　学出版社，2018 年。

何志华：《竹简〈文子〉研究之回顾与反思》，北京：中华书局，
　　2019 年。

四、字书

中国科学院考古研究所编：《甲骨文编》，北京：中华书局，
　　1965 年。

顾野王：《宋本玉篇》，北京：中国书店，1983 年。

陆德明：《老子音义》，《经典释文》，北京：中华书局，1983 年。

王念孙：《广雅疏证》，北京：中华书局，1983 年。

朱骏声编著：《说文通训定声》，北京：中华书局影印，1984 年。

许慎撰，段玉裁注：《说文解字注》，上海：上海古籍出版社，
　　1988 年。

戴家祥主编：《金文大字典》，上海：学林出版社，1995 年。

王力主编：《王力古汉语字典》，北京：中华书局，2000 年。

刘熙撰，毕沅疏证，王先谦补：《释名疏证补》，祝敏彻、孙玉文点
　　校，北京：中华书局，2008 年。

朱希祖、钱玄同、周树人记录：《章太炎说文解字授课笔记》，北京：
　　中华书局，2010 年。

胡承珙：《小尔雅义证》，石云孙点校，合肥：黄山书社，2011 年。

王引之：《经传释词》，上海：上海古籍出版社，2014 年。

后　记

　　2019年春季学期,本人始为中国哲学硕士生讲授"道家政治哲学专题"。为免繁芜,以更深入、系统地考察相关问题,决定将主要研讨对象限定为老、庄和黄老道家。即便如此,对于何谓"道家政治哲学",学者仍难免见仁见智。当时的想法是:应该重点考察那些贯穿于老、庄和黄老道家治道思想中的基本概念及相关论题,通过梳理其内涵或问题意识之变,呈现先秦道家政治哲学的主要表现和大体演变。循此思路,所谓虚静(无为)、齐物、玄德、浑沌等概念以及名实(形名)问题遂被优先"拈出"。此后数年,在讲义的基础上,撰成论文十篇,并有幸刊发于海内外各学术期刊,其中半数被人大复印报刊资料《中国哲学》和《高等学校文科学术文摘》转载。

　　关于所刊论文与本书各章的对应关系,其状如下(依论文刊发时间为序):

　　1.《先秦道家虚静思想及其演变》[刊于《南昌大学学报(人文社会科学版)》2020年第2期],为本书第一章。

　　2.《"名"之何谓?"正名"何为?——先秦时期的正名思想及名学理论之分化》[刊于《哲学与文化》2021年第1期],为本书第七章。

3.《"悠兮其贵言":老子的名与名教思想》[刊于《复旦学报（社会科学版）》2021年第1期。被《高等学校文科学术文摘》2021年第3期转载、人大复印报刊资料《哲学文摘》2021年第3期选载]，为本书第八章。

4.《黄老道家的正名和无为而治思想》[刊于《中原文化研究》2021年第6期。被人大复印报刊资料《中国哲学》2022年第3期全文转载、人大复印报刊资料《管理学文摘》2022年第3期选载]，为本书第十章，标题改为"黄老道家的正名和无为思想"。

5.《从庄子的名实论看其政治哲学思想》[刊于《武汉科技大学学报（社会科学版）》2022年第2期]，为本书第九章，标题改为"庄子的名实论及其治道思想"。

6.《论齐物说及相应治道思想在先秦道家中的演变》[刊于《复旦学报（社会科学版）》2022年第6期。被人大复印报刊资料《中国哲学》2023年第5期全文转载]，为本书第二章，标题改为"齐物说及相应治道思想在先秦道家中的展开"。

7.《从"知常""依理"而为到"任法"而治——先秦道家无为而治思想的理性化演变》[刊于《贵州社会科学》2023年第5期。被《高等学校文科学术文摘》2023年第5期"学术卡片"转载]，为本书第三章，标题改为"从'知常''依理'而为到'任法'而治——先秦道家无为思想的理法化演变"。

8.《论汉初儒道天道观分歧及其治术思想之别——以〈淮南子〉和〈春秋繁露〉为中心》[刊于《孔子研究》2023年第4期]，为本书第六章，标题改为"汉初儒、道的天道观分歧及其治术思想之分殊"。

9.《道家的德性论及其"玄德"之治思想——兼论儒道的"文""质"之辨》[刊于《哲学分析》2023年第6期]，为本书第四章，标题改为"先秦道家的德性论及其'玄德'之治思想——兼论儒道的文质之辨"。

10.《从浑沌之境与礼法世界：先秦道家的秩序论》[刊于《复旦学报(社会科学版)》2024 年第 5 期。被《高等学校文科学术文摘》2024 年第 12 期转载]，为本书第五章。

在本书的写作过程中，幸得国家社科基金一般项目立项(批准号：20BZX050)资助。此次能顺利出版，也得到同济大学"统筹支持一流大学和一流学科建设经费"的宝贵资助。

感谢刊发、转载拙文的期刊和编辑老师，感谢同济大学提供帮助的诸位同仁，感谢上海古籍出版社赵瞳老师的辛苦编校和查明昊、徐卓聪老师的大力支持。

陈徽　谨识

于沪上浮明斋

2025 年 2 月 6 日